GESTIRE IL BUSINESS
fluido

Michele Bruno Pietro Butté
Gabriele Galeani Vincenzo Natile Guido Tarizzo

GESTIRE IL BUSINESS *fluido*

Esperienze di management per prosperare nell'epoca dell'incertezza

EDITORE ULRICO HOEPLI MILANO

via Hoepli 5, 20121 Milano (Italy)
tel. +39 02 864871 – fax +39 02 8052886
e-mail hoepli@hoepli.it

www.hoeplieditore.it

ISBN 978-88-360-0410-2

Ristampa:

4 3 2 1 0 2021 2022 2023 2024 2025

Progetto editoriale e realizzazione: Maurizio Vedovati – Servizi editoriali (info@iltrio.it)
Impaginazione e copertina: Sara Taglialegne
Immagine di copertina: piranka/Getty Images
Consulenza editoriale di Francesco Lener

Stampa: L.E.G.O. S.p.A., stabilimento di Lavis (TN)

Printed in Italy

Sommario

Gli autori

Michele Bruno
Managing Partner

EIM Italia
Email: m.bruno@eim.com
Web: www.eim.com

In EIM dal 1998, Michele Bruno è membro dell'Executive Committee del Gruppo EIM dal 2008 e suo Managing Partner dal 2011.
Prima di entrare in EIM, Michele Bruno ha lavorato in Francia per conto di un fondo di investimento italiano, come Amministratore Delegato di un'azienda industriale di beni di consumo che ha sviluppato e trasformato in un'azienda a maggiore vocazione commerciale. Precedentemente era in Roland Berger dove ha gestito progetti di strategia, organizzazione e miglioramento delle performance aziendali. Ha lavorato in Italia, Spagna, Francia e Regno Unito, focalizzando la sua esperienza sul settore manifatturiero in senso lato.
Michele Bruno ha conseguito un MBA in International Business all'Università di Bristol in Gran Bretagna, in partnership con ENPC (Parigi) e Berkeley University (California).

Pietro Butté
Client Partner

EIM Italia
Email: p.butte@eim.com
Web: www.eim.com

Pietro Butté è entrato in EIM nel gennaio 2020. Supporta i clienti nella realizzazione di strategie di crescita e programmi di miglioramento della performance aziendale. Ha sviluppato una significativa esperienza internazionale in Europa, Stati Uniti e America Latina, lavorando prevalentemente per il vertice di aziende leader di beni di consumo, beni durevoli e servizi B2B. Pietro ha esperienza nella gestione di progetti complessi anche in altri settori, tra i quali Pharma e Medical Device, Automotive, Energia, Telecom. Pietro ha lavorato in management consulting per Accenture, Value Partners e GEA, conducendo progetti di turnaround, di sviluppo internazionale, di efficienza operativa e di trasformazione digitale. Ha inoltre ricoperto ruoli di direzione in Johnson&Johnson e in Manpower. Ha conseguito un MBA in SDA Bocconi e una laurea in Economia Aziendale all'Università Bocconi di Milano.
È autore di diversi articoli, tra i quali *L'irresistibile crescita dell'e-commerce: le opzioni per produttori e retailer*, Harvard Business Review Italia, Settembre 2018. È co-autore di *Accelerazione Digitale*, edito da Gea nel 2018; è speaker a eventi su tematiche Digital e Distribuzione.

Gabriele Galeani
Partner

EIM Italia
Email: g.galeani@eim.com
Web: www.eim.com

Gabriele Galeani è entrato a far parte del Gruppo EIM nel settembre 2016.
Porta la sua vasta esperienza nei settori farmaceutico e sanitario, automobilistico e industriale. È particolarmente attivo nell'area delle operazioni commerciali, vendite e marketing, strategia di crescita e programmi di internazionalizzazione. Ha inoltre una solida esperienza in termini di efficienza operativa e di supply chain.
Laureato in Ingegneria Meccanica presso l'Università degli Studi di Roma La Sapienza, ha conseguito un Master in Ingegneria Gestionale presso la McCormick School of Engineering and Applied Sciences e un MBA presso la Kellogg School of Management presso la Northwestern University.
Galeani ha iniziato la sua carriera professionale nella consulenza gestionale lavorando per Andersen Consulting e Deloitte Consulting dal 1995 al 2000, nel campo della produzione e supply chain.
Dopo l'MBA, è diventato direttore dello stabilimento di ingegneria presso Abbott Italia nel 2003, quindi ha ricoperto diversi ruoli commerciali in Italia come Direttore Marketing e Direttore di Business Unit dal 2005 al 2007.
È entrato a far parte del Gruppo Fiat nel 2007, lavorando per New Holland e Case Construction Equipment come Direttore Marketing Europeo fino al 2010, poi è diventato capo del Marketing Europa per New Holland Agriculture nel 2011. A partire dal 2012, è passato in Fiat Chrysler Automobiles, dove è stato nominato Direttore Marketing per Africa, Medio Oriente ed Europa orientale sia per Fiat sia per Chrysler.
Nel 2014 ha iniziato a lavorare nel settore motociclistico come Direttore Commerciale Mondo per l'azienda automobilistica MV Agusta, attuando un ampio programma di internazionalizzazione fino al 2016.

Vincenzo Natile
Partner

EIM Italia
Email: v.natile@eim.com
Web: www.eim.com

Vincenzo Natile ha raggiunto EIM nel 2019, dopo una carriera di oltre vent'anni in primarie società di consulenza strategiche.
Ha lavorato per Bain & Company, Value Partners e Accenture e si è specializzato nella gestione di progetti di trasformazione per grandi aziende che riguardano la strategia, la crescita, la riduzione dei costi, il miglioramento delle performance e l'efficienza organizzativa. Ha maturato una lunga esperienza nella gestione ed esecuzione di turnaround aziendali complessi.
È stato Managing Partner dell'ufficio Value Partners in Medio Oriente e membro della practice Innovazione e Digital Technology.
Ha seguito sia aziende internazionali sia medie imprese soprattutto nei settori Automotive, Prodotti Industriali Durevoli, Beni di Lusso, Telecomunicazione e Trasporti.
È laureato in Ingegneria Elettrotecnica e ha un MBA conseguito presso il MIP-Politecnico di Milano.

Guido Tarizzo
Founder & Senior Partner

EIM Italia
Email: g.tarizzo@eim.com
Web: www.eim.com

Guido Tarizzo ha fondato l'ufficio Italiano di EIM nel 1993 ed è uno dei fondatori della Società. Prima di EIM è stato Partner di Roland Berger Strategy Consultants – per cui ha lavorato in Italia e in Spagna – e Manager di Accenture, per la quale ha gestito progetti, oltre che in Italia, negli Stati Uniti e in Spagna. Ha lavorato prevalentemente per aziende industriali in vari settori tra cui Automotive, Aerospace, FMCG, Chimica, Machinery, Pharma, Fashion and Apparel, Logistica, Costruzioni, Cantieristica navale, Arredamento. Si è occupato di progetti di definizione della strategia industriale e di prodotto/mercato, restructuring & turnaround, miglioramento accelerato della performance, Top Line Growth, integrazione post-acquisition, ridisegno dell'organizzazione e dei processi, implementazione di nuove piattaforme ICT. I clienti per i quali ha svolto attività professionale sono gruppi multinazionali di grandi e medie dimensioni, aziende imprenditoriali piccole e medie, fondi di private equity.
È stato membro dell'Executive Committee del Gruppo EIM dal 1994 al 2008 e ha diretto l'ufficio italiano dalla sua fondazione fino al 2013.
Si è laureato con lode in Sociologia Industriale e del Lavoro presso l'Università La Sapienza di Roma nel 1977, dove ha conseguito un master nella stessa materia due anni dopo.
Ha svolto attività di consigliere di amministrazione indipendente per un'azienda imprenditoriale italiana, leader globale nel proprio segmento di mercato, per tre mandati consecutivi in un periodo di forte crescita e internazionalizzazione.

Ringraziamenti

Desideriamo ringraziare tutti gli imprenditori e i manager con i quali abbiamo lavorato in questi anni: senza il loro contributo di idee, creatività ed esperienza questo libro non sarebbe stato possibile. Vogliamo anche ringraziare gli innumerevoli colleghi con i quali abbiamo condiviso – in Italia e nel mondo – esperienze di vita e di lavoro, e che hanno enormemente arricchito le nostre conoscenze e le nostre capacità; tra questi, un particolare ringraziamento va a Lorenzo Prampolini che è stato per tanti anni un componente fondamentale del nostro team.

Prefazione

Coraggio e visione: le aziende italiane alla sfida della crescita

Non è semplice parlare di crescita dopo i colpi pesantissimi all'economia mondiale e, in particolare, al tessuto industriale del nostro Paese, inferti dalle conseguenze della pandemia da Covid 19 esplosa nel 2020. Non è semplice, ma è esattamente quello verso cui le aziende italiane devono puntare, oggi più che mai. Crescere vuol dire creare sviluppo, benessere, opportunità di lavoro, interazione costruttiva tra realtà e culture diverse. Ma per crescere oggi è necessario mettersi in gioco e concentrarsi su alcuni concetti indispensabili a tutte le aziende: innovazione, internazionalizzazione, managerializzazione, riorganizzazione della governance e partnership.
Facile a dirsi, ma mettere in pratica tutto questo non lo è affatto. Le aziende italiane, per il 97%, sono piccole o piccolissime e per la maggior parte si tratta di aziende familiari: tradurre queste priorità in operatività significa dover accettare il cambiamento, investire, rischiare. Io credo fortemente nel modello di impresa familiare, che vede un nucleo di controllo ben definito e in cui si lavora costantemente per rafforzare la propria realtà in vista di un successivo ricambio generazionale. Conosco le remore che può avere la proprietà a compiere un passo dopo il quale potrebbe non essere più possibile tornare indietro. Ma so anche quanti vantaggi può dare quel passo in avanti.
La mia, d'altra parte, è una famiglia di imprenditori, che ha saputo mantenere la continuità pur dimostrando il coraggio di misurarsi e di contaminarsi con gran-

dissime realtà internazionali. Io e mio fratello facciamo parte della seconda generazione, ma è già pienamente operativa la terza. Nel 1972 abbiamo fondato Sabelt e nel 1985 abbiamo deciso di cedere la maggioranza a TRW, colosso americano con un giro d'affari da 17 miliardi di dollari, conservando comunque una quota significativa, per poi riacquisire, molti anni dopo, il brand Sabelt e un ramo di attività. Avevamo un ottimo prodotto e un cliente locale come Fiat: perché mai arrivammo a prendere la decisione di cedere la maggioranza azionaria della nostra azienda? Perché comprendemmo che per crescere c'era bisogno di aumentare il livello di innovazione e tecnologia e di guardare al di là del mercato domestico. Servivano molto coraggio e una visione per stabilire dove andare nel lungo periodo. Tornando da Detroit, io e mio fratello capimmo che non avevamo più tanta scelta, ma che stavamo tracciando una via. Alberto Falck, fondatore di AIDAF – l'Associazione Italiana delle Aziende Familiari, di cui siamo soci storici sin dal 1998, un anno dopo la sua nascita – mi chiamò e mi chiese di spiegare agli imprenditori italiani che si può continuare a vestire un ruolo importante e proficuo nella propria azienda anche se non se ne è più padroni. Nel mio caso, quel connubio fu davvero proficuo, e lo fu sia per la grande multinazionale, che ampliò il proprio raggio d'azione e si avvalse di una realtà di successo, sia per me, che in trent'anni da TRW – che ho lasciato nel 2015 – imparai così tanto da provare la sensazione di aver conseguito decine di master.

La mia storia può essere paradigmatica oggi per le aziende italiane, che devono acquisire una visione di medio-lungo periodo e cercare di mettere in atto procedure che consentano di aumentare i volumi nell'anno in corso, ma che siano in grado anche di funzionare nell'anno successivo e su una prospettiva di almeno cinque anni, con attenzione a ogni dettaglio.

Operiamo in un mercato estremamente demanding, sempre più esigente in materia di tecnologia e di servizio: o si sa cavalcare la tecnologia o si è perdenti. Per approntare un processo di digitalizzazione e di sviluppo tecnologico, però, c'è bisogno di investimenti importanti, che le imprese troppo piccole in genere non possono permettersi. È un gatto che si morde la coda, ma la soluzione c'è. Siamo la seconda manifattura in Europa e siamo ancora la settima potenza economica del mondo, davanti alla Francia e alla Gran Bretagna, ma per poter continuare a essere competitivi, soprattutto tramite l'esportazione, le aziende devono saper fare squadra e aggregarsi. Con un approccio di partnership di lungo periodo si possono immaginare delle alleanze senza che un'azienda debba necessariamente acquistarne un'altra, ma passando attraverso lo scambio azionario, anche di minoranza. Non sempre una grande realtà ha interesse a comprare il fornitore più piccolo. Ci si può alleare, credendo nella capacità di innovare di ciascuno. Se si è creativi, un'alleanza di lungo periodo può dare modo ai due partner di guardare al futuro con una certa visione strategica.

Per compiere il passo decisivo verso la crescita, le aziende devono però managerializzarsi e devono farlo in modo tale da rendere questo processo ineluttabile. Anche in questo caso, va detto, le dimensioni contano: manager all'altezza si possono avere attraverso un complesso percorso di formazione o andando a cercarli sul mercato, ma spesso mancano comunque l'esperienza e il know how organizzativo per cambiare i processi all'interno dell'azienda. In questi casi l'intervento di realtà che sappiano fare interim management può davvero rivelarsi la chiave di volta per un cambiamento che inneschi la crescita. Un manager esterno, destinato a operare per un tempo definito in una realtà aziendale, deve portare tutto il suo bagaglio di conoscenza e stare vicino agli imprenditori, che a loro volta devono capire che per diventare più competitivi è necessario investire e innovarsi. Conosco e apprezzo da molto tempo il lavoro di Michele Bruno. Penso che un'azienda come EIM abbia dato in trent'anni di storia un servizio importante agli imprenditori e sono certo che d'ora in avanti possa giocare un ruolo ancora più rilevante.

Innovare, internazionalizzare, managerializzare, dunque. Ma le aziende devono essere in grado di rinnovarsi anche in termini di governance, allargando la partecipazione nei Cda a figure con competenze ed esperienze diverse, che insieme possano offrire un punto di vista più completo e agire in sinergia in un mercato globalizzato. Negli ultimi anni, peraltro, la governance delle aziende, almeno di quelle di dimensioni medio-grandi, è cambiata anche in termini di responsabilità sociale con l'introduzione dei bilanci di sostenibilità. Finalmente al mondo dell'imprenditoria viene riconosciuto un ruolo importante nei confronti della comunità nella quale opera, il che significa però anche un aumento della responsabilità. Di fatto, è ormai opinione condivisa che i CEO delle più importanti realtà mondiali non siano pagati solo per creare ricchezza a vantaggio dei loro azionisti, ma abbiano una mission molto di più ampia. Quella di portare benefici a tutti i loro stakeholder: la supply chain, i dipendenti, le loro famiglie, la propria comunità e il territorio del quale fanno parte.

In un contesto del genere è da guardare con grande attenzione il ruolo positivo dei fondi di private equity, un interlocutore utile per le aziende, specie per quelle familiari, impegnate in un percorso di crescita. Rispetto al passato, negli ultimi anni i fondi sono maturati molto, e possono rivelarsi un partner industriale o un partner finanziario. Chi li gestisce sa che deve spesso interloquire con una famiglia e che un approccio speculativo finalizzato solo al breve non

premia: la visione vincente è quella di medio-lungo periodo, con un obiettivo di crescita che si sposa con le esigenze generali del Paese. Una dinamica che si lega alla prospettiva di cambiamento delle aziende italiane. Certo, ci sono anche imprenditori chiusi e gelosi del loro orticello. Alcuni lo fanno perché se lo possono permettere, altri è probabile che sconteranno nei prossimi anni questa scarsa lungimiranza.
Ho sempre avuto una visione aperta e non limitata al solo benessere della mia azienda, ma oggi, come presidente dell'Unione Industriale di Torino, cerco quotidianamente di operare affinché il Paese sia più attrattivo e più competitivo sullo scacchiere mondiale. Prima della pandemia il nostro sistema d'impresa esportava circa 500 miliardi, il 30% del Pil. La ripresa nei prossimi anni passerà proprio attraverso l'export e quindi attraverso una maggiore internazionalizzazione delle imprese. Ma per farci trovare pronti dobbiamo muoverci ora. E decidere finalmente di crescere.

Giorgio Marsiaj
Fondatore, presidente e amministratore delegato di SABELT

Introduzione

Il modello del business fluido

Il volume che avete in mano non è un manuale universitario e nemmeno un saggio di approfondimento dedicato solo a specialisti e studiosi. È, a suo modo, un racconto. O, meglio, una serie di narrazioni, svolte dalla prospettiva di chi aiuta le aziende a progredire attraverso la leva del management, che condensano quanto di più importante abbiamo imparato sul campo.

Una carrellata di temi che, partendo da una visione storica per arrivare ai giorni nostri, chiarisce quali erano le sfide trent'anni fa e quali sono oggi. E che cerca di mettere in evidenza com'è cambiato nel tempo il modo di pensare di chi si occupa di gestione aziendale nella sua dimensione pratica e in quale direzione immaginiamo che potrà cambiare ulteriormente.

Il corpo del libro, strutturato in capitoli tematici, descrive come i manager di successo "facciano accadere le cose", quali sono gli approcci e le strategie da perseguire per ottenere risultati concreti nella gestione aziendale, quali gli errori da evitare, quali le sfide più difficili e cosa, al contrario, è relativamente facile fare. La narrazione nei diversi capitoli tematici viene integrata dalle testimonianze di alcuni manager di grande esperienza, che aiutano a offrire un contesto concreto a quanto raccontiamo. L'ultimo capitolo, che concettualmente apre un nuovo ciclo, riassume il nostro punto di vista su come si caratterizzeranno la leadership e il management del futuro.

Negli ultimi decenni del secolo scorso le aziende europee sono state esposte a una serie di processi di cambiamento strutturale. A partire dagli shock petroliferi degli anni '70 divenne infatti chiaro ai più che la filosofia del "fare come si è sempre fatto" non potesse più essere garanzia di successo. L'esperienza che narriamo in questo libro inizia quindi in un'epoca già molto turbolenta, quando le aziende, confrontandosi oltreoceano e per la prima volta con il Giappone, scoprivano modelli di business e logiche gestionali completamente diversi da quelli ai quali erano abituate. Da un lato si studiavano le grandi corporation statunitensi e le loro organizzazioni a matrice, in cui la logica prevalente non era più il Paese o la geografia, ma la linea di prodotto o la tecnologia, dall'altro lato si cercava di capire da cosa derivasse la produttività e la capacità dei giapponesi di portare nuovi prodotti sul mercato con rapidità, qualità e livelli di innovazione assolutamente sorprendenti.

Questa narrazione inizia quindi in un'epoca in cui il bisogno di cambiare, migliorare o trasformare era già evidente e in cui i nuovi modelli di riferimento ai quali ispirare il cambiamento stavano già emergendo o erano già emersi. Un'epoca in cui la sfida non era tanto il saper progettare il cambiamento, quanto piuttosto essere capaci di realizzarlo. Non bastava più saper gestire le persone e attraverso di loro gestire la continuità aziendale secondo schemi di riferimento fondamentalmente stabili. Il tema centrale della riflessione manageriale era diventato la promozione e la realizzazione in pratica dei miglioramenti e dei cambiamenti necessari per recuperare il crescente gap rispetto ai leader internazionali. Già allora non si trattava semplicemente di adattarsi e anticipare gli effetti di un mondo in crescente e sempre più rapida trasformazione, ma di recuperare il tempo perduto!

Le società di "management consulting", e quindi di consulenza, erano in grado di dare un significativo contributo nella progettazione dei cambiamenti necessari. Potevano formalizzare il punto di partenza, il famoso "As Is", concettualizzare il punto di arrivo, il "To Be", la "situazione a tendere" nel lessico della società dove all'epoca lavorava chi scrive, ma erano deboli – come in fondo sono ancora oggi – nel "far succedere il cambiamento" in pratica. Fondamentalmente perché il cambiamento lo può generare solo chi controlla le risorse finanziarie, fisiche e umane di ogni organizzazione e cioè il top management. Il problema è che il top management viene spesso saturato dalla gestione ordinaria dell'azienda e non ha esperienza su come gestire una situazione a tendere. L'**executive interim management** è nato per dare una risposta a questo problema: integrare la struttura di vertice dell'azienda con risorse esperte, che sappiano gestire il processo di transizione dall'assetto attuale a quello futuro e che siano già abituate a gestire aziende configurate in maniera diversa. Per linee di prodotto o aree di competenza, per esempio, e non più per Paese.

Il contesto generale nel quale abbiamo iniziato a operare richiedeva quindi la capacità di progettare un cambiamento e imparare a generarlo. In una logica strettamente occidentale, questi processi dovevano avvenire in maniera discreta e prevedere sempre un inizio e una fine: succede qualcosa nel mercato, si progetta una soluzione, la si realizza con successo e il problema è risolto. E per un periodo non breve, di almeno 4 o 5 anni, non si ritornava sul tema. Non si doveva certo cambiare l'organizzazione ogni anno o implementare un nuovo sistema ERP su orizzonti di tempo più stretti.

Il pensiero dominante era quello del "ciclo di vita delle aziende", al di là degli scossoni provocati dall'ingresso sul mercato di concorrenti molto più competitivi: al management era stato insegnato che il cambiamento è necessario a ogni cambio di fase nel proprio ciclo di sviluppo. Da piccola a media azienda, da media a grande, dalla fase di sviluppo a quella della stabilità, dalla fase della maturità a quella della ristrutturazione e del rilancio, quando necessario. Fasi comunque separate da orizzonti temporali lunghi, 10-20 anni o più. La logica del ciclo di vita aziendale ha portato il management a immaginare che il cambiamento fosse una grande fatica, per fortuna sporadica, e che l'azienda, in fondo, non fosse diversa da una casa, che quando passa un certo numero di anni va ristrutturata e alla quale ogni tanto bisogna rifare il tetto, ma che, una volta conclusi i lavori, torna immancabilmente al suo splendore.

Ma questo modo di pensare all'azienda e al cambiamento in termini metaforicamente "edili", per quanto resti ineluttabile in molti contesti, oggi non basta più. I motivi sono diversi. Esistono, almeno in Europa, interi settori nei quali i concorrenti sono aziende mature, e come tali vivono in permanenza nella fase del ciclo di vita in cui per evitare il declino è necessario ristrutturare e rilanciare continuamente. A questo si aggiunge un'altra evidenza: i modelli di business di successo durano sempre meno. Basta guardare l'esempio dei telefoni. Chi oggi si trova a gestire aziende, probabilmente in gioventù ha avuto in casa un apparecchio che ha attraversato le stagioni dalla sua prima infanzia fino all'adolescenza. Poi, nel giro di pochi anni, ha visto arrivare e scomparire uno dopo l'altro tanti device e dietro a questi intere aziende e canali distributivi, come Psion, Palm Pilot, Blackberry. È un aneddoto banale, ma fa capire bene la portata epocale del cambiamento che è stato vissuto negli ultimi decenni da chi ha 25-30 anni di esperienze e si trova oggi a guidare un'azienda. Vale la pena ricordare che alla fine degli anni '90, quattro delle prime cinque aziende più grandi al mondo erano giapponesi. La quinta era la General Motors, americana, mentre la prima era la Mitsubishi, che vantava un fatturato di circa 88 miliardi di dollari. Nel 2019 la prima è il colosso della distribuzione statunitense Walmart con un fatturato di 514 miliardi di dollari. Tre delle prime cinque sono cinesi, mentre alla fine degli anni '90 non ce n'era nemmeno una nelle prime venti. La prima giapponese oggi è la Toyota, decima in graduatoria, e appena davanti a Apple, un'azienda che alla fine degli anni '90, con i suoi circa 7 miliardi di dollari, era ancora relativamente piccola (Figura I.1 e Figura I.2).

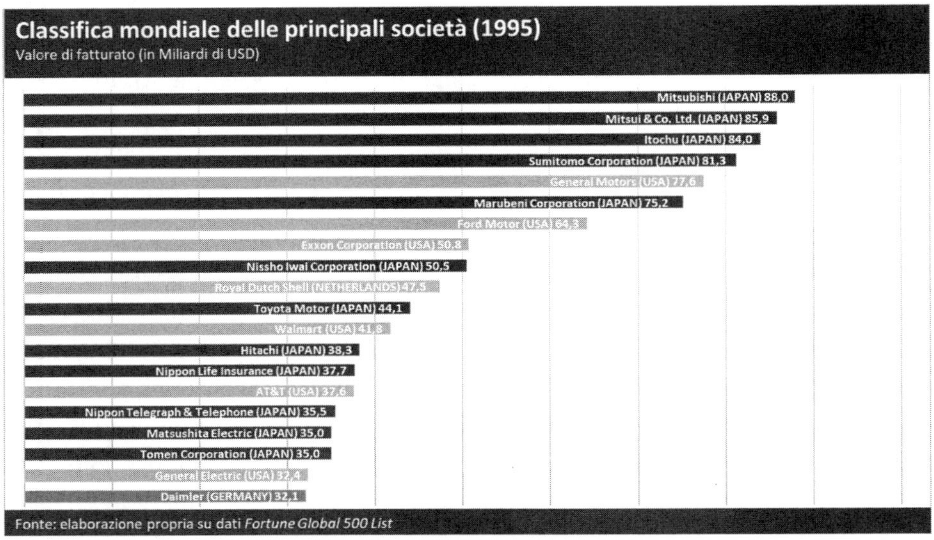

FIGURA I.1 – Classifica mondiale delle principali società (1995).

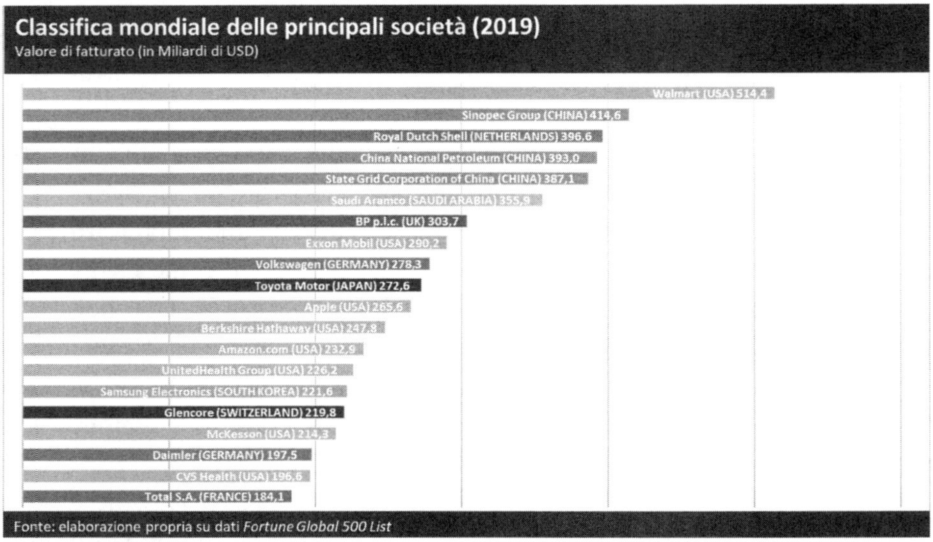

FIGURA I.2 – Classifica mondiale delle principali società (2019).

Cambiamenti epocali sicuramente, ma anche indicativi di tendenze che continueranno ad accelerare, di un contesto competitivo che sarà caratterizzato da un maggior numero di aziende mature che dovranno cambiare e reinventarsi sempre più spesso, di modelli di business che dureranno poche stagioni per essere soppiantati da soluzioni alternative e da tecnologie più avanzate. Consumatori sempre più esigenti da un lato e sempre meno fedeli dall'altro e, almeno nei mercati maturi, sempre più orientati alla fruizione di servizi rispetto al possesso di beni, e di conseguenza con sempre minori barriere al cambiamento. Canali e formati distributivi che cambieranno anch'essi con tassi fenomenali. Di recente a questo contesto si è aggiunta anche la pandemia globale, che ha forzato cambiamenti più repentini e pervasivi rispetto a quanto mai si fosse visto prima.
Da tutto questo emerge una fotografia nella quale diventa chiaro che il cambiamento strutturale non può più essere visto come evento sporadico e risolutivo, ma diviene permanente, e ogni assetto, di conseguenza, provvisorio. Le aziende e i modelli di business diventeranno sempre più fluidi. Le aziende stratificheranno sempre più alleanze di scopo con i propri business partner per cogliere opportunità contingenti, non avendo senso e non essendo praticabile sviluppare internamente quanto sarebbe necessario per farlo da sole. I rapporti tra le imprese, al di là di poche alleanze strategiche e stabili, assomiglieranno sempre di più allo speed-dating piuttosto che al matrimonio.
Il management deve ora imparare non solo a promuovere e gestire il cambiamento nell'accezione ormai storica del termine, ma deve attrezzarsi per sopravvivere e prosperare in un mondo fluido, in perenne cambiamento. Per soddisfare i clienti i cui gusti e le cui abitudini cambieranno in maniera sempre più rapida, così come i canali attraverso i quali verranno raggiunti, sarà necessario governare cambiamenti tecnologici continui, che permetteranno a chi lo saprà fare, di interagire con il proprio ecosistema di business in maniera sempre nuova, in funzione del contesto contingente. Questo richiederà la capacità di gestire l'incertezza e la transitorietà in modo agile e flessibile, e di far interagire in maniera costruttiva l'esperienza di chi ne ha già viste tante con l'energia di giovani brillanti e creativi che, non essendo ancora costretti dai tanti errori fatti e dal pensiero dominante, potranno proporre soluzioni fuori da ogni schema.
Ma in un'ottica di confronto generazionale continuerà a essere essenziale preservare le esperienze e le competenze per evitare di reinventare sempre tutto. Ed è per questo che il cuore di questo libro raccoglie la nostra conoscenza maturata sul campo su come si fanno le cose in azienda e su come attivare un circolo virtuoso che alimenti la capacità di trasformare prima di tutto il proprio pensiero e

i propri comportamenti, per poter competere con successo nel mondo di cui già oggi siamo parte. Un tema, questo, che viene ripreso e approfondito nel capitolo conclusivo, che propone una riflessione sulla capacità di convivere con tassi di distruzione creativa mai visti prima.

Ci auguriamo che questo nostro sforzo possa essere di stimolo e rappresentare un tassello utile nella sempre nuova e continua sfida verso l'eccellenza nel management.

Capitolo 1

Da dove si comincia

Il cambiamento accelerato e la disciplina di far accadere le cose

Per crescere e avere successo nell'attuale scenario economico, le imprese devono rinnovarsi e innovarsi, adeguando continuamente il loro modello di business, ovvero le organizzazioni e le soluzioni strategiche e operative attraverso le quali si mantiene e si genera un vantaggio competitivo.

Negli ultimi trent'anni le imprese hanno dovuto affrontare il passaggio dall'economia della stabilità a quella della flessibilità: la globalizzazione degli scambi, la concorrenza mondiale sempre più agguerrita, la riduzione del ciclo di vita dei prodotti, i processi di concentrazione e delocalizzazione, l'ossessione della soddisfazione del cliente, l'aumento della capacità e della velocità nel trattamento delle informazioni e, da ultime, le nuove tecnologie digitali abilitanti hanno radicalmente ridisegnato l'aspetto delle aziende e il contesto in cui operano. Questo è ciò che molti osservatori definiscono come business system fluido ed è il punto di partenza delle nostre riflessioni, in questo come nei capitoli successivi.

Si moltiplicano le ristrutturazioni, i cambiamenti strategici, le variazioni di perimetro o di azionariato, dando vita a un rapido turnover del management e delle organizzazioni. Il cambiamento non è un evento eccezionale, è inevitabile: bisogna saper cambiare per assicurare all'impresa sopravvivenza e successo nel tempo. Ma non basta cambiare, occorre anche essere veloci nel farlo: in un mondo che cambia rapidamente, l'accelerazione è fondamentale.

Molti imprenditori hanno subito i cambiamenti nella speranza che le cose tornassero come prima, gestendo le difficoltà del mercato in ritardo, e solo in reazione, e giungendo purtroppo a situazioni di profonde crisi aziendali, concluse in molti casi con pesanti ridimensionamenti o, addirittura, fallimenti.
Al contrario, è sempre più importante "allenarsi" a uscire dalle proprie routine e dalle certezze cristallizzate, rimettendo continuamente in discussione i comportamenti e i modelli aziendali precostituiti, e promuovere nell'organizzazione la sensibilità nel cogliere l'importanza e l'urgenza del cambiamento, coagulando anche intorno alla leadership un management fresco e aperto al nuovo e agenti che possano stimolare, contagiare e guidare progressivamente l'azienda nel continuo processo di rinnovamento.
La comprensione del mercato, la lettura dei trend e delle minacce, l'analisi e la valutazione lucida della situazione esterna e della salute della propria impresa non sono più un lusso dei grandi gruppi industriali ma devono essere un'esigenza di tutte le imprese. Solo sulla scorta di questi elementi l'imprenditore potrà cogliere i segnali deboli, i rischi e le opportunità, e ridefinire gli obiettivi strategici da raggiungere, pianificando in anticipo i cambiamenti necessari.
La grande differenza tra il passato e la situazione attuale è questa: i mercati erano più circoscritti, trascinavano l'economia, che cresceva per inerzia, le cose accadevano senza che le si dovesse sollecitare. Oggi i mercati sono diventati globali, sempre meno prevedibili, iper-competitivi, molto più esigenti, piccole e grandi aziende si fanno la guerra per competere e ritagliarsi il proprio spazio.
Quindi è necessario generare le condizioni per far sì che l'azienda sia attrezzata a cambiare passo molto più frequentemente, e che la capacità di far accadere le cose pervada tutta l'organizzazione.
Questo nuovo paradigma competitivo e l'imperativo del cambiamento pongono dunque una domanda di fondo: esistono un diverso modello di leadership e una disciplina della gestione per eseguire con successo l'attuazione di progetti di trasformazione aziendale? Nella realtà attuale i due aspetti sono sempre più strettamente correlati. Un tempo stabilità e cambiamento si alternavano: la capacità dei manager di gestire l'ordinario e di allocare nel modo più utile le risorse era il fattore critico di successo della stabilità, mentre la capacità di toccare le corde emotive per coinvolgere i dipendenti era ciò che guidava le fasi di cambiamento ed era appannaggio di pochi leader illuminati.
Oggi, al contrario, leadership e management si intrecciano fra loro tutti i giorni. Serve una capacità di guida più sofisticata che informi di sé il management, il quale se da un lato deve essere impegnato nella gestione della complessità azien-

dale attraverso gerarchie e processi tradizionali che funzionano generalmente bene, dall'altro deve identificare i pericoli o le opportunità più importanti in fretta, formulare iniziative strategiche innovative in modo agile e, soprattutto, condurre tali iniziative velocemente.
Il successo dei cambiamenti in azienda si basa sulla "stoffa" e sulla leadership dei manager che li guidano, oltre che sull'esperienza di campo e sul processo adottato per gestirli, spesso in un contesto complesso e nel quale le condizioni di contorno sono estremamente dinamiche.

Perché i tradizionali modelli di gestione del cambiamento non bastano più

La vita aziendale si sviluppa sempre di più intorno a progetti critici, complessi e multidisciplinari. Lanciare un nuovo prodotto o servizio, aprire nuovi mercati all'estero, ristrutturare una fabbrica o una funzione, sviluppare un nuovo sistema gestionale sono esempi di progetti normalmente presenti nelle agende dei manager e rappresentano la catena di trasmissione tra la strategia e i risultati concreti che si prefiggono di perseguire nelle diverse aree di business.
Ci sono alcuni settori in cui si lavora tipicamente su commessa, come nel caso della realizzazione di macchinari o di grandi manufatti, e che hanno l'imperativo strategico di organizzare i propri processi e le proprie funzioni in una logica progettuale. In queste organizzazioni, la maggior parte delle risorse è coinvolta nella pianificazione e nell'esecuzione dei progetti e i project manager godono di un elevato livello d'indipendenza e autorità. Spesso diverse unità funzionali riportano direttamente al project manager e forniscono i servizi e le competenze di supporto ai vari progetti. Per queste realtà, la capacità di gestire i progetti è un'esigenza indiscutibile, un fattore necessario di competitività. Disporre di una propria infrastruttura organizzativa e metodologica e soprattutto delle competenze e degli strumenti giusti nelle persone che partecipano ai progetti significa infatti essere sicuri di raggiungere i target aziendali e commerciali con la migliore efficienza e il contenimento dei rischi, delle risorse e dei costi complessivi.
Nella pratica, e nella maggioranza dei casi, si trovano invece modelli organizzativi ibridi, ovvero organizzazioni composite, strutturalmente funzionali, che creano uno speciale gruppo di progetto per gestire un cambiamento critico, che può includere risorse a tempo pieno o parziale, provenienti da diversi reparti funzionali, e che sviluppano procedure operative dedicate, potendo agire anche al di fuori della struttura ufficiale di governo e controllo. Oggi questo

modello, basato ancora fondamentalmente sulla logica delle funzioni "silos" e dei processi gestionali tradizionali di planning, budgeting, job defining, staffing, measuring e problem solving, che pure ha prodotto strepitosi risultati nelle decadi scorse, sembra segnare il passo e non favorisce più l'accelerazione dei cambiamenti necessari.

I numeri parlano chiaro. Solo il 60% dei programmi di trasformazione viene concluso con pieno successo, circa la metà registra ritardi di completamento, un programma su tre risulta anche fuori budget e un progetto ogni sei è un completo fallimento. Le cause di questi insuccessi si imputano, in ordine sparso, sempre alle solite motivazioni: mancanza di governance e pianificazione, carenza nella comunicazione, approssimazione dei requisiti e dei target, inadeguatezza delle risorse, lontananza degli stakeholder (Figura 1.1).

A ben guardare il problema è più ampio, complesso, sistemico e strutturale. Le gerarchie e i processi manageriali standard, anche quando sono meno burocratici, creano naturalmente barriere di comunicazione, hanno limiti di esecuzione e sono intrinsecamente avversi al cambiamento. Le politiche interne, le regole e le procedure possono diventare ostacoli che rischiano di ingolfare la velocità strategica di esecuzione richiesta dal contesto. La comunicazione e la condivisione delle informazioni e delle opportunità sono faticose e poco trasparenti. Il focus a breve termine delle funzioni confligge con la spinta al cambiamento di lungo periodo. Le persone evitano di prendersi rischi senza il permesso dei superiori, si aggrappano alle loro abitudini e temono la perdita di potere e status, amano la stabilità e preferiscono continuare a fare ciò che già sanno fare. Casi di studio, di fallimenti ancora rumorosi, dovuti a questa incapacità di vedere, gestire e accogliere il nuovo hanno fatto scuola, da Kodak a Nokia. Le aziende che vent'anni fa erano leader di mercato sono state sostituite da nuove che hanno saputo meglio interpretare i trend del mercato e dei consumatori o hanno saputo abbracciare i cambiamenti emergenti.

Intendiamoci bene: i modelli organizzativi funzionali/ibridi sono assolutamente indispensabili e ancora attuali per il funzionamento ordinario delle aziende. Non esistono altri modelli organizzativi altrettanto efficienti, se non quelli basati sulle gerarchie, le divisioni delle attività per specialità e processi, e le procedure codificate.

Abbiamo imparato nel tempo come lanciare e gestire le iniziative all'interno di un sistema gerarchico e come migliorare le prestazioni di processi funzionali ripetitivi. Sappiamo come identificare i nuovi problemi, analizzare i dati, creare "business case" aziendali per comprendere e valutare ciò che si sta facendo e si dovrà fare.

Figura 1.1 – Perché i progetti falliscono o hanno successo?

Abbiamo imparato a eseguire queste trasformazioni costruendo task force, team di project management e sponsor esecutivi per nuove iniziative. Tutto questo le aziende possono continuare a farlo, gestendo ancora il business corrente perché si tratta di una consolidata metodologia di miglioramento continuo intrinsecamente presente all'interno di una struttura gerarchica e gestionale di base ben funzionante.

Quello che osserviamo è che, in un contesto di crescente varietà e complessità dei progetti di trasformazione, occorre sempre di più favorire:

- una mobilitazione maggiore di risorse chiave per guidare e realizzare i cambiamenti;
- una leadership più collettiva e diffusa, non concentrata in poche risorse capaci, ma distribuita tra diversi attori dell'organizzazione, anche ai livelli di base e di management intermedio;
- un approccio ai cambiamenti continuativo e non episodico;
- un processo parallelo alla gestione "tecnica" dei progetti e articolato su visione, fiducia, motivazione, coesione, coraggio, azione e celebrazione.

Le organizzazioni interne si stanno trasformando naturalmente, in coerenza con queste nuove esigenze, in un terreno nel quale la persona, inserita in una rete di relazioni, alcune strette e altre più deboli, opera sulla base della ricerca di un valore aggiunto comune, piuttosto che per adempiere a dei meri compiti, e dove i diversi ruoli rispondono sempre più a logiche di presidio delle funzioni vitali d'impresa e di soluzione dei problemi (per esempio, la soddisfazione del cliente, il time to market, l'ottimizzazione del ciclo di cassa, la riduzione del total cost della supply chain), piuttosto che a mansioni limitate e titoli assegnati in modo verticistico o burocratico.
I processi di funzionamento si distruggono e si ricreano con maggiore velocità e frequenza, sulla base delle priorità strategiche, del contesto e degli obiettivi di cambiamento, in modo da valorizzare al massimo le competenze disponibili e quelle più adatte al raggiungimento degli obiettivi, oppure creando spazi per l'inserimento di nuove competenze esterne.
È fondamentale, dunque, avere un approccio esteso e interconnesso, mettendo in relazione tra loro persone, strategie, organizzazioni, processi e risorse, e creando veri ecosistemi fluidi che possano riconfigurare anche temporaneamente le normali gerarchie aziendali, i processi decisionali e le responsabilità funzionali per raggiungere obiettivi progettuali mai affrontati prima. Lo stesso perimetro della value chain aziendale tradizionale si è diluito. Oggi le aziende si muovono all'interno di una rete di valore, di una filiera più complessa a monte, a valle e di lato, per cui il cambiamento non si limita solo all'azienda in senso stretto ma può riguardare i diversi attori del sistema-rete allargato, coinvolgendo in modo collaborativo i fornitori, i clienti, i partner strategici ed eventualmente anche i concorrenti.

Per fare questo occorre più leadership e meno management. Non si tratta, cioè, di potenziare gli strumenti consolidati di project management, su cui esiste già molta letteratura e a cui l'esperienza di chi scrive non può aggiungere nulla di nuovo. Certo, per eseguire e controllare bene un progetto complesso, un prerequisito fondamentale è disporre di tool e capacità di pianificazione, project charter, budget, work breakdown structure, Gantt, saper analizzare i percorsi critici, utilizzare tecniche agili o di design thinking, scegliere project manager preparati, approntare dispositivi di misurazione, controllo e reporting; ma la realizzazione del cambiamento supera necessariamente questa dimensione tecnico-metodologica per affrontare concretamente cosa occorra fare per accelerare, per essere certi del risultato ed evitare di fallire. Su questo aspetto c'è ancora molto da fare.

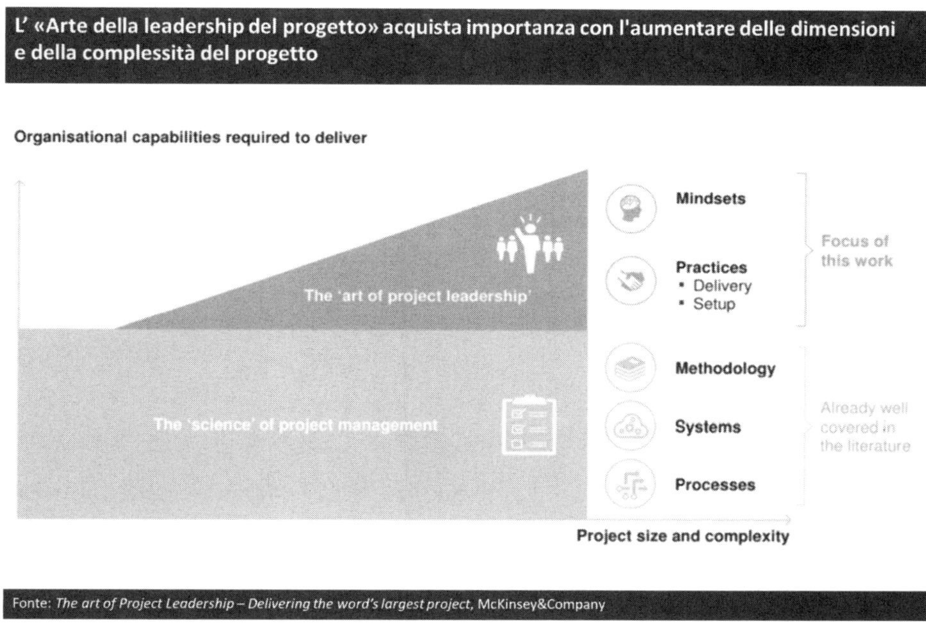

Figura 1.2 – L' "Arte della leadership del progetto" acquista importanza con l'aumentare delle dimensioni e della complessità del progetto. ©Titolare dei diritti: McKinsey & Company.

Bisogna entrare qui nella dimensione dell'esperienza e della capacità, nell'arte del cambiamento e non solo nella scienza della gestione. Passare, quindi, a una dimensione legata alla leadership e alla qualità delle persone che gestiscono le aziende e i progetti, ad aspetti motivazionali e comportamentali, e non soltanto alle tecniche per realizzarli. In questo ambito sono le persone e l'esperienza a fare la differenza.

Più che parlare di project management, è preferibile utilizzare l'espressione "realization management", che prova a suggerire come si fa a connettere la strategia ai risultati, guidando le trasformazioni verso nuovi modelli, nuovi metodi e strumenti di lavoro in modo efficace, sostenibile e duraturo (Figura 1.2).

Il nuovo paradigma del cambiamento accelerato

Nessun cambiamento può avvenire con successo senza che ci siano le condizioni di contesto organizzativo e culturali favorevoli e questo deve stare nell'agenda e nelle responsabilità del capo azienda, dell'imprenditore; il ruolo del leader, tra gli altri, è sempre di più quello di "creare e gestire" il contesto giusto per le persone e i talenti della propria organizzazione, deve ispirare il cambiamento favorendo la cultura dell'innovazione e del rinnovamento in azienda, riducendo tutte le barriere organizzative e culturali per realizzarlo, cercando, come detto, di superare i modelli gerarchico/burocratici esistenti o gli "impliciti" storici dell'"abbiamo sempre fatto così" per ottenere la partecipazione più ampia e l'adesione emotiva al progetto di cambiamento.
Almeno tre sono i tratti fondamentali di questa nuova leadership: l'indipendenza d'azione e di pensiero, la fiducia, la trust relationship, l'empowerment dei collaboratori e dell'organizzazione.

L'indipendenza di azione e pensiero

Per cambiare, per ottenere "business breakthrough", bisogna vincere un'inerzia incredibile. Per farlo, prima di tutto, serve un ambiente che consenta a tutti di esprimersi.
Purtroppo nelle aziende italiane, in particolare nelle Pmi, tutte le decisioni importanti sono prese ancora dall'amministratore delegato o dall'imprenditore (spesso queste due figure coincidono). Questo è un modello di leadership che poteva funzionare negli anni '60 e '70, ma oggi, per il contesto descritto, sarebbe insostenibile. Occorre dare spazio, rispettare e spingere i propri collaboratori a prendersi dei rischi, a sviluppare una maggiore consapevolezza del proprio valore e potenziale, occorre allevare una leadership più diffusa, collaborativa e indipendente. Autonomia, ma anche maggiore responsabilità su obiettivi e sulla guida delle persone e dei cambiamenti. D'altra parte, se si vogliono sviluppare dei leader, non si può permettere che scuse, spiegazioni e giustificazioni siano uno stile di vita.

Il problema è anche che chi ha più bisogno di cambiare in genere è il meno attrezzato per farlo. Non ne ha esperienza, teme il cambiamento, e tipicamente si coalizza per evitarlo a tutti i costi. In tanti contesti restii al cambiamento la cultura è auto-riferita, si guardano i propri progressi o i successi del passato e si trovano scuse per minimizzare i successi dei concorrenti che pian piano si stanno distanziando.
In questi contesti è difficilissimo, se non impossibile, promuovere il cambiamento dal basso. Ogni proposta di miglioramento, ogni idea nuova verrà presa come una critica e non come un suggerimento costruttivo. Spesso progetti portati avanti da consulenti esterni a diversi livelli – ne tratterà il capitolo sull'efficienza operativa nello shop floor – producono miglioramenti puntuali, che all'uscita dei consulenti esterni vengono rapidamente riassorbiti elasticamente dall'"abbiamo sempre fatto così".
Di nuovo, per promuovere il cambiamento strutturale, quello che non solo rimane consolidato ma si propaga in maniera autonoma, serve indipendenza: chi lo porta avanti non può avere la percezione di mettere a rischio la propria carriera. Indipendenza spesso nel senso di "terzietà" rispetto al contesto tradizionale nel quale si opera, e indipendenza dal punto di vista intellettuale, che consente di sfidare le certezze e i dogmi del passato.

La fiducia, la trust relationship

Il percorso che conduce al pieno cambiamento è incerto a priori. Non si tratta di costruire un ponte conoscendo gittata, portata, aspetti tecnici noti o parametrabili. Nei cambiamenti di business e organizzativi è impossibile intravedere tutte le ripercussioni che si potranno incontrare durante l'esecuzione. Chi guida il cambiamento non può aver mappato il percorso da fare, neanche al 40%, e come è noto i programmi sono scritti, puntualmente, per essere smentiti alla prima prova dei fatti. Il leader del cambiamento ha fiducia che in un modo o nell'altro una soluzione si troverà ai problemi che via via si presenteranno. È un eccellente "navigatore", di esperienza, in grado di decidere di volta in volta, di attrezzare la squadra migliore con gli strumenti, le risorse e le competenze giuste, di creare fiducia.
È infatti fondamentale che il resto del team, dell'azienda, si fidi di chi promuove il cambiamento. Un manager che non ha mosso un dito per tanti anni per cambiare lo *status quo* non sarà riconosciuto come paladino del cambiamento. Chi ha ripetutamente fallito, idem.

Non è facile trovare nelle aziende leader illuminati e con il carisma giusto per essere riconosciuti come guida forte e credibile. A volte può essere più efficace far guidare il cambiamento da persone "vergini" che vengono da fuori, che godono di una buona reputazione, sovradimensionati, esperti, o che sono del tutto sconosciuti – e quindi non devono superare una montagna di pregiudizi negativi – e che invece possono godere della iniziale "luna di miele" nella quale facilmente viene loro concesso, come minimo, il beneficio del dubbio.

L'empowerment dei collaboratori e dell'organizzazione

Come abbiamo già detto, un buon leader, oggi, deve essere un "creatore di contesti". In questo caso specifico deve incoraggiare e favorire la maturità di un'organizzazione a promuovere e gestire il cambiamento, deve perseguire la "change readiness" della propria organizzazione, ovvero la capacità di gestire le trasformazioni in modo stabile e continuativo nel tempo, oltre il singolo progetto.
Ma che cosa significa questo nel concreto? Intanto occorre rendersi conto che negli attuali sistemi aziendali complessi, dal punto di vista organizzativo, di mercato/prodotto, di geografie, clienti e canali, di processi produttivi, logistici, amministrativi è impossibile che si possa avere tutto sotto controllo. "Se hai tutto sotto controllo, vuol dire che stai andando troppo piano", diceva Mario Andretti, pilota di Formula 1.
Il leader deve governare il contesto, assicurarsi che l'organizzazione non vada fuori strada, per esempio dedicando troppo tempo alla progettazione del futuro e dimenticandosi di mettere insieme il pranzo con la cena servendo bene i clienti di oggi. Questo lo fa ricordando gli obiettivi e le scadenze che il gruppo si è dato, non controllando le risorse, che devono imparare ad autogestirsi, e ponendo obiettivi ambiziosi, aiutando le persone a raggiungerli e assicurando il giusto equilibrio tra il risultato atteso e le risorse disponibili. Deve valutare non solo le performance, naturalmente guardando i numeri, ma anche come i suoi collaboratori guidano il cambiamento e valorizzano le risorse e i talenti. Deve guidare il flusso delle idee – Alex Portland descrive le aziende come dei fiumi di idee dove navigano le persone – e creare l'infrastruttura organizzativa, culturale, sistemica, informativa, per far sì che la produzione e lo scambio di idee avvengano nel modo più efficiente e trasparente possibile. Deve stimolare un'attitudine culturalmente favorevole al rischio, al coraggio delle idee e alla messa in discussione dello *status quo*, eliminando comportamenti di "blaming" e "shaming". L'esatto contrario dell'organizzazione stratificata di tipo burocratico/formale, impermeabile allo scambio di idee e

refrattaria al nuovo sia lungo l'asse verticale (prevalenza della gerarchia) sia, racchiusa com'è nei suoi stretti silos verticali, lungo quello orizzontale.

Le regole del cambiamento accelerato

Ma quali sono allora le regole migliori e le pratiche che funzionano meglio per gestire un cambiamento accelerato?

Non esistono facili ricette e, soprattutto, non c'è una ricetta valida per tutte le aziende. Quello che riportiamo qui invece è un modello di riferimento, fatto di principi di gestione sperimentati nella pratica quotidiana e che poi ogni azienda riempirà con contenuti *ad hoc* sulla base delle proprie specificità, dei cambiamenti da gestire, del settore in cui opera e del livello di maturità della sua organizzazione in termini di cultura e innovazione.

La spinta al cambiamento spesso proviene dal mercato e deriva da una sempre maggiore comprensione dei bisogni dei clienti e della loro soddisfazione. Tuttavia, qualunque progetto di trasformazione dev'essere riconducibile alla fine a due obiettivi o alla combinazione di questi: il primo è aumentare i ricavi o i profitti e allo stesso tempo ridurre i costi, il secondo è migliorare l'efficacia e l'efficienza dei modelli di fare business. È dannoso e inutile investire denaro, oltre che energia e tempo, in trasformazioni aziendali più o meno complesse senza assicurarsi che ci sia un valore oggettivo e misurabile per l'azienda e per le persone che ci lavorano. Far sì che ci sia un beneficio chiaro e concreto derivante dalla trasformazione è una pre-condizione. Forse è ridondante ribadirlo, ma non così scontato!

Esiste anche la trappola del "cambiamento" per moda o marketing sulla base delle buzzword del momento (outsourcing, reshoring, digital, CRM, ecommerce...): un'attitudine verso la quale è bene diffidare. Vanno quindi osservate alcune fondamentali regole.

Partire dalla fine: la visione e il consenso sugli obiettivi

Per avviare un programma di cambiamento accelerato è bene cominciare dalla fine, o anche "dal" fine. È necessario cioè che sia chiaro a tutti il motivo per cui si decide di operare il cambiamento, soppesando a quanto corrisponderebbe il costo per l'azienda in caso di una mancata accelerazione e dettagliando invece i benefici della soluzione perseguita con una stima affidabile del ritorno sull'investimento.

Un grande problema, quando ci si muove dalla strategia all'implementazione, è la mancanza di obiettivi chiari e misurabili. Si può annunciare l'intento di crescere all'estero o di voler migliorare le performance produttive, ma se si stabilisce più nel dettaglio il punto di arrivo, se per esempio si prevede di entrare nel mercato tedesco in un tempo massimo di sei mesi con logiche predefinite e target ben individuati, tutto questo consentirà molto più facilmente di chiarire a tutti il cammino che dev'essere perseguito, fornendo una visione evidente del risultato. Una stella polare che guiderà lo svolgimento del progetto anche quando bisognerà fare delle deviazioni rispetto alla pianificazione iniziale.

È necessario definire, dunque, un modello chiaro ma anche misurabile e deterministico degli obiettivi che si vogliono portare a casa, altrimenti si commette un errore grave. I programmi e gli obiettivi devono essere precisi e noti a tutta l'organizzazione, ma la strategia può essere variabile, può cioè adattarsi agli imprevisti e agli step che bisognerà superare per arrivare al traguardo. Quel che conta è che esista una visione condivisa, rappresentata sin dal principio al team di progetto, sulla quale coloro che ne fanno parte possano identificarsi.

Occorre costruire il consenso intorno alla trasformazione, allineare e sincronizzare il team. E per farlo, bisogna disegnare una visione chiara e puntuale. Far partire un progetto, se non si sa esattamente qual è l'obiettivo, è un errore che produrrà inevitabilmente ritardi, dubbi e difficoltà di esecuzione.

Saper scegliere: il focus

Per rendere efficace e rapido il processo di cambiamento è importante, poi, un lavoro di focalizzazione e di selezione. Bisogna concentrarsi su due o tre priorità alla volta, scelte anche sulla base delle precedenti valutazioni di costo/beneficio, congelando i progetti e le derivate che non siano strettamente necessari o evitando di perdersi dietro ambizioni faraoniche, già troppo complesse in partenza, destinate a perdere la spinta dopo poche settimane e a bloccare l'organizzazione, incapace di sostenere l'impresa per limiti di competenze o risorse.

E questo non solo per evitare di dilapidare energie umane e finanziarie importanti, ma anche per un motivo di carattere psicologico: le persone possono assorbire i cambiamenti fino a un certo punto. Andare oltre e aggiungere continuamente iniziative senza aver completato e celebrato le precedenti genera un senso di frustrazione e di fatica. La mancanza di perseveranza nel portare avanti un progetto spesso è una conseguenza di assenza di focus o focus sbagliato.

Nella valutazione del focus, del perimetro di impatto, a volte occorre considerare le correlazioni che un progetto può avere su processi e ambiti adiacenti e dipendenti. Deve essere contemplata la pervasività dell'intervento. È difficile,

per esempio, che un programma di sales excellence attecchisca se non si può contemporaneamente affrontare il tema del prodotto e del livello di servizio. Così come difficilmente si può cambiare strutturalmente la performance di una funzione acquisti senza mettere a punto l'affidabilità delle previsioni di vendita e la programmazione.
Ogni cambiamento deve essere pensato come l'avvio di un percorso che porta all'abbandonare un insieme di coerenze in favore di un nuovo insieme di coerenze. Come abbiamo detto, non necessariamente il cambiamento deve essere "olistico", per evitare che diventi gattopardesco, una situazione in cui si cambia tutto perché tutto rimanga come prima, ma non deve neppure trascurare le dipendenze, per evitare che sia confinato a un ambito circoscritto e sub-ottimale.
Nella realizzazione del cambiamento, un altro errore è avere un pensiero perfezionista, ovvero attendere il momento perfetto o la soluzione perfetta, oppure perdere di concentrazione e farsi prendere dalla distrazione durante l'implementazione. Per evitarlo, il focus torna di nuovo utile per richiamare tutti all'obiettivo e a mantenere lo slancio iniziale. Il principio di Pareto dell'80/20, secondo cui il 20% delle cause è responsabile dell'80% degli effetti, e la regola antica secondo cui "l'ottimo è nemico del bene" possono venire in aiuto ogni volta che si rischia di divergere.

Generare un sano senso di urgenza

Molti cambiamenti falliscono perché sono troppo diluiti nel tempo e non trasferiscono alle persone un vero senso di urgenza. Nello scenario attuale di mercato per le aziende si aprono opportunità di business e sorgono minacce imprevedibili in modo molto rapido e repentino. Saperle identificare velocemente e mobilitare immediatamente l'organizzazione intorno a questi cambiamenti è un potente propellente per attivare le persone.
La velocità è quindi un elemento di valore e un fattore di vantaggio competitivo in sé, perché può consentire di arrivare all'obiettivo prima che lo facciano i concorrenti. Il modello di pianificazione e realizzazione di piani strategici a 3-5 anni è un impianto strategico che appartiene al passato. Le stesse imprese che prima dovevano rispondere a cambiamenti episodici in modo finito e sequenziale oggi si trovano a dover gestire decine di iniziative in parallelo e in un tempo ridotto. Essere veloci fa dunque la differenza.
Lavorare nell'urgenza, secondo schemi che in precedenza erano riservati solo alle situazioni eccezionali d'emergenza, consente di coagulare e motivare all'in-

terno di una finestra breve di opportunità gli sforzi e le energie delle persone e di muoversi più rapidamente verso l'obiettivo.
La velocità non deve comportare, certo, approssimazione e superficialità: essere veloci significa riuscire a stare sempre sul pezzo, stabilire una cadenza periodica di verifica e allineamento del progetto, ma puntare all'essenziale, facendo affidamento sull'intuito e su tutte le fonti di informazioni disponibili sul campo a tutti i livelli organizzativi per decidere in fretta.

Individuare i punti di appoggio

Come abbiamo già detto, i risultati di un cambiamento complesso e strategico non sono frutto dello sforzo di uno o pochi individui: sono sempre merito di un team più ampio e, se efficaci nel tempo, di un'intera organizzazione. Ma chi sono gli agenti iniziali del cambiamento e come si possono identificare?
In un noto modello psicoattitudinale, conosciuto come curva di Kübler-Ross, le persone possono essere classificate in quattro atteggiamenti rispetto al nuovo:

- rifiuto – "questo non succederà mai";
- resistenza – "questo non funzionerà mai";
- interesse – "forse potrebbe funzionare, potrei farlo";
- ingaggio – "succederà e posso farlo e gestirlo".

I percorsi delle persone attraverso questi stati non sono necessariamente in sequenza, non seguono un tracciato lineare, possono non essere concomitanti e avere durate differenti. È chiaro che questa fluidità presuppone una continua capacità di ascolto e un'analisi delle motivazioni e delle volontà di cambiamento delle persone, ma in un contesto di urgenza e velocità non si può tenere il passo dei più resistenti e dei più riluttanti. Inutile perdere tempo a convincere i più diffidenti oppure cercare un consenso maggioritario; più facile guadagnare la fiducia di fronte a risultati e successi concreti che a promesse di miracoli lontani. Occorre quindi comprendere e ascoltare molto bene l'organizzazione, le motivazioni e le resistenze, gli stakeholder interni ed esterni, e puntare subito sugli "sponsor" del cambiamento, anche quando sono pochi, assicurandosi di dare loro un riconoscimento trasparente per l'impegno profuso. Allo stesso modo, occorre neutralizzare immediatamente gli oppositori, che con il loro atteggiamento rischiano di diventare fattori di blocco e di influenzare negativamente il team. Se questo rischia di ridurre all'osso la consistenza numerica della squadra, ne rinforzerà però le motivazioni e l'incisività. Ci sarà sempre tempo, in seguito, per portare a bordo altre persone.

All'interno degli stati di Kübler-Ross, peraltro, non è detto che chi riveste un ruolo debba continuare a farlo nel tempo: uno sponsor può diventare un resistente, e viceversa, o possono emergere i cosiddetti "falsi positivi" e i "falsi negativi", che tendono cioè a manifestare una certa posizione e poi ad agire in maniera opposta. Anche per questo è necessaria una configurazione fluida del team durante il progetto, senza avere fretta di ridefinire radicalmente l'assetto organizzativo dell'azienda nel suo complesso. La precedenza assoluta è quella di arrivare al cambiamento e di portare nel team le figure più adatte. Solo dopo, eventualmente, si potrà cambiare ruolo alle persone che fanno parte dell'organizzazione.

Nella creazione del team che dovrà gestire il cambiamento è importante assortire bene la scatola di cioccolatini, creando il giusto mix di competenze tra strategist, tecnici e figure operative.

Quindi, per quanto possibile, devono far parte della squadra:

- leader e sponsor – persone che abbracciano il cambiamento e ispirano gli altri;
- key people – persone che possono muovere le cose anche per gerarchia;
- esperti – persone che conoscono la materia e possono contribuire alle soluzioni e alle decisioni;
- operativi – persone che realizzano, adottano e sperimentano i nuovi modelli.

Vista l'inerzia iniziale di ogni organizzazione a promuovere cambiamenti strutturali, non basta un individuo solo, salvo rarissime eccezioni o ambiti di riferimento molto circoscritti. Il minimo è una task force di due o meglio tre soggetti che spingono tutti nella stessa direzione. Il CEO più il CFO o il Controller e l'IT, o l'HR o le Operations. In casi di dubbio entusiasmo per il cambiamento nella prima linea (o i propri riporti chiave se si opera più in profondità nell'organizzazione), è decisamente meglio mettere a posto la sponsorship prima di avviare un programma di trasformazione.

Mostrare, essere operativi e sostenere continuamente i nuovi comportamenti

C'è un assunto di campo banale, troppo spesso sottovalutato, che può essere molto importante quando si gestisce un'azione di change management: le organizzazioni non cambiano da sole, mentre le persone possono farlo, e l'esempio per tutti arriva da comportamenti pratici, dall'azione.

Quindi, se vogliamo che le grandi trasformazioni si realizzino, occorre identificare comportamenti e nuovi modi di lavoro specifici e concreti che possano essere rilevanti per il successo e per l'applicazione del cambiamento, i "moments of truth" per tutti quelli che abbiano a che fare con l'organizzazione in diversi momenti: quando, per esempio, un agente riceve la telefonata di un cliente per gestire un reclamo complesso, oppure quando un capo fabbrica deve intervenire per gestire un fermo macchina potenzialmente dannoso per la produzione. In tutti questi casi, abbiamo imparato che istruzioni top down, flow charts, diagrammi e qualunque genere di comunicazione verbale o formalizzata possono risultare troppo deboli e lasciare spazio a interpretazioni diverse e soluzioni sbagliate. Rispondere con frasi come "dobbiamo migliorare il nostro servizio al cliente" oppure "il nostro team qualità e manutenzione deve essere più veloce" produrrà certamente risultati inefficienti, ambiguità e perfino conflitti all'interno dell'organizzazione.

I project leader devono scendere nell'operatività e nel dettaglio delle cose, analizzando bene il campo di azione, decidendo come in pratica gli utenti debbano eseguire le loro azioni. In tutti questi casi, devono soprattutto mostrare loro il nuovo modello che hanno disegnato, dando l'esempio e affiancando sul campo le persone per accompagnarle verso l'adozione di comportamenti virtuosi. Non solo: le attività di training, i road show, possono certamente attivare i cambiamenti, ma non li sostengono necessariamente nel lungo periodo. È importante anche rinforzare continuamente il sostegno ai nuovi comportamenti, magari attraverso continui feedback dal campo, controlli da parte di supervisori, incentivi economici o di altra natura per l'adozione e il rispetto dei nuovi schemi di lavoro. Attenzione, infine, al modo di utilizzare le e-mail e condurre le riunioni, che sono gli strumenti di eccellenza quando si gestiscono i team dei grandi programmi di trasformazione. Due riunioni su tre sono in genere una perdita di tempo (l'attenzione delle persone dura al massimo 20 minuti), le e-mail creano spesso confusioni e disallineamenti e non sono strumenti ideali di dialogo e confronto. Troppi meeting possono essere un segnale di disfunzione: che i leader non hanno il polso vero della situazione, che non si fidano dei team o che gli stessi team non sono capaci di eseguire le attività in modo autonomo.

In generale, quindi, è bene assicurarsi che la riunione abbia un obiettivo importante (presentare un risultato, celebrare una milestone, discutere una criticità importante...), mantenere sempre il focus senza divergere o perdersi in brainstorming infiniti e inconcludenti, invitare solo lo stretto numero di persone necessarie per l'obiettivo, lasciare la riunione con tre azioni di follow-up chiare da eseguire.

Anche in queste circostanze, fare di più, essere operativi e coinvolti nel day by day sui programmi, conoscerne i dettagli, parlare con le persone del team al di fuori dei momenti istituzionali sono modi efficaci per garantire il controllo del campo d'azione.

Comunicare, comunicare

Per creare un gruppo in grado di operare un vero cambiamento accelerato è essenziale, come abbiamo detto, sviluppare una visione e condividerla con tutto il team. Non basta conoscere la strada e avere presenti tutte le tappe disegnate sul gantt: se il team non è coinvolto nel perseguimento di un risultato finale, avrà molta più difficoltà a trovare motivazioni e coesione. Non solo: sarà molto più difficile a leader e key people guadagnare il consenso e l'adesione degli altri componenti del team. Chi guida deve dettagliare anche l'azione e chiarire le aspettative e le conseguenze.

Il successo di un piano di cambiamento passa spesso attraverso l'allineamento continuo fra tre gruppi di attori: la C-suite di top manager o l'imprenditore, che definiscono e approvano le strategie, i diversi responsabili di business, che traducono le strategie in progetti nelle rispettive aree, e i capi progetto, che gestiscono l'esecuzione e la realizzazione degli obiettivi. Il dialogo continuo e sistematico tra questi tre gruppi di stakeholder è uno dei fattori più importanti di successo di un cambiamento perché consente di avere trasparenza sull'andamento delle attività e di correggere i percorsi e le azioni in corso d'opera.

Ma comunicare vuol dire anche ascoltare. Si deve dare modo a tutti di aggiungere il proprio punto di vista, si devono raccogliere tutte le critiche, ci si deve confrontare costantemente con tutti gli attori coinvolti nella gestione attiva del progetto, ma anche con chi potenzialmente subirà delle conseguenze dai cambiamenti, in modo da intercettare e analizzare segnali anche deboli di pericolo prima che diventino problemi importanti.

Tra gli strumenti motivazionali, poi, non è da trascurare la celebrazione dei risultati ottenuti. Si tratta di una forma rituale di riconoscimento in occasione del raggiungimento di importanti step ed è molto utile per gratificare il team e creare entusiasmo, anche quando si tratti di piccoli risultati, purché siano riconoscibili, visibili e tangibili. Avranno anche un grosso effetto di amplificazione all'interno dell'organizzazione. È una pratica molto più importante di quanto possa sembrare, anche perché spesso i grandi obiettivi si ottengono con la strategia dei piccoli passi: anche le montagne si scalano un passo alla volta. Il più delle volte, anzi, è consigliabile partire dalle conquiste più facili, valorizzando i primi risultati, per poi alzare gradualmente l'asticella. È una tecnica che ha sempre dato buoni riscontri anche in ambito militare e che rappresenta una dimostrazione di attenzione al team e di sfruttamento di momenti chiave per rilanciare l'azione e spingere ancora più forte.

Per conseguire tutto questo, serve dunque progettazione e preparazione.

I manager del cambiamento devono essere esperti, autorevoli sulla trasformazione specifica, devono saper guidare e decidere la direzione giusta, essere riconosciuti competenti e capaci di leadership. Gestire i tempi, i costi, la qualità, le persone, gli obiettivi, i rischi e tutte le altre buone pratiche fondanti del project management. Questo tipo di formazione deve essere però completato da una serie di competenze soft nella gestione del cambiamento: saper creare consenso, coagulare continuamente la giusta attenzione intorno al programma da parte di tutti gli stakeholder coinvolti, arruolare il numero più alto possibile di agenti del cambiamento lungo il percorso attraverso una continua attività di "marketing", comunicazione e persuasione, mostrare autorevolezza e capacità di comprendere le persone e l'organizzazione, saper motivare al cambiamento. L'etica del lavoro e la comprensione della cultura e dei valori aziendali, inoltre, sono fondamentali per guadagnare il rispetto e la fiducia dell'organizzazione e per comprendere quali sono le leve su cui agire per cambiare. In alcuni casi, occorre anche intervenire sulla massa critica e su fattori che possano accelerare e moltiplicare gli sforzi del management aziendale nel condurre programmi di trasformazione complessi.

In queste situazioni va sottolineata la grande efficacia di un approccio che sta progressivamente prendendo piede in tutta Europa, che si basa sull'utilizzo di un team di Young Executive, giovani brillanti non cresciuti in contesti aziendali convenzionali, abituati a ragionare per processi e non per funzioni, appassionati e motivati dal risultato, che lavorano in affiancamento alle gerarchie standard del cliente, come una trama organizzativa parallela, con l'obiettivo di "sciogliere i nodi", facilitare le interconnessioni tra i diversi silos, coinvolgere tutti gli attori e i punti decisionali/operativi. Lavorano come una rete indipendente dai vincoli interni e burocratici e quindi liberano informazioni, soluzioni, collaborazione e creatività con maggiore libertà e velocità.

VISIONE E CONSAPEVOLEZZA: LE SCELTE PER FARE UN CAMBIO DI PASSO

di Michele Ferrarese, Europe Cluster Manager di Carestream Health

Leggendo alcuni capitoli del libro, mi sono chiesto quanto distante o quanto vicina potesse essere la mia esperienza rispetto ai principi e alle tendenze del cambiamento nelle aziende in cui ho lavorato, quale la capacità e la velocità di evolversi e di capire quanto occorra essere rapidi nei cambiamenti. Pensando che: "Il cambiamento lascia sempre aperta la strada per la creazione di altri" (Machiavelli), ho sempre guardato con fiducia e apertura alle scelte per fare un "cambio di passo o un cambio di organizzazione", avendo chiaro come l'instabilità economica che stiamo incontrando o la voglia di crescere, necessaria in ogni azienda, ci debba portare alla ricerca costante di nuovi punti di equilibrio dinamico.

Il momento della visione di dove si vuole arrivare con il cambiamento non può essere disgiunto dalla velocità e dall'accelerazione nell'esecuzione dei piani associati, per non perdere il *momentum*, mantenendo l'attenzione dei propri collaboratori, e per anticipare il mercato.

Nella nostra realtà di multinazionale stiamo vivendo un cambio strutturale che ci ha portato in un anno – il 2020 – a modificare l'organizzazione europea e mondiale da un modello capillare di vendita/assistenza diretta in ogni Paese a uno esclusivamente indirizzato alla vendita/assistenza tramite dealer, con l'eccezione della filiale italiana. Il progetto di cambiamento Carestream 2020, realizzato in un anno, ci ha fatto capire come velocità, accelerazione dei piani, condivisione e comunicazione, uniti a un pizzico di creatività per anticipare e gestire gli imprevisti, siano basilari per il successo.

Ho provato a sintetizzare gli elementi fondanti del progetto:

- Creare la visione e la consapevolezza.
- Condividere gli obiettivi e comunicare un piano chiaro e dettagliato (ma pronti a variarlo, se necessario, e ad accelerarlo).
- Esecuzione ferma e veloce.

- Prontezza e creatività per gestire l'imprevedibile (la crisi dovuta alla pandemia da Covid-19 ci ha portato a garantire la continuità operativa, lavorando da remoto in pochissimo tempo – misurabile in giorni – senza creare disfunzioni, e a cambiare le linee produttive per adattarle alle richieste di mercato in tre settimane).

Questo non significa, sul piano emotivo, avere avuto sempre tutti parametri sotto controllo, ma bilanciando – a ogni livello di management – leadership, esperienza e conoscenza delle tecniche gestionali, è stato possibile guidare e portare a compimento il piano di cambiamento.

Capitolo 2

Top Line Growth: la crescita veloce

Crescere: difficile ma obbligatorio

La crescita è uno dei temi più complessi su cui si misurano i manager ai quali le aziende si affidano. Per un problema culturale, innanzi tutto. Molti pensano, con troppa superficialità, che la questione riguardi quasi esclusivamente il commerciale. L'esperienza dimostra che non è così o, almeno, non solo. È, al contrario, un terreno sul quale le diverse anime di un'organizzazione moderna si incontrano, dalla scelta delle modalità con cui si propone e si promuove la propria offerta al livello di servizio raggiunto e alla soddisfazione del cliente. La crescita, insomma, è un processo che coinvolge tutta l'azienda.

In Europa molte realtà, forse la maggior parte, dal secondo dopoguerra fino alla fine del secolo scorso hanno beneficiato delle fasi cicliche di crescita dei mercati a cui appartenevano. Sono state capaci di soddisfare le esigenze dei propri clienti, certo, ma nel farlo hanno beneficiato del favorevole andamento dei mercati. I clienti, durante le fasi di mercati crescenti, sono i "piloti": sono loro che determinano i bisogni, i tempi con cui questi devono essere soddisfatti e in molti casi arrivano a indicare in maniera abbastanza esplicita le specifiche funzionali del prodotto o del servizio che il fornitore deve dare. Moltissime aziende europee cresciute in questo contesto sono diventate leader e si sono differenziate dai propri concorrenti per capacità tecniche, per innovazioni di processo, per modelli operativi flessibili e per la rapidità nel soddisfare le esigenze dei propri clienti. Quello che non hanno avuto bisogno di inventare è stata la domanda: magari sono stati i più bravi a soddisfarla, ma la domanda c'era ed era evidente. Spesso si manifestava semplicemente attraverso un telefono che suonava in un ufficio. All'altro capo del filo un cliente con un bisogno da soddisfare.

Premesso che alcune aziende sono state più brave a cogliere le opportunità di crescita mentre ogni anno ne chiudevano altre, che alcuni settori sono giunti a maturazione e hanno iniziato a declinare prima di altri, e che come ogni tentativo di concettualizzazione anche questo non può avere valenza generale, bisogna riconoscere che molti settori sono cresciuti, almeno fino all'inizio degli anni 2000, più o meno così. Il grande settore delle macchine utensili, delle macchine per il packaging e per l'imbottigliamento, il settore tessile, quello della meccanica in senso allargato, quello delle produzioni alimentari, per citarne solo alcuni, sono tutti casi che hanno seguito questo tipo di dinamiche. Per molti anni l'economia ha beneficiato di una crescita il cui driver principale era di natura demografica: più persone da sfamare, vestire, spostare, intrattenere, formare. Il tutto, in una prima fase, finanziato principalmente da ingenti investimenti esteri e, almeno per quanto riguarda l'Italia, dal debito pubblico, e in un momento successivo facilitato dalla svalutazione. Una fase che in un modo o nell'altro è terminata all'inizio del secolo, in un periodo che più o meno coincide temporalmente con lo "scoppio della bolla di internet" e l'avvento dell'euro.

In un modo o nell'altro, in tutti i mercati maturi dell'Europa occidentale la spinta endogena alla crescita è terminata e il peso degli investimenti esteri si è ridotto in maniera significativa più o meno ovunque. L'apertura del mercato a nuovi concorrenti globali, che si è innestata sul difficile scenario appena descritto, ha esposto le nostre aziende a sfide che le hanno viste spesso impreparate. Oggi le aziende si trovano – o hanno la convinzione di trovarsi – compresse da un lato da concorrenti molto più grandi e strutturati di loro, con maggior reputazione, maggiori risorse e una gamma di prodotto più ampia, e dall'altro da concorrenti "low cost", tipicamente aziende dell'estremo oriente che per una serie di concause offrono ai propri clienti – almeno questa è la percezione – lo stesso prodotto a un prezzo imbattibile.

Questo è lo scenario ideale per dare a tutto il vertice aziendale la scusa perfetta per non crescere. Il mercato non cresce e non siamo in grado di competere né contro i "tedeschi", nonostante questi spesso pratichino prezzi più alti dei nostri, né contro i "cinesi" di turno. Purtroppo, questa è una delle più classiche profezie

auto–avveranti: mi convinco di non poter competere, non faccio nulla per competere e inevitabilmente vengo spazzato via dal mercato.
Chi si occupa di azienda sa che ogni epoca e ogni settore ha i suoi "tedeschi" e i suoi "cinesi". Per molti anni le aziende italiane rappresentavano i "cinesi" per quelle francesi, nella produzione serica per esempio. In altri settori che l'Italia domina, come il mondo delle macchine per il packaging alimentare, i "tedeschi" sono proprio le aziende Italiane.
Qual è il punto? Molto semplicemente che ogni azienda dovrà sempre confrontarsi con concorrenti più grandi, o più piccoli ma flessibili, o più specializzati e in grado di rosicchiare una nicchia alla volta, e alla fine non c'è pace. Non esiste più, se mai è esistita, una nicchia dove ci si può concentrare sul fare bene quello che si sa fare, soddisfare i clienti già acquisiti e stabili e vivere tranquilli in mercati con moderati tassi di crescita costante che ti riconoscono dei margini di profitto soddisfacenti.
In una battaglia di tutti contro tutti, tipica dei mercati aperti e competitivi, le aziende sono condannate a crescere per sopravvivere. L'aumento del fatturato, l'incremento della quota di mercato, lo sviluppo di nuove marginalità non sono opzioni riservate a chi abbia chissà quali ambizioni: sono oggi la condizione essenziale per muoversi in un contesto competitivo nel quale chi non cresce, o non lo fa abbastanza, rischia di sparire. Su questo fronte molte aziende europee scontano un considerevole ritardo rispetto al panorama internazionale, accontentandosi spesso di galleggiare anche quando la crescita va a rilento e magari i principali competitor globali vantano percentuali ben più interessanti. In questi casi ci vuole uno scatto, un'accelerazione, che consenta di ottenere in modo strutturato risultati tangibili in un tempo circoscritto.

Crescere: una questione di metodo

Le aziende che negli ultimi anni si sono confrontate con consulenti ed esperti sul tema della crescita lo hanno fatto per lo più perché si sono rese conto che senza una discontinuità nel modo di affrontare il problema della "non crescita" questo non faceva che aggravarsi. Questa ricercata discontinuità non può palesarsi che tramite l'inserimento in azienda di una diversa "leadership intellettuale", capace di dare risposta al quesito "e ora che si fa?", e di una diversa "leadership operativa", in grado di tradurre in azioni concrete le idee. Per farlo è stato sviluppato un metodo efficace e innovativo. Come bisogna ragionare per tornare a crescere in maniera profittevole e sostenibile, anche in mercati competitivi che non crescono? Bisogna identificare due o tre fattori su cui l'azienda deve puntare per fare la differenza in tempi brevi. Magari questo porterà a identificare due o tre cose da fare, o magari sette o otto, e forse ognuna si declinerà in sotto-progetti e in un elenco articolato di attività di dettaglio, ma sicuramente è impossibile tornare a crescere in tempi brevi tentando di fare tutto, proprio tutto, quello che "bisognerebbe fare".

Si sa che i capi azienda sono spesso inondati di buone idee per tornare a crescere: migliorare il servizio (maggiore puntualità, riduzione dei tempi di evasione degli ordini), migliorare il prodotto (ottimizzando il rapporto qualità-prezzo, operando sulle caratteristiche tecniche, allargando la gamma), investire di più sulla propria notorietà (pubblicità, sponsorizzazioni, direct marketing, utilizzo dei canali digitali), aprire nuovi mercati, ristrutturare i canali di vendita (attraverso la disintermediazione saltando i partner di canale o, al contrario, "variabilizzando" la forza vendita per ottenere una maggiore copertura del mercato), intervenire sulla leva prezzo (riducendo o, al contrario, aumentando i prezzi), intervenire sulle condizioni al trade (aumentando i premi o gli sconti/quantità e rivedendo la struttura degli incentivi agli agenti o ai venditori). Si potrebbe andare avanti e fare un lunghissimo inventario di tutte le azioni, o le buone idee, che teoricamente ogni azienda può mettere in atto per tornare a crescere. Il problema è che non ci sono le risorse per fare tutto, e al management spesso mancano gli strumenti, anche concettuali, per valutare quale priorità darsi. Questo trae origine dall'incapacità di stimare i ritorni sugli investimenti che si stanno ipotizzando.

Sono ancora moltissime le aziende che prendono decisioni "di pancia", spesso in funzione dell'attivismo o della reputazione di chi propone l'investimento, decisioni e scelte non basate su criteri logici, trasparenti, ripetibili, adatti poi a produrre analisi di scostamento tra attese e consuntivo, ma sull'istinto o sulle preferenze individuali di chi è chiamato a decidere.

Quasi sempre ogni funzione aziendale è paladina delle proprie ricette: le vendite vogliono prezzi più bassi, il marketing più comunicazione e una gamma di prodotti più ampia, le operations al contrario vogliono meno complessità per poter avere più efficienza e sostenere meno costi. Si sono visti anche imprenditori che continuavano ostinatamente a investire in nuove tecnologie produttive e altri che spendevano cifre iperboliche in fiere sempre più costose e con stand sempre più sofisticati. Il tutto in maniera scollegata da una diagnosi razionale di cosa servisse veramente e perché. La conseguenza è che moltissime aziende fanno un po' di questo e un po' di quello, con qualche spesa a pioggia senza strategia e nella speranza che qualcosa alla fine funzioni. In genere, purtroppo, non è così. In questo modo si sprecano risorse senza ottenere nulla di concreto e ci si convince che avendo provato il provabile non ci sia nulla da fare se non aspettare che i mercati tornino a crescere o che qualche altro miracolo esogeno alla fine ci salvi.

Chi conosce e gestisce l'azienda sa perfettamente che tutto non si può fare. Bisogna saper capire quali iniziative escludere e su quali invece puntare, valutando in maniera oggettiva, tra tutte le potenziali "buone idee" per tornare a crescere, quali perseguire e perché, e stimando i benefici economici e finanziari che deriveranno da ognuna di queste. Un processo che permette di demistificare, di smitizzare la crescita rendendola più o meno alla portata di molti. Purtroppo non di tutti.

Sfortunatamente non tutte le aziende possono tornare a crescere in breve tempo in modo profittevole e sostenibile. Per alcune è veramente troppo tardi, ma per moltissime altre – almeno questo dice l'esperienza – non lo è affatto e i margini di miglioramento sono spesso sorprendentemente alti.

L'approccio moderno alla Top Line Growth, detto nella maniera più semplice possibile, mira a scoprire prima di tutto quali aspetti del canonico "abbiamo sempre fatto così" impediscono all'azienda di crescere. Nelle iniziative di Top Line Growth la missione, spesso, è quella di smontare delle certezze assolute che in qualche modo si sono sedimentate nella cultura aziendale e che nessuno più mette in dubbio. La ricetta per farlo non è mai la stessa, le variabili in gioco sono sempre diverse, palesemente non si può approcciare nello stesso modo chi produce e vende navi per la posa di cavi sottomarini e chi prosciutti, ma il metodo da seguire ha in realtà molte più comunanze che differenze.

L'idea di fondo è quella di strutturare una serie di analisi "parlanti", e cioè la cui interpretazione sia molto intuitiva, e orientate all'azione. Spesso non si tratta di analisi complesse né particolarmente sofisticate, perché non orientate all'ottimizzazione di quello che si sta già facendo: per esempio, è molto improbabile che sia prioritario studiare se il media spending sia correttamente allocato o se la comunicazione sia realmente efficace, né in prima battuta è utile effettuare sofisticate analisi sul pricing. L'esperienza insegna che, quando le aziende non crescono in mercati piatti, la ricetta per uscirne non passa quasi mai per una serie di ottimizzazioni, ma attraverso la trasformazione di uno o due ambiti fondamentali con il ripensamento strutturale della relazione tra l'azienda e il mercato. Per fare questo, sorprendentemente, servono analisi "abbastanza macro".

L'approccio più efficace, basato sull'esperienza concreta di chi si è confrontato con successo su questi temi, è strutturato in sette passi metodologicamente coerenti. Può sembrare complesso, ma alla fine ci si trova spesso – come vedremo negli esempi che seguono – a dare risposta a una serie di domande che possono sembrare quasi banali:

- il mercato potenziale viene definito nel modo corretto o l'azienda si autolimita a priori?
- i nostri clienti cosa comprano veramente da noi?
- si tratta, in senso più ampio, di un problema di conoscenza e di definizione del proprio mercato?
- siamo capaci di spiegare – prima di tutto a noi stessi – perché il mondo ha bisogno proprio di questa azienda?
- siamo conosciuti (brand awareness) e capiti (golden egg) da tutti i nostri clienti potenziali?
- c'è o no un problema di valore percepito in termini di prezzo/prestazione nella nostra offerta?
- manteniamo le promesse fatte ai nostri clienti (prezzo, prestazioni, livello di servizio)?
- le funzioni aziendali si parlano e collaborano per la crescita o ognuno va per i fatti suoi in competizione con gli altri?
- se dovessimo concentrare tutti i nostri sforzi su una sola delle cose che facciamo, quale sarebbe e perché?

È forse opportuno evidenziare come nessuna di queste domande può essere affrontata con un approccio funzionale. L'azienda, l'insieme delle sue funzioni e dei suoi processi trasversali, deve contribuire e alla fine convergere su una risposta univoca a queste domande. Solo così sarà possibile sviluppare un piano d'azione concreto e condiviso che elimini gli ostacoli al futuro percorso di crescita e mobiliti tutta l'azienda nella sua realizzazione. Senza un'adeguata adesione emotiva di tutti all'imperativo della crescita non c'è speranza di ottenere risultati.
Per andare nel concreto, può essere utile raccontare alcuni casi derivati dall'esperienza. Ovviamente non si può coprire in questo ambito una casistica che sarebbe sterminata: è sufficiente esaminare quattro vicende aziendali paradigmatiche per capire l'approccio ai problemi più frequenti.

Cosa compra veramente il cliente? Il prezzo/servizio è coerente con quanto chiede il cliente? Se sì, siamo capaci di argomentarlo in maniera convincente?

È sorprendente come la risposta a una domanda semplice come "cosa comprano veramente i clienti?" possa avere un impatto così forte sulla crescita. In questo caso persino sulla sopravvivenza dell'azienda. La risposta dell'azienda, e della sua forza vendita, era semplicemente: "Navi. I nostri clienti comprano navi. La nostra copertura è perfetta, partecipiamo a tutte le gare a livello mondiale, ma da qualche anno non ne vinciamo neanche una. Visto che costiamo il 35% in più dei nostri concorrenti, non riusciamo a vendere". Fine della storia. Fine dell'azienda.

Questo è un caso interessante perché prima di tutto è stato necessario combattere contro un modo di pensare. Non è stato immediato convincere l'azienda che in realtà loro non vendessero "navi", che sono un mezzo, bensì "capacità di posa di cavi sottomarini", che è il fine. Il costo/prestazione in questo caso si deve misurare su questa prestazione e di conseguenza sull'intero ciclo di vita della nave che è influenzato certamente dal costo d'acquisto, ma in modo più che proporzionale dai giorni di disponibilità della nave (costo/opportunità di avere la nave ferma per manutenzione), oltre che dai costi di esercizio e di manutenzione che derivano dalla qualità dei materiali utilizzati, dalla robustezza del progetto e della costruzione, dalla qualità dell'ingegneria e dalla facilità e rapidità di manutenzione.

L'azienda è tornata a crescere in maniera sostenuta appena si è attrezzata per vendere "capacità di posa di cavi sottomarini" e ha imparato a far comprendere con argomentazioni efficaci – dati alla mano – la propria maggiore convenienza se misurata nel ciclo di vita derivante dall'avere navi più robuste e meglio ingegnerizzate, più facili e veloci da manutenere e che quindi passavano meno giorni l'anno in bacino di carenaggio rispetto a quelle dei concorrenti.

Stesso risultato in un caso diverso. Un'azienda di produzione di macchine per l'industria farmaceutica – anche questa con proiezione mondiale – profittevole, anche se con risultati altalenanti, da anni rimaneva sugli stessi livelli di fatturato, ma con un progressivo lento declino. Seguendo l'approccio descritto, si è iniziato a censire il valore delle offerte fatte rispetto alla stima del mercato totale. Da un lato è emersa chiaramente un'assenza di cultura, di processi e di strumenti di CRM. Il dato essenziale per l'analisi semplicemente non veniva gestito e l'azienda non aveva alcuna visibilità di quanto avvenisse nella propria rete mondiale.

Caso abbastanza tipico. Gli agenti in giro per il mondo fanno offerte, ma la casa madre non le vede fino a che queste non diventano ordini o trattative avanzate per gli impianti più complessi. Nessuno in azienda aveva nozione di quanto valesse il mercato globale delle proprie macchine e in quale percentuale dei casi venisse invitata a partecipare alle gare. La stima interna era del 30% circa. Se vengo invitato a partecipare a circa una gara su tre, devo fare qualcosa per farmi conoscere meglio ed essere invitato più spesso. Fosse stato veramente così, si sarebbe dedotto che il mercato potenziale avrebbe permesso all'azienda di triplicare il fatturato e sarebbe stato necessario lavorare sulla brand awareness e sulla copertura del mercato con nuovi agenti o venditori diretti.

Ricostruendo i dati, si è scoperto che l'azienda veniva invitata a partecipare alle gare più o meno nel 90% dei casi. Il mercato era quindi coperto in modo più che soddisfacente. Il tasso di conversione tra offerte fatte e gare vinte si è scoperto non essere quindi di 1 a 3 come si riteneva internamente, ma di 1 a 10. Veniva vinta solo una gara ogni dieci, ma perché? Sono stati analizzati i prezzi: nessun problema rilevante, erano allineati. Stesso discorso per la qualità: superiore rispetto alla migliore concorrenza. Idem per la reputazione: con più storia, referenze di successo, e base istallata, rispetto alla concorrenza.

Il problema è stato trovato in maniera lampante nel livello di servizio. Per evitare di stressare la struttura, per evitare di dover assumere personale, per evitare di mettere in questione il proprio paradigma di funzionamento delle operations – sorprendentemente verticalizzate e con un modello gestionale autarchico e autoriferito – l'azienda offriva tempi di consegna compresi tra i 9 e i 18 mesi in funzione della complessità della soluzione venduta. I clienti semplicemente non potevano permettersi di aspettare così tanto tempo per iniziare a produrre e quindi compravano altrove!

La trasformazione delle operations per permettere di evadere gli ordini in 4-9 mesi ha fatto sì che l'azienda raddoppiasse il fatturato nel giro di un anno. Un caso di grande successo basato sul rigore dell'analisi, la corretta identificazione delle fondamentali variabili del business, l'identificazione delle leve su cui agire, in questo caso di natura fondamentalmente organizzativa, la capacità di operare il cambiamento in tempi brevi. Detto in altre parole, una questione di metodo combinata con una diversa leadership capace di motivare tutti su obiettivi chiari e condivisi.

Dove focalizzarsi: quali prodotti, quale geografia, quale canale. Spesso il mercato più attrattivo non è quello che offre maggiori potenzialità di crescita nel breve

Come molte aziende B2B questa era priva di ogni funzione di "marketing intelligence". Si riteneva che fosse impossibile calcolare la dimensione del proprio mercato, e di conseguenza la propria quota di mercato relativa non veniva presa in considerazione nell'orientare gli sforzi commerciali. Combinando un paio di approcci molto pragmatici è stato invece possibile in qualche settimana di lavoro stimare la dimensione del mercato, la quota dell'azienda e quella dei concorrenti di riferimento. Un'analisi semplice ma "parlante", come abbiamo detto poco sopra, che ha smontato rapidamente una "certezza" che per anni l'azienda dava per assodata.

Da molto tempo l'azienda, basata nel Lazio, concentrava i propri sforzi di crescita in Nord Italia, il mercato oggettivamente più attrattivo perché più grande, più ricco, e caratterizzato da migliori condizioni di pagamento. Sembrava una scelta logica. L'analisi condotta ha invece reso palese a tutti che in quel mercato l'azienda era una pulce rispetto ai concorrenti, sia come dimensione sia come base installata e quindi per numero di referenze importanti. Per di più veniva penalizzata da costi logistici sfavorevoli, visto che i concorrenti erano dotati di insediamenti produttivi più vicini al mercato. Crescere in questo contesto si era infatti dimostrato un percorso lungo, oneroso e irto di ogni genere di difficoltà. Si è quindi scelto di riorientare la maggior parte dello sforzo commerciale dove l'azienda era già forte. Nel mercato di prossimità, dove il marchio è molto conosciuto e gode di un'ottima reputazione, ma dove da anni non si faceva alcuna azione concreta per migliorare la propria posizione competitiva. L'azienda riceveva richieste d'offerta da clienti e prescrittori noti da anni, ma nessuno sforzo concreto era rivolto ad acquisirne di nuovi. L'hanno già detto in molti e non è certo una grande novità. Ma l'unico modo per crescere in tempi brevi è farlo dove si è già forti. Peccato che le aziende spesso non misurando il proprio mercato non se ne rendano conto.

In una logica di ottimizzazione degli sforzi, per far sì che il fatturato cresca rapidamente, puntare sui mercati dove si è già forti consente ritorni maggiori piuttosto che lanciarsi in mercati dove non si è leader. È più redditizio e più facile crescere del 2% in un mercato in cui si ha già l'80%, grazie a un'ottima reputazione, un forte radicamento e una struttura oliata, piuttosto che azzardare dove si vale il 10% e dove probabilmente ci vogliono anni per guadagnare qualche punto percentuale.

La copertura

Un altro caso esemplificativo: un'azienda piemontese, con quarant'anni di storia, che per anni ha dominato la sua nicchia, si è sentita attaccata da concorrenti a basso costo, pur nella convinzione di conoscere benissimo il mercato e di coprirlo tutto. La struttura dei dati sicuramente non ha aiutato nell'analisi. Le anagrafiche di prodotto necessarie per capire cosa l'azienda vendesse veramente, dove guadagnasse di più, e decidere dove focalizzare gli sforzi, si sono rivelate a dir poco imperfette. Ogni funzione lavorava su dati propri. Contabilità, produzione e commerciale chiamavano i prodotti in modo diverso, con diverse logiche di aggregazione. Stesso discorso per la dimensione cliente/mercato. Come in molti altri casi, è stato necessario partire dal comprendere e mettere ordine su cosa avesse senso misurare e perché. L'attivazione per la prima volta di un partner esterno, per verificare se era vero che la copertura del mercato fosse completa, è stata un passo decisivo. L'azienda ne era certa ed era anche verosimile per chi opera sul mercato da così tanti anni. Si è invece scoperto che il più grande cliente potenziale lombardo, nato cinque anni prima, le era del tutto sconosciuto, e che nessuno visitava più la Toscana da una decina d'anni, da quando si era manifestato un problema con l'agente di quel territorio, fatto di cui per qualche strano motivo si era persa la memoria, o ci si era arresi all'idea che in quella regione fosse impossibile lavorare. Sorprendente.

Sempre incrociando un po' di dati relativi alle visite ai clienti fatte dagli agenti e dai promoter/informatori, si è scoperto che in mancanza di alcun coordinamento interfunzionale questi, per facilitarsi la vita, perseguivano logiche di ottimizzazione proprie e percorsi di visita paralleli che raramente si incrociavano: il prodotto veniva presentato a potenziali clienti non visitati dalla forza vendita e la forza vendita visitava clienti a cui il prodotto, con le sue novità e i possibili benefici, non veniva presentato. Il risultato, oltre a una copertura imperfetta, determinava una bassa penetrazione. I clienti compravano solo i pochi prodotti a loro già noti e si rifornivano dai concorrenti per il resto della gamma, pur offerta dall'azienda ma non supportata adeguatamente. Una serie di area test ha dimostrato che concertando gli sforzi tra attività di informazione e promozione attraverso le risorse dell'azienda e gli agenti, coordinando allo stesso tempo gli sforzi della supply-chain a cui è demandata la soddisfazione della domanda, era possibile incrementare le vendite del 20–30% in tempi sorprendentemente rapidi. Un ulteriore miglioramento della performance è derivato dall'aver reso esplicita a tutti la marginalità di ogni linea di prodotto e riorientando il sistema degli incentivi in questo senso e non sul solo fatturato.

I casi raccontati illustrano chiaramente come delle "tante buone idee" per crescere, di cui abbiamo fatto qualche esempio, sono in genere poche quelle che possono fare la differenza in tempi brevi, e il metodo sviluppato rende rapidamente chiaro a tutti quali siano quelle prioritarie su cui puntare.
Tra i diversi ambiti trattati in questo libro, solo sulla Top Line Growth è stata proposta una specifica metodologia, strutturata in sette passaggi fondamentali (Tabella 2.1), che ha tra i suoi fili conduttori la misurazione dei fenomeni aziendali. Come abbiamo visto, a volte basta mettere insieme poche informazioni fondamentali per arrivare a concordare le azioni e condividere gli obiettivi del futuro percorso di crescita.

Tabella 2.1 – Il Programma di Top Line Growth: un approccio ingegnerizzato e integrato in 7 passi. (Fonte: EIM Italia S.r.l.)

n.	Passi	Descrizione
1	**Studio, pianificazione e comunicazione**	Come identificare i segmenti di mercato che offrono il miglior potenziale di crescita su cui concentrare i propri sforzi. Come assicurarsi che tutta l'organizzazione comprenda chiaramente il contesto competitivo.
2	**Differenziazione**	Come definire e comunicare un posizionamento unico (che non può essere credibilmente copiato da nessun altro) e distintivo, per aiutare l'azienda a conquistare più clienti e trattenerli, riducendo così il costo totale di acquisizione del cliente.
3	**Capire come funziona il cervello dei propri clienti**	Come garantire che il team comprenda le dinamiche decisionali chiave dei clienti in ogni fase della Customer Journey.
4	**Stabilire misurazioni appropriate**	Come definire, misurare e gestire la Customer Journey e applicare strumenti/tecniche appropriati a ogni fase.
5	**Modellizzare gli sforzi necessari**	Come chiudere il cerchio tra obiettivi di crescita sostenibile e risorse/sforzi necessari.
6	**Preventivare il ROI**	Applicare risorse e investire strategicamente per migliorare e prevedere il ROI, concentrandosi sul miglioramento dei tassi di conversione lungo l'intera Customer Journey.
7	**Adattare organizzazione e sistemi**	Utilizzare le tecnologie abilitanti più idonee per integrare approcci on e offline / inbound e outbound, al fine di interiorizzare in azienda i 6 passi precedenti.

Conquistare nuovi clienti: la Customer Journey

Non sempre la priorità è quella di conquistare nuovi clienti, in nessuno dei casi citati sopra lo è stato. In altri casi ha invece un ruolo centrale. È così per le aziende i cui clienti sono stabili nel tempo e i tassi di conversione commerciali (per esempio tra le offerte fatte e quelle vinte) sono già ottimi, ma il mercato servito rappresenta una frazione limitata del mercato potenziale. Nei prossimi paragrafi approfondiremo questo aspetto.

Come si fa a convertire in un cliente stabile una persona che non ha mai comprato da noi? È un tema che gira intorno al funzionamento del cervello di chi compra. Solo dopo aver capito questo e aver compreso quali siano le barriere da superare sarà possibile mettere a fuoco gli strumenti giusti da attivare in ogni fase. Un approccio che non può che essere sequenziale e nel giusto ordine.

La prima barriera da superare è quella di farsi prendere in considerazione e poi essere preferiti, e parla a un pezzo del cervello, il "sistema limbico", che prende decisioni di tipo emotivo. Bisogna essere conosciuti, o come azienda o come persona, o entrambi, come nel B2B. Poi bisogna rassicurare. Di me, della mia azienda, del mio brand, ti puoi fidare: questi sono i miei valori, credo in questo, la mia visione del mondo è questa ed è affine alla tua. Una dinamica che vale in tutti i settori e in tutti i processi di vendita. Ovviamente sia nei beni di largo consumo, dove da anni questo concetto viene applicato diligentemente, sia nei beni industriali durevoli, e perfino nelle scelte personali, quella di rivolgersi a un nuovo dentista, per esempio. È difficile scegliere un nuovo dentista semplicemente perché costa meno (fattore di tipo razionale) se non ho con lui un rapporto di fiducia (fattore emotivo). Prima mi devo fidare, e se mi fido molto magari sono anche disposto a pagare qualcosa in più. Eppure nell'esperienza vissuta si vedono tantissimi venditori continuare ad argomentare le superiori caratteristiche tecniche (fattore razionale) della propria offerta, quando il potenziale cliente da diversi minuti sta palesemente pensando ad altro! Molte aziende vedono frustrati gli sforzi della forza vendita semplicemente perché non si sono curate abbastanza, e preliminarmente, della propria awareness e della reputazione.

Solo in un secondo momento entrano in gioco le argomentazioni razionali. Non basta fidarsi del brand o della persona per concretizzare l'acquisto. È necessario essere convinti del giusto equilibrio tra prezzo e prestazione. Queste sono valutazioni razionali (e non più emotive) coordinate dalla "neocorteccia", una specifica area del cervello. Le aziende con buona copertura del mercato, che vengono prese in considerazione ma che non chiudono la vendita, tipicamente hanno un problema di “value proposition”: un negozio dove tutti entrano, ma pochi comprano, un’azienda di servizio che fa molte offerte ma ne chiude un numero esiguo. La reazione più ovvia, quella di abbassare il prezzo, spesso non risolve il problema. Come abbiamo visto negli esempi citati, si può migliorare il rapporto prezzo/prestazione percepito lavorando sul livello di servizio o imparando a spiegare con le giuste argomentazioni il valore della prestazione. Un approccio ormai consolidato nella vendita dei marchi di lusso, da cui aziende apparentemente lontane possono imparare molto.

Per convertire un cliente che compra una volta sola in un cliente ripetitivo, bisognerà affrontare una terza barriera, superando la quale si arriva alla fidelizzazione. Qui entra in campo la sfera relazionale e il cosiddetto “cervello rettile”. Posso fidarmi, per esempio, di un brand di automobili e comprare l’auto dal concessionario che mi pratica le migliori condizioni, ma torno a fare la manutenzione dal mio vecchio meccanico che mi conosce personalmente, che mi riconosce quando mi vede, che sa qualcosa di me, dei miei gusti, dei miei orari, dei miei vincoli. Che, in sintesi, è in grado di relazionarsi con me. Magari costa persino qualcosa in più, può anche essere un po’ più scomodo da raggiungere, ma lo scelgo perché mi fa sentire a mio agio.

Per come è fatto il nostro cervello, la fidelizzazione del proprio cliente è una questione di relazione tra persone. Spesso le persone hanno difficoltà a relazionarsi e ancora di più a diventare fedeli a entità astratte. Per questo è così difficile fidelizzare i clienti dei canali elettronici. Un ambiente dove ci si ferma sostanzialmente alle argomentazioni razionali: rispetto delle esigenze prestazionali, prezzo, livello di servizio.

Relazioni e buoni venditori non bastano

Chi ha imparato a ragionare in questi termini e ha comportamenti conseguenti può migliorare le proprie performance, economizzare e rifocalizzare le risorse investite sul segmento della Customer Journey più scoperto. Può anche evitare errori ricorrenti. Tra questi uno dei più classici è pensare che le vendite siano diretta conseguenza del numero e della qualità delle relazioni personali del venditore. La qualità della relazione serve, come abbiamo visto, per fidelizzare, non per conquistare clienti.

Un caso esemplificativo: un’azienda giapponese di robotica che finalmente riesce a strappare al diretto concorrente tedesco – indiscusso leader di mercato – il suo migliore venditore per l’Italia. Per scoprire un anno dopo un flop di dimen-

sioni epocali. L'ipotesi era che un venditore che conosce tutti i potenziali clienti dell'azienda, che coincidono con quelli del concorrente, sia la migliore risorsa per aiutare la propria penetrazione del mercato. Sembra sensato? Se si segue quanto detto sopra, non si può che concludere che non lo sia affatto!
Qual è la credibilità di una persona che ha speso gli ultimi anni della sua vita, con successo, ad argomentare che A è meglio di B e che ora si ripresenta agli stessi interlocutori per sostenere che in realtà B è meglio di A? Nessuna. Quanto sono alte le barriere al cambiamento per chi ha sempre comprato da A (formazione, ricambi, conoscenze acquisite) e che ora dovrebbe convincersi a passare al prodotto equivalente di B? Sono barriere altissime, quasi insormontabili.
È abbastanza ovvio che se la propria offerta viene considerata equivalente a quella dei diversi concorrenti sarà il cliente ad avere la posizione negoziale più forte e la sua decisione sarà basata esclusivamente sul prezzo d'acquisto e, a parità di condizioni economiche, sulle condizioni di pagamento.
Sono purtroppo ancora moltissime le aziende che ritengono che vendere sia responsabilità esclusiva dei venditori. È talmente comune che sostenere il contrario sembra persino strano. È invece abbastanza ovvio, se ci si riflette, che in mancanza di altre leve sarà la leva del prezzo quella utilizzata più frequentemente con il rischio di innescare una corsa al ribasso in cui alla fine sopravvivverà chi potrà sostenere perdite più elevate più a lungo. Meglio evitare.
Purtroppo le scorciatoie non producono risultati sostenibili. Si possono ottenere risultati importanti in tempi brevi, ma solo quando tutta l'azienda lavora insieme per combattere la "commoditizzazione" esplicitando la propria ragion d'essere.

Differenziarsi sempre. Per farlo bisogna saper collaborare

La pratica dimostra che l'azienda può differenziarsi rispetto ai concorrenti in base a una quarantina di fattori, anche quando si tratta di commodities. Qualche esempio:

- minor tempo di consegna;
- migliore livello di servizio;
- maggiore puntualità;
- maggiore rapidità nel rispondere ai propri clienti;
- maggiore cortesia nel gestire il rapporto con il cliente;
- flessibilità nei propri orari;

- maggiore flessibilità e orientamento alla soluzione dei problemi del cliente;
- maggiore affidabilità del proprio prodotto;
- minori scarti;
- maggiore qualità;
- migliore copertura geografica;
- logistica più competitiva;
- maggiore ampiezza della gamma o, al contrario, specializzazione della propria offerta.

Ogni settore e ogni azienda hanno alcuni di questi fattori, che sono sempre il risultato di come l'azienda è capace di lavorare in maniera trasversale e di come è stata capace di costruire processi interfunzionali performanti per soddisfare le aspettative dei clienti attuali e potenziali.
Il modo più semplice per scoprire quali siano i fattori rilevanti per la propria azienda è domandare alle diverse funzioni aziendali quali caratteristiche e capacità dovrebbe avere un'azienda imbattibile. Il passo seguente è quello di capire quali siano i fattori sui quali l'azienda sia già più forte oggi. Se l'azienda esiste ancora, evidentemente qualche motivo c'è: va solo compreso, evidenziato, comunicato internamente ed esternamente, e bisogna creare una narrazione che illustri i propri punti di forza. Una narrazione che idealmente non sia copiabile e che prima di tutto non sia difensiva.
"Siamo presenti in 19 Paesi" non è una grande argomentazione commerciale quando il concorrente diretto è presente in 70! Citando questo fattore gli si fa solo un favore. "France is in the Air": il claim di Air France non è copiabile da altre compagnie ed è del tutto caratterizzante. Chi ama la Francia e la francesità preferirà volare Air France. Semplice. Efficace.
Si tratterà poi di essere coerenti. Tutte le manifestazioni della propria identità (a partire dalla comunicazione e dai comportamenti di chi interagisce con i clienti) dovranno essere coerenti con il dichiarato. In questo modo si recupera un fattore decisionale di tipo emozionale e il fattore prezzo – prettamente razionale – non sarà il solo o quello preponderante.

Far lavorare i numeri

Una volta compreso come funziona il cervello e quali passaggi sia necessario compiere per conquistare e fidelizzare un cliente, stabilito su quale fattore distintivo si vuole puntare e poi deciso su quali ambiti (prodotti, mercati, applicazioni, segmenti, canali) verranno focalizzati gli sforzi, il processo di crescita è quasi sempre parametrizzabile. È essenziale capire i propri parametri.

Si parte dalla misurazione della situazione attuale e in prima battuta si lavora sui tassi di conversione di partenza. Successivamente si opererà per migliorarli. Sono concetti semplici ed è sorprendente quanto poco siano usati in pratica. Concettualmente non è complesso capire che l'azienda crescerà del 25% se al posto di ricevere 4 ordini ogni 10 offerte fatte se ne ricevono 5. E che se invece di fare 10 offerte se ne fanno 12 si otterranno benefici comparabili.

Ovviamente nel breve periodo il mondo non è così deterministico e lineare. Su base mensile o trimestrale l'attività commerciale potrà salire o scendere in base agli effetti di numerosi fattori esogeni non controllabili. Questo non è un buon motivo per non credere nel potere dei numeri sul periodo appena più lungo.

I venditori amano pensare che l'atto di vendita sia fondamentalmente un'arte affine alla seduzione, e basata solo sull'*intuitu personae*. I venditori hanno tendenza a sentirsi unici, insostituibili, e molti capi azienda li ascoltano e finiscono per diventare loro ostaggi. Nulla si muove per non irritare il commerciale: quante volte è capitato!

L'esperienza dimostra invece che nel mondo reale, quello normale nel quale viviamo tutti i giorni, esistono correlazioni dirette tra le varie dimensioni del processo di vendita. Più tempo passo con i miei clienti potenziali e attuali, più avrò occasione di identificare o intercettare opportunità di vendita, più offerte farò, più ne chiuderò e più il mio fatturato crescerà. Ovvio, no? Se lo fosse, tutte le aziende misurerebbero questi fenomeni e avrebbero dei piani per migliorarne valori e indici.

La tecnologia oggi permette di farlo abbastanza agevolmente, a basso costo e in tempo reale. Eppure sono moltissime le aziende di tutte le dimensioni che ancora oggi non hanno il processo commerciale sotto controllo. Non hanno la minima idea di quanti clienti visitano, quanti ne perdono ogni anno, quanti comprano, quanti potrebbero farlo, e via discorrendo. Molti hanno persino investito in sistemi evoluti di CRM spendendo somme considerevoli, ma non li utilizzano.

L'approccio moderno alla Top Line e alla crescita non inventa nulla di particolare, ma dimostra che anche in questo contesto il risultato è conseguenza della buona gestione e come sempre questa si basa prima di tutto sulla misurazione dei fenomeni, sulla tenacia e sull'organizzazione, su processi chiari seguiti con disciplina, su un insieme specifico di coerenze formali per ogni azienda. L'arte del singolo potrà dare quel qualcosa in più, ma non potrà supplire alla loro mancanza.

Il percorso verso la crescita

Un programma efficace di Top Line Growth si svolge mediamente nell'arco di circa un anno. Durante la prima fase di analisi il primo passo è spesso la segmentazione del problema. Analizzare a tappeto tutte le variabili citate in questo capitolo è spesso infattibile e inutile. I manager che operano con successo in questi ambiti possono fare affidamento sulle proprie esperienze e sono in grado di stabilire rapidamente dove abbia senso misurare e approfondire per capire e decidere, e, al contrario, dove farlo sarebbe un'inutile perdita di tempo. Dove le dimensioni in gioco fanno intravedere un potenziale di miglioramento o dove, anche in presenza di miglioramenti radicali, l'effetto sul business complessivo sarebbe poco significativo. Scelto l'ambito di analisi, si inizia a ricostruire cosa viene fatto e quanto viene speso, in senso lato, lungo la Customer Journey e quali effetti concreti vengono prodotti, in modo da focalizzare le azioni correttive realmente necessarie e focalizzare di conseguenza le risorse.

Fatto questo, è possibile sviluppare un piano di azioni coerenti tra loro che impatteranno per singole funzioni e processi aziendali, con la stima delle maggiori entrate attese e degli investimenti necessari. Ottenuto il consenso sul programma di cambiamento, è necessario focalizzare tutta l'azienda sull'implementazione delle azioni, con l'impostazione e l'esecuzione dei piani d'azione, la gestione e il controllo del programma stabilito e il monitoraggio continuo della crescita dei ricavi in base agli investimenti fatti.

Nei vari casi analizzati è stato possibile sperimentare come le modalità di analisi e di intervento, una volta chiuso il programma di Top Line Growth, costituiscano un know how pratico, ma costruito su basi scientifiche, che rimane patrimonio dell'azienda. Si tratta di un processo di educazione alla corretta interpretazione della competizione sul mercato, compresa e assorbita da chi l'ha sperimentata, che permette all'azienda di capire dove e come crescere per essere pronta a farlo ancora in futuro.

SIAMO SICURI CHE LA NON CRESCITA SIA UN PROBLEMA COMMERCIALE?

di Eugenio Cecchin, Managing Director BMI Italia

Spesso mi è capitato di lavorare in aziende nelle quali, dopo un periodo di espansione guidato essenzialmente da dinamiche esogene, ci si è trovati di fronte alla sfida della crescita. L'innesco poteva essere rappresentato da una crisi di settore (il periodo post 2008 nel mercato delle costruzioni), un cambio di offerta della concorrenza (acquisizioni e fusioni, nuovi player più innovativi), un portafoglio prodotti non più attuale, e così via. La crisi, però, una volta conclamata e subita dal management, trovava come unica risposta il cambio della leadership commerciale, partendo dal presupposto che il problema fosse nella capacità delle persone, nella loro motivazione, nel loro allineamento rispetto alla strategia aziendale. Può essere. Siamo sicuri che la non crescita sia un problema commerciale?

Io ritengo invece che le ragioni della non crescita fossero piuttosto da ricercarsi in profondità nei processi aziendali, perché a mio avviso lo sviluppo della top line è un'attività corale che coinvolge l'intera organizzazione, allineando le varie priorità verso un obiettivo condiviso nel business plan. In questo contesto preferisco parlare di processo di crescita di un'azienda, ovvero di una serie di step chiaramente identificabili e misurabili che forniscono al management la possibilità di scegliere (e quindi di creare strategie di crescita) sulla base di evidenze oggettive. Non vi è infatti crescita se non si conosce il mercato di riferimento, le attività dei propri concorrenti, i bisogni espressi e inespressi della propria clientela, la propria value proposition, la dinamica dei prezzi. Quindi il punto di partenza è strategico e il contributo chiave è dato in modo prominente dalla funzione marketing, a partire dalla definizione di una raison d'être condivisa che possa essere presa a modello da tutti i collaboratori dell'azienda. Il secondo step è l'allocazione delle risorse sul campo, allineando gli investimenti aziendali al potenziale precedentemente definito. Il terzo è relativo al processo di budgeting e misura del successo, dove è necessario definire l'obiettivo e i parametri fondamentali per valutare la performance aziendale definendo così cos'è good, better o great.

Come si può facilmente intuire, la crescita quindi diventa il risultato dell'orientamento delle varie funzioni aziendali, in un processo strutturato, ripetibile e prevedibile, che consente il monitoraggio continuo della performance rispetto all'obiettivo definito nel business plan. Sottolineo che questo processo di crescita, sebbene possa essere facilitato da sistemi CRM più o meno evoluti, in realtà è

perfettamente implementabile utilizzando solamente i pacchetti gestionali più comuni come Office o Google suite. È una questione di metodo, non di sistemi.
Nella mia esperienza, la parte più sfidante del processo di crescita è la definizione del campo di gioco, ovvero il primo step. Molto spesso le informazioni sono disponibili in azienda ma non fruibili perché non condivise, gelosamente custodite o non strutturate. La definizione del potenziale, per esempio, parte di solito da dati disponibili al pubblico e ricavati dal database ISTAT, che può essere integrato da informazioni provenienti dalle associazioni di settore, e dal patrimonio di conoscenze della rete commerciale (diretta o indiretta). Il passaggio chiave però è quello di porsi le domande "giuste", quelle che aiutano a definire in modo univoco, obiettivo e a volte spietato la dimensione del proprio mercato (sia in termini di valore sia in quelli di clienti e prospect) e di conseguenza la vera rilevanza della propria azienda.
All'inizio si osserva incredulità e resistenza al cambiamento, spesso ci si sente dare risposte "di pancia", intuizioni o approssimazioni, insomma scuse per non aver analizzato la situazione in profondità. A questo punto diventa cruciale il ruolo del manager che ha innescato il cambiamento perché organizzando i dati in informazioni fruibili in realtà aiuta l'organizzazione a orientarsi verso una nuova filosofia di gestione del business, trasformando l'analisi in un metodo replicabile, che diventa patrimonio aziendale.

CRESCERE VUOL DIRE ROMPERE GLI SCHEMI

di Marco Lago, Amministratore Delegato di Dentalica

Nelle società commerciali come Dentalica, la crescita è da sempre un imperativo strategico. Quando il business si basa sulla distribuzione in esclusiva, sono gli stessi fornitori che legano la continuità del contratto al crescere delle quote di mercato. E in un mercato statico a bassa crescita come quello odontoiatrico ciò significa che ogni quota di mercato conquistata è stata tolta a un concorrente.
Da sempre siamo in prima linea per migliorare la customer satisfaction segmentando e personalizzando l'offerta grazie a un sistema di CRM sviluppato *ad hoc* internamente. Un percorso iniziato più di dieci anni fa, che ora è parte integrante di tutta la nostra attività commerciale.
Crescere per noi ha soprattutto voluto dire rompere gli schemi. Negli ultimi cinque anni abbiamo trasformato il nostro business model da vendita attraverso distributori in vendita diretta ai nostri clienti finali, gli studi odontoiatrici.

Rompere gli schemi ha comportato l'accettazione del conflitto, sia con i nostri vecchi partner sia che internamente con i collaboratori che difendevano un sistema di relazioni tradizionale, costruito in anni ma ormai non più compatibile con la nuova strategia. Cambiamenti difficili in certi casi perché hanno comportato l'allontanamento di collaboratori che non accettavano il nuovo corso.

Inserire nuove competenze ha però dato una sferzata all'azienda, mettendo in luce aree di sviluppo mai esplorate prima e facendo cadere paradigmi stantii e non più attuali.

Col senno di poi tutti i timori e le paure che inevitabilmente una trasformazione porta con sé si sono trasformati in opportunità e nuovi entusiasmi. Dando valore all'azienda e migliorandone la posizione competitiva.

Ora la nostra azienda è strategicamente più forte di cinque anni fa. Più capace di cogliere le opportunità di mercato. Più flessibile. Più libera di valutare nuovi mercati. Più libera di sviluppare una strategia internazionale.

Sintetizzando, direi che il cambiamento porta con sé altro cambiamento e l'unica cosa che vale la pena imparare è imparare a cambiare. Abbiamo ancora molto lavoro davanti per migliorare la pianificazione ma siamo, ne sono convinto, sulla strada giusta.

Capitolo 3

L'opportunità tutta italiana della crescita internazionale: una nuova prospettiva

Abbiamo già scritto abbondantemente nel capitolo precedente riguardo alla necessità e all'obbligo di crescere: in particolare questo vale per molte aziende italiane, che per decenni hanno avuto come riferimento il mercato domestico o poco altro e si sono condannate a un nanismo quasi permanente rispetto all'economia globale.

È allora evidente che, se le aziende italiane vogliono crescere, non possono trascurare l'obbligo della crescita fuori dai confini nazionali, dove esiste il "vero" mercato e la competizione è realmente globale. Proviamo a dare alcuni numeri, semplici ma che servono a inquadrare il contesto: il Pil dell'Italia è pari a circa 2.000 miliardi di US$, che vale circa il 2,3% del Pil mondiale. Al nostro confronto, il mercato dell'Unione Europea (senza l'Italia) vale circa 16.700 miliardi di US$, gli Usa sono a 20.500 miliardi, la Cina a 13.600 miliardi, il Giappone a 5.000 miliardi (dati 2018 in PPP – Purchasing Power Parity, World Bank; Figura 3.1).

Non solo il nostro Paese è ormai marginale in termini di PIL a confronto con le grandi aree economiche, ma il tessuto industriale italiano è afflitto anche da nanismo "endogeno", in quanto le nostre imprese hanno mediamente dimensioni inferiori a quelle dei principali Paesi industrializzati.

Il tema con cui vogliamo inquadrare la prospettiva qui non è tanto che l'Italia non abbia una percentuale rilevante di export nel Pil (circa un terzo) e nemmeno che l'export italiano non cresca ai ritmi degli altri Paesi europei (negli ultimi dieci anni siamo cresciuti come Francia e Germania): il nodo fondamentale è come la media azienda italiana si confronta con le altre aziende europee e mondiali, con il rischio di uscirne con le ossa rotte.

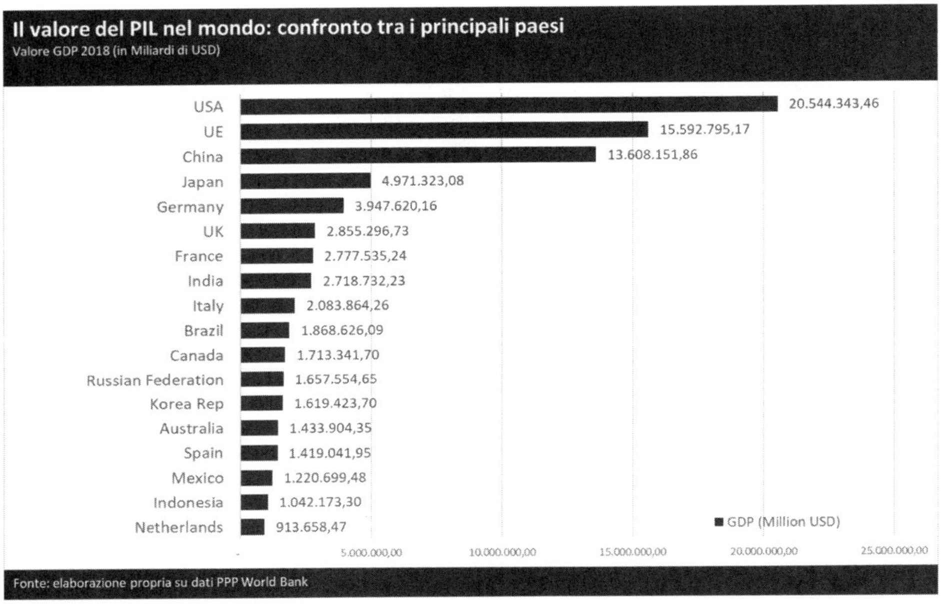

FIGURA 3.1 – Il valore del PIL nel mondo: confronto tra i principali Paesi.

Facendo un confronto con la Germania, simile al nostro Paese in quanto nazione prevalentemente manifatturiera, riteniamo utile riportare i seguenti dati, che chiariscono immediatamente il contesto e la situazione competitiva dell'Italia (Tabella 3.1).

TABELLA 3.1 – Imprese manifatturiere attive in Italia e in Germania: ripartizione per numero di dipendenti. (Fonte: elaborazione propria su dati Eurostat 2017).

Numero di Imprese nel settore manufacturing	Germania		Italia	
Large Enterprises (> 250 dipendenti)	4.497	11,5%	1.335	4,6%
Medium Enterprises (50-249 dipendenti)	16.881	43,3%	8.379	29,3%
Small Enterprises (20-49 dipendenti)	17.625	45,2%	18.895	66,1%

L'Italia è quindi un microcosmo di imprese di piccole dimensioni, con evidenti difficoltà a competere al di fuori del territorio nazionale, poiché il diretto concorrente (di solito tedesco, se rimaniamo all'interno dell'esempio di produzione manifatturiera europea) è generalmente più grande e quindi più forte.
Se vogliamo dare una dimensione di quanto la media azienda italiana sia più piccola come taglia rispetto al suo concorrente tedesco, possiamo prendere come riferimento il fatturato medio delle aziende sopra riportate considerando insieme le imprese grandi, medie e piccole: in Germania queste imprese hanno un fatturato medio di circa 11,5 milioni di euro, mentre in Italia la media è di circa 2,5 milioni (dati Eurostat 2017). Potremmo quindi dire che, in generale, l'azienda italiana è circa 5 volte più piccola del suo concorrente tedesco.

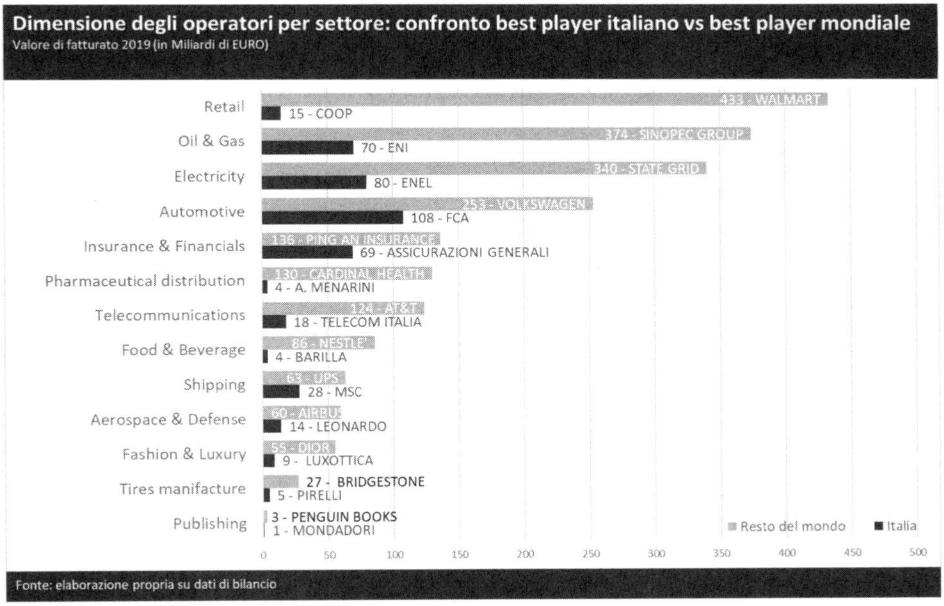

FIGURA 3.2 – Dimensione degli operatori per settore: confronto best player italiano vs best player mondiale.

È quindi evidente come le aziende italiane siano condannate a crescere più delle altre aziende concorrenti internazionali (Figura 3.2), e come tale condanna sia una condizione irrinunciabile per la loro sopravvivenza: chi non riuscirà ad arrivare alle dimensioni dei principali concorrenti, almeno a livello europeo, sarà destinato a sparire o, nel caso migliore, a essere acquisito.

Al tempo stesso, è ormai anacronistico pensare di far crescere le nostre aziende solo all'interno dei confini nazionali: come ci hanno mostrato i numeri, il mercato è "là fuori", al di là delle Alpi, e quantomeno una strategia di crescita sensata delle nostre aziende deve considerare come riferimento il mercato dell'Unione Europea, in quanto ormai omogeneo, governato dalle stesse leggi, dagli stessi organismi di certificazione, vicino, formato da un insieme di consumatori culturalmente affini (nonostante la lingua) e sufficientemente grande (praticamente pari al mercato statunitense). Quindi è ormai chiaro che la via dell'internazionalizzazione sia totalmente imprescindibile rispetto alla sopravvivenza dell'azienda.

A questo punto rimangono due domande a cui rispondere: quanto deve diventare grande la nostra azienda per poter competere nello scenario europeo o mondiale? Quanto fatturato deve provenire dall'estero, rispetto al tradizionale mercato italiano?

La prima domanda è particolarmente difficile e prevede una risposta articolata: infatti la dimensione minima sufficiente dipende fortemente dal settore in cui si opera, e quindi non esiste una risposta univoca. È chiaro che il fatturato minimo da raggiungere deve essere visto in relazione ai principali concorrenti, a livello almeno europeo, a cui bisogna far riferimento. Al tempo stesso, esistono delle sinergie di costo, per esempio negli acquisti, in termini di volumi e di efficienza di scala, ma anche in altre aree come il marketing, se pensiamo agli investimenti necessari a creare un'infrastruttura di marketing digitale e una presenza sul web o sui canali social, che non possono essere raggiunte senza un minimo di fatturato o di personale dipendente.

Guardando al settore automotive, se parliamo delle aziende di componentistica Tier One, che forniscono i principali produttori e assemblatori di autovetture, potremmo dire che la taglia minima è superiore ai 100 milioni di euro di fatturato, per poter essere considerati dei partner affidabili dalle major automobilistiche a livello internazionale. In questo caso specifico le dimensioni aziendali sono piuttosto rilevanti, per cui, allargandoci ad altri settori del manifatturiero, potremmo comunque concludere, in via del tutto approssimativa, che una taglia aziendale da 70 a 100 milioni di euro di fatturato potrebbe essere un buon obiettivo da porsi per poter garantire una presenza sul mercato internazionale. Ovviamente tale ragionamento è molto semplicistico, e quindi consigliamo sempre di affiancarlo a un ragionamento sulla quota di mercato posseduta: in molti settori, in particolare quelli dove si compete conquistando una leadership di costo, ma non solo, una quota di mercato che collochi l'azienda al di sotto dei primi posti in graduatoria determina spesso un livello di redditività significati-

vamente inferiore a quello dei concorrenti più grandi, rendendo l'azienda progressivamente meno competitiva. Un'azienda di maggiori dimensioni relative tipicamente riesce a godere di economia di scala, di maggior potere economico nel mercato (per esempio potendo definire livelli superiori di prezzi) e può anche permettersi manager di qualità superiore.
Riguardo alla seconda domanda, la risposta è più semplice ed è correlata al Pil italiano rispetto ai grandi blocchi e mercati mondiali: in via preliminare, possiamo affermare che oggi una qualunque azienda che abbia una quota di fatturato estero inferiore al 60% del suo totale dovrebbe porsi urgentemente la domanda se la sua strategia è solida, sostenibile nel tempo o se forse non sta dimenticando le opportunità enormi che esistono al di fuori dei confini nazionali.

La necessità di un approccio strutturato e di medio-lungo termine

Partiamo da un presupposto, che serve a sgombrare il campo da pregiudizi, tradizioni tutte italiote e modalità di affrontare il business sbagliate e arcaiche: il manager con la valigetta non funziona. Se un'azienda o il suo proprietario pensano che far crescere l'azienda a livello internazionale significa assumere una persona, brava, giovane e volenterosa, e mandarla in giro per il mondo a caso per cogliere opportunità con il blocchetto degli ordini, allora forse è il caso di azzerare tutto e ricominciare da capo: il modello "commesso viaggiatore" appartiene agli anni '60, insieme al campionario che lo stesso portava nella sua preziosa valigetta.
Un ulteriore indizio sulla modalità errata di affrontare il problema risiede nella struttura dell'organizzazione commerciale. Molte aziende hanno nel loro organigramma un "direttore vendite in Italia", con la sua rete vendita, affiancato da un "responsabile export", anche lui con relativa organizzazione a cascata (o peggio, senza nulla sotto). Ci si chiederà: "Quanti Paesi gestisce l'Export Manager?" L'invariabile risposta è sempre nell'intervallo da 30 a 50 Paesi. Numeri del Pil alla mano, significa che una struttura commerciale gestisce il 2,3% del potenziale del mercato, l'altra il restante 97,7%...
Un altro esempio illuminante è l'ubicazione dei Paesi in cui la nostra azienda vende allo stato attuale: se la riportiamo in una mappa geografica, molto spesso ci rendiamo conto che le vendite all'estero sono disperse, pochi volumi ma dappertutto, non c'è una concentrazione, manca il focus. Ci sono, magari, distributori in ogni continente, dal Messico alla Corea, all'Arabia Saudita, alla Germania, alla Russia o alla Turchia. In questi casi il più delle volte il business internazio-

nale si sviluppa nel corso degli anni quasi autonomamente, a seguito di alcuni contatti con qualche cliente remoto, che ha chiesto alcuni prodotti (mai tutta la gamma) o ha incontrato qualcuno a una fiera, oppure un distributore che ha sentito parlare dell'azienda da un altro cliente, e così via.
È bene chiarire subito che crescere a livello internazionale implica degli investimenti, è una strategia "marketing driven" e non "sales driven", e come tale agisce e può funzionare solo nel medio-lungo periodo.
Il problema non riguarda solo le piccole e medie imprese: non mancano casi di grandi aziende multinazionali che hanno approcciato l'internazionalizzazione nella maniera sbagliata. Una importante casa automobilistica internazionale si trovò ad affrontare il tema della penetrazione del mercato nell'Africa subsahariana, dove i marchi giapponesi da decenni vendevano qualche decina di migliaia di autoveicoli all'anno, rispetto alle sue vendite pressoché nulle. Senza sapere molto del mercato, delle abitudini e delle necessità del consumatore in Nigeria o Etiopia, senza avere chiari i requisiti del prodotto, per esempio la compatibilità dei suoi motori rispetto alla qualità delle benzine disponibili in loco, fu creato un piano commerciale con obiettivi ambiziosi (un paio di migliaia di vetture nei primi due anni) e avviata l'attività di vendita, con una rete di supporto e assistenza pressoché inesistente. Il risultato fu disastroso: ci si fermò alla consegna del primo stock di veicoli (qualche centinaio), a cui non fu fatto seguito, e che rimase sostanzialmente invenduto e inutilizzato.
Questi sono i classici sintomi di un'azienda che non si è posta seriamente il problema della crescita internazionale. Tale crescita non può essere gestita in maniera opportunistica, non è un business accessorio per l'azienda, ma deve essere il suo asse portante, il suo focus di sviluppo fondamentale. Per quanto la parola sia abusata e vada quindi utilizzata con cautela e moderazione, per l'internazionalizzazione serve innanzitutto una strategia.

Che cosa vuol dire strategia

Per rendere meno vuota la parola strategia, proviamo a definire in maniera più dettagliata i punti principali che devono essere considerati per un corretto approccio al problema:

- Anzitutto la penetrazione di un nuovo mercato geografico si studia, si prepara, esattamente come si preparerebbe il lancio di un nuovo prodotto o l'ingresso in un nuovo segmento di mercato. La fase di analisi è assolutamente simile.

- Quindi è prioritario avere in azienda una funzione di business intelligence, capace di mettere insieme dati, stimare il mercato nei vari Paesi e aree geografiche, capire il mercato e segmentarlo in modo appropriato, in maniera tale da poter stimare in prima battuta quanta parte del mercato è "aggredibile" con i prodotti che si vuole proporre: non è sempre facile reperire dei dati affidabili, ma in questa fase la precisione non è così importante, è necessario avere dei punti di riferimento e degli ordini di grandezza che permettano di fare confronti tra Paesi e aree geografiche diverse.
- Ulteriore prerequisito per l'analisi dei Paesi ad alto potenziale è anche la valutazione delle condizioni politiche, economiche, sociali e tecnologiche (PEST). Non avere la consapevolezza che, per esempio, se vogliamo entrare negli Usa è necessaria una struttura di servizio e assistenza locale, oppure non capire il costo della manodopera specializzata in alcuni Paesi rispetto all'Italia, può causare grosse incomprensioni che vanificano a priori qualunque sforzo di analisi e raccolta dati.
- La scelta dei Paesi e delle aree geografiche dove concentrare gli sforzi e deve essere fatta secondo tre dimensioni combinate fra loro: il potenziale del mercato aggredibile, la presenza della concorrenza o di barriere all'entrata, il "fit" tra la gamma prodotto proposta e le esigenze del mercato. Queste informazioni possono anche essere qualitative, per esempio attraverso piccoli focus group organizzati con il potenziale distributore o visitando in loco i punti di distribuzione dei concorrenti. Alcune aziende, in mancanza di informazioni e dati strutturati, hanno fatto ricorso a volte a metodi del tutto empirici per stimare la presenza di un concorrente in un Paese o in una regione straniera, piantonando per esempio l'ingresso del competitor e contando il numero di camion in entrata e in un uscita per scaricare il prodotto da vendere, e poi aggiungendo una parte qualitativa attraverso una semplice chiacchierata con alcuni di questi trasportatori per trarre preziose informazioni circa il volume di affari e lo stato di salute del concorrente... Senza necessità di sofisticati algoritmi di business intelligence o complessi modelli matematici teorici!
- L'analisi della gamma prodotto non deve mai essere sottovalutata: è necessario comprendere in profondità quali sono i prodotti compati-

bili con un certo mercato e perché, quali sono i prodotti che devono essere adattati, con quali investimenti e quale posizionamento prezzo, quali sono i prodotti su cui non ha senso investire risorse per il lancio in quel mercato. Ci sono situazioni in cui può avere senso rinunciare completamente a lanciare un prodotto in uno specifico Paese, in quanto non adattabile alle condizioni locali: un esempio concreto che abbiamo incontrato è stato quello del Sudafrica, dove una casa automobilistica aveva intenzione di lanciare alcuni nuovi modelli di un marchio sportivo di punta, dotati di motori piccoli ma particolarmente performanti, con consumi contenuti e tecnologicamente avanzati, contando sul successo della superiorità tecnologica rispetto a modelli della concorrenza, che invece si basavano su vecchi motori di cilindrata molto elevata e sovradimensionati. L'azienda non aveva però tenuto conto della particolarità del Sudafrica, dove le vetture vengono solitamente impiegate (così come in Messico o in Cile) ad altitudini molto rilevanti, spesso oltre i 3.000 metri di quota: questa particolarità ha un effetto nefasto sulle performance dei motori, che possono perdere oltre il 30% della loro potenza originaria a causa dell'aria rarefatta. Come risultato, il motore piccolo e performante aveva delle prestazioni talmente scadenti che nessun consumatore lo avrebbe mai acquistato nonostante tutta la tecnologia, le ridotte emissioni e i consumi contenuti.

- Allo stesso modo è importante fare un'analisi dettagliata del modello distributivo: non è detto che il footprint distributivo in un nuovo Paese possa essere uguale a quello che ho in Italia, poiché possono esistere differenze culturali e di tradizione del mercato e del consumatore. In una rete di concessionari negli Usa una nota casa italiana di motociclette di alta gamma vide affiancare il proprio marchio a quello del suo più fiero concorrente, cosa che invece non avveniva mai o quasi mai nella struttura distributiva italiana, in cui la situazione era estremamente disomogenea nei concessionari. Non era stato tenuto in considerazione il fatto che negli Usa il mercato delle motociclette, per ragioni storiche e di tradizione, era suddiviso in prodotto americano (Harley Davidson e suoi cloni), prodotto giapponese, e quelli che venivano chiamati marchi "esotici", che erano tipicamente le case europee e che venivano distribuite solo da concessionari specializzati. Quindi, nessuna possibilità di differenziazione per l'azienda italiana, che era regolarmente schiacciata nello showroom dalla presenza del diretto concorrente più conosciuto!

- La priorità dei Paesi in cui si vuole entrare deve comunque seguire un'ottica di vicinanza geografica: a parità di condizioni, entro prima nei Paesi più vicini, seguendo sempre le adiacenze culturali ed economiche e minimizzando i costi logistici. Quindi il primo Paese dove internazionalizzare non sarà (quasi) mai l'Australia, la Cina o il Cile.
- Il piano che dobbiamo preparare deve coprire un orizzonte tra i tre e i cinque anni, almeno. Crescere a livello internazionale è lungo e faticoso, ci sono alcune possibili quick win, ma generalmente bisogna essere costanti e tenaci per ottenere un risultato di rilievo e duraturo.
- Ci preme anche far notare che i ragionamenti che qui stiamo portando avanti, principalmente focalizzati sulle aziende B2C, valgono assolutamente anche per la parte B2B del mercato, ove soprattutto in Italia abbiamo una presenza particolarmente forte, basti pensare alla componentistica per auto. Quindi un processo di internazionalizzazione che preveda un'espansione all'estero attraverso la creazione di un nuovo sito produttivo, o la sua acquisizione, magari con una logica mista, produzione e distribuzione, sottostà alle stesse logiche di analisi e di implementazione che stiamo qui descrivendo. È vero che molto spesso le aziende italiane, nel settore B2B, si avventurano in un'espansione all'estero a seguito di una richiesta del cliente, cosa accaduta nel settore del mobile per i fornitori italiani di Ikea, ma le stesse valutazioni di opportunità e convenienza devono essere portate a compimento, pena un investimento fallimentare e spesso molto più oneroso e devastante per i bilanci aziendali rispetto alla più semplice opzione della creazione di una nuova struttura commerciale e distributiva.

Bisogna essere culturalmente aperti

I punti precedenti sono i requisiti minimi da affrontare per essere credibili in una strategia di espansione internazionale. Tale strategia deve però essere necessariamente affiancata da una dinamicità intrinseca dell'azienda, che deve dimostrare apertura mentale alle esigenze dei nuovi clienti, capacità di accogliere

nuove richieste, cultura del cambiamento per comprendere che ci può essere un nuovo modo di fare le cose, accettazione di punti di vista diversi.
Quindi, nel percorso di internazionalizzazione, è fondamentale che si aggiungano nuove persone, nuove competenze, spesso distanti dal mondo già codificato in cui l'azienda è cresciuta, ci sia integrazione e comunicazione con i nuovi interlocutori, esista un processo di cross-fertilization che permetta a tutti i componenti aziendali di arricchirsi, aprendosi al nuovo e a ciò che, a prima vista, magari non capiscono.
Ecco perché, man mano che si procede nel percorso di creazione di una struttura internazionale, si creano organizzazioni in luoghi geografici distanti, si aprono filiali, si allacciano contatti con nuovi distributori, si servono clienti in parti remote del globo, il tema della comunicazione diventa fondamentale, per permettere l'allineamento di tutti gli attori, lo scambio di informazioni e l'arricchimento, in definitiva, dell'organizzazione stessa.
La comunicazione è necessaria anche per capire in dettaglio le differenze culturali nella gestione dei processi in nazioni e continenti diversi: per esempio, se parliamo di processo di sviluppo prodotto negli Usa, intendiamo il processo che parte dall'idea fino allo sviluppo del prototipo. Manca totalmente, come siamo abituati in Europa, la fase successiva, che porta fino alla completa industrializzazione del prodotto. Questo perché ormai da trent'anni gli americani sono abituati all'outsourcing della produzione, per cui i passi successivi dello sviluppo vengono eseguiti dal partner straniero (spesso in Asia), fino alla partenza della produzione effettiva. Non avere chiare queste differenze su concetti di base e non comunicare in modo puntuale ed esaustivo rischia in questi casi di creare grosse incomprensioni nelle relazioni interculturali, affondando da subito una potenziale collaborazione.
Sempre tornando al mondo delle piccole e medie imprese, uno degli errori culturali più comuni che si riscontrano è quello dell'imprenditore che, poco soddisfatto dei risultati di un ufficio commerciale estero oppure di una filiale, negli Usa oppure in Brasile, decide di inviare un "suo" uomo, un italiano che lavora magari da molti anni nella sede centrale, persona di fiducia, a dirigere tale Paese, affinché possa "controllare" quello che sta succedendo là e l'imprenditore possa tornare ad avere fiducia in quel mercato. Domanda: ma perché le persone dell'azienda che sono negli Usa non sono dipendenti esattamente come quelli della sede centrale? Qual è la differenza e cosa impedisce al proprietario dell'azienda di fidarsi di persone che molto spesso ha scelto proprio lui? La differenza è ovviamente solo culturale, e solitamente il risultato di una tale operazione è il ri-

getto totale dell'italiano "castigamatti", che viene tagliato fuori da qualunque possibile integrazione nella squadra, con un peggioramento ancor più evidente delle performance di quell'ufficio.

Il processo di internazionalizzazione è perciò a medio-lungo termine, perché solo così si potrà arrivare a creare una nuova cultura aziendale, che deve piano piano radicarsi nelle persone e nei comportamenti. Ed ecco perché ci vogliono tenacia e perseveranza. Le abitudini e il modo di pensare non si cambiano in un giorno. E, tornando all'esempio della casa automobilistica e del tentativo di vendere nell'Africa sub-sahariana, la ragione principale per cui le case giapponesi erano così radicate su quel territorio era che avevano una struttura e un'organizzazione che da oltre venti anni serviva quei Paesi, con una rete di distribuzione di assistenza stabile e capillare, una conoscenza dei prodotti, dei veicoli e dei modi di ripararli estremamente diffusa e disponibile a tutti, un prodotto che lentamente era stato adattato alle esigenze locali, un marchio conosciuto e credibile. Tutto costruito nel tempo, non certo fatto dall'oggi al domani. Altrimenti si tratta solo di una vendita opportunistica.

Essendo quindi un percorso a medio termine e strutturato, crescere all'estero richiede un forte allineamento con l'azionista, che deve essere conscio che, oltre ai primi risultati di breve termine che sicuramente si possono portare a casa nel primo anno (vendite opportunistiche), la vera crescita arriverà attraverso la costanza dell'azione. Se non si ha il tempo e il capitale a disposizione per compiere il percorso disegnato nella strategia, meglio non iniziare nemmeno. Infatti, bisogna ricordare che la crescita deve essere finanziata: aumentare le vendite vuol dire aumentare il capitale circolante, incrementare le attività di marketing per aprire un nuovo mercato, costruire le strutture fisiche e organizzative per servire nuovi Paesi, creare e addestrare la rete di assistenza, investire per modificare i prodotti. La crescita va finanziata, e questo aspetto deve essere ben evidenziato nel business case iniziale e tenuto nella giusta considerazione: se si pensa che un qualunque investimento in questa direzione si finanzi da solo, con le vendite portate dal famoso "uomo con la valigetta", allora torniamo al punto di partenza.

Quali sono le leve da utilizzare e i differenti percorsi di go to market

I percorsi di approccio al mercato (go to market) possono essere diversi per i vari Paesi, a seconda dell'importanza del Paese e del peso dell'azienda in termini di prodotto e marchio verso il consumatore finale. Come regola generale, potremmo dire che per entrare in un Paese si può tendenzialmente cominciare utilizzando un partner, che sia un distributore o un importatore locale. Questa soluzione è quella che presenta meno rischi e meno investimenti e quindi, come prima ipotesi, è sicuramente la scelta prioritaria.

Tale soluzione, però, deve seguire la strategia sopra definita: quindi nomino un distributore in un Paese se comunque quel Paese fa parte della mia strategia di espansione. È vero che posso incontrare delle "occasioni" in cui magari un partner commerciale mi contatta per avere i miei prodotti e quindi mi spinge a entrare in nazioni che la mia strategia non aveva considerato, ma bisogna sempre ricordarsi che la gestione di una distribuzione aggiuntiva, in termini di vendita, assistenza, problemi di qualità, logistica, gestione degli incassi, è tale che rischia di togliere risorse che avrei altrimenti dedicato a entrare nei Paesi da me scelti, creando confusione e allontanandomi dal mio obiettivo. Ricordiamoci sempre che un canale distributivo aggiuntivo non è mai gratis!

L'utilizzo in prima istanza di un distributore è anche un ottimo modo per conoscere il mercato, avere un'antenna locale, iniziare a raccogliere dati e conoscere i consumatori e i clienti; permette di essere vicini al mercato senza grossi investimenti, a patto che ovviamente ci sia un rapporto di trasparenza e fiducia con il partner commerciale.

Le casistiche in cui può non essere conveniente aprire un nuovo Paese attraverso un distributore di solito sono due: se si tratta di mercati a me vicini, culturalmente e geograficamente, che posso conoscere facilmente e rapidamente e hanno un grosso potenziale, oppure se la mia azienda o il mio prodotto hanno un marchio molto forte e molto riconoscibile. Questo perché, quantunque il distributore possa essere un grosso supporto per l'avvio di un nuovo mercato e permetta di abbassare rischi e investimenti, man mano che la presenza in quel mercato cresce, gli interessi del distributore e quelli del produttore iniziano a divergere, avviando una disputa senza quartiere su chi controlla effettivamente gli asset in quel mercato (il marchio, il prodotto, la rete vendita, l'assistenza) e quindi a chi spetta la fetta più grossa del margine. Se la penetrazione del mercato ha successo, arriverà per forza di cose il momento in cui sarà necessario disfarsi del distributore e servire il mercato direttamente: infatti a quel punto i volumi e la redditività giustificheranno i costi fissi di una struttura locale, anzi, facendo leva sulla scala si potrà aumentare gradatamente il margine percentuale. Ecco perché, nei Paesi in cui si ha maggiore probabilità di successo in termini di crescita del fatturato e dei margini, può essere conveniente investire sin dall'inizio direttamente, evitando quindi lunghe trattative e tatticismi per poter eliminare successivamente il partner commerciale (o addirittura la spesa per acquistarlo in toto).

Questa modalità di approccio diretto evita anche che il distributore o importatore, facendo leva sui miei prodotti e sul mio marchio, cresca nel Paese in maniera significativa, diventando un punto di riferimento per il mercato sulla base della rete vendita e dell'assistenza e quindi potendo a quel punto passare a distribuire marchi e prodotti concorrenti, creando un danno permanente alla mia presenza nel Paese. Occorre dunque la massima attenzione a non far crescere troppo un importatore! Bisogna sempre mantenere un rapporto di forza impari, per poterlo gestire adeguatamente (ammesso che se ne abbia la capacità), rimanendo comunque in un'ottica di collaborazione e ripartizione corretta dei guadagni tra le due parti.

Un punto di attenzione non secondario è inoltre la gestione ordinaria del distributore: è importante con il distributore preparare piani commerciali e di marketing almeno annuali, sapere come utilizzerà il nostro marchio, capire come raccoglie i dati di mercato, quali attività commerciali prevede di fare e perché, preoccuparsi delle sue vendite (sell-out) piuttosto che delle nostre vendite a lui (sell-in), incentivarlo su comunicazioni e promozioni che siano allineate alla nostra strategia. Ricordiamoci sempre che siamo noi a guidare il distributore e non il contrario! E infine ci vuole un'attenzione maniacale all'assistenza sul prodotto: se ho il distributore in Australia, devo essere in grado di assisterlo per risolvere eventuali problemi in ogni momento, a dispetto del fuso orario. Anche se in maniera virtuale, devo essere presente: è il mio marchio, è il mio prodotto, il distributore è solo un tramite. Può essere utile in questi casi utilizzare il concetto di "flying doctor": se il mio partner non è in grado di risolvere il problema tecnico come primo livello di assistenza, una mia persona vola sul posto e risolve il problema in meno di 24 ore. Questo è un ottimo modo per tenere il mercato vicino, supportare e controllare il distributore e mantenere la proprietà di quello che distribuisco.

La gestione "in diretta" del Paese

Come anticipato, a un certo punto dello sviluppo del mercato, oppure fin dall'inizio per mercati strategici ad alto potenziale o per marchi e prodotti particolarmente forti, si pone il problema dell'insediamento diretto nel Paese: come lo faccio? Quale struttura creo? Storicamente, la risposta a questo problema è stata l'apertura della classica filiale, con un amministratore delegato, dotato di tutti i poteri, una

struttura spesso corposa e a volte ridondante, la creazione di molti passi intermedi in termini di fatturazione intra company, stock locale che deve essere gestito, consolidamento dei bilanci, complicazioni di natura contabile, civilistica e fiscale.
Oggi è sconsigliabile l'apertura di una filiale commerciale, che comporta spesso costi aggiuntivi non giustificabili e che a volte si trasforma in un centro di potere che interferisce con il business e costituisce comunque un addendum burocratico sprovvisto di senso pratico. A parte rari casi in cui per legge non è possibile fare altrimenti, riteniamo che la via migliore sia la creazione di un ufficio commerciale: una struttura snella di vendita, focalizzata sulla pura attività commerciale e di assistenza, che si avvale di tutta una serie di servizi di supporto da parte della sede centrale. Per esempio, la fatturazione può essere gestita nella sede centrale, la logistica e le spedizioni anche, lo stock non viene accumulato presso la filiale.
Non è mai raccomandabile, in linea di principio, avere nello stesso Paese una sovrapposizione dei due modelli distributivi: importatori e filiali contemporaneamente creano solo molta confusione, anche se hanno un portafoglio prodotto non sovrapposto. Alcune attività e la reputazione di un marchio o di un'azienda non possono essere separate per prodotto o canale commerciale, quindi è fondamentale avere per ogni nazione una sola responsabilità, un solo centro di controllo, che gestisce il mercato in tutto e per tutto e decide le azioni da perseguire. È però utile rimarcare come, quando si entra "in diretta" sul mercato, sia assolutamente fondamentale raccogliere e costruire una conoscenza del mercato sufficiente a non commettere errori e a scegliere le giuste direzioni: come dimostra l'esperienza, questa conoscenza si può acquisire direttamente sul mercato, *in loco*, attraverso una forte iniezione di management locale. È sempre importante l'inserimento di una figura di vertice, come l'amministratore delegato, che sia locale e che possa funzionare da "door opener" nei confronti del mercato, ma anche come punto di riferimento per le specificità del mercato stesso. La stessa fondamentale funzione si può ottenere, ancora più agevolmente, attraverso la creazione di un board della società locale aperto e indipendente, formato da professionisti sui vari temi (il legale, il fiscalista, il manager commerciale ormai ritirato) che possono guidare i primi passi della struttura in un mondo sconosciuto e incerto, fornire le giuste connessioni, identificare i partner corretti, aprire le porte degli istituti di credito locali, supportare la gestione delle dogane con le documentazioni richieste per le certificazioni, addirittura selezionare l'amministratore delegato, rappresentando, al tempo stesso, una fonte certa e sicura della credibilità dell'azienda in quel Paese. Un recente esempio in un'a-

zienda produttrice di scanner per assegni ha dimostrato come l'internazionalizzazione del board sia stata fondamentale per avviare con successo l'attività negli Usa e poi successivamente in Brasile, con il board stesso che si è fatto garante presso la squadra di manager che sono stati assunti della bontà del progetto dell'azienda in quel Paese e della sua validità e serietà per i manager stessi. Questo supporto è chiaramente molto più importante e concreto della ricerca di mercato, che serve solo inizialmente a "orientare" la scelta dei Paesi più interessanti e ad alto potenziale, ma non fornisce nessun indizio concreto su come gestire il mercato, quali sono le sue specificità e come avere le giuste connessioni e leve per far succedere le cose una volta che si è entrati.

La localizzazione del prodotto e le joint venture

Un'ulteriore opzione distributiva da considerare quando si entra in un nuovo Paese è quella della localizzazione parziale o totale del prodotto. Al di là delle considerazioni doganali e tariffarie, di cui parleremo più avanti, la localizzazione può avere senso se devo adattare il prodotto alle esigenze dei consumatori locali, e quindi nell'ottica di avvicinare produzione e consumo nei casi specifici in cui l'adattamento del prodotto rimane locale e la relativa conoscenza deve restare all'interno del Paese. Alcune logiche di modifica e customizzazione del prodotto possono avere senso, sempre però che non comportino uno stravolgimento dello stesso e dell'architettura della gamma; in caso contrario, tali modifiche dovranno essere valutate e considerate a livello centrale.
Lo stesso si può dire nel caso si scelga l'opzione di transfer tecnologico: avere un partner locale che produce, parzialmente o completamente, su mia licenza i miei prodotti e poi li commercializza. Può essere un'opzione che ha un suo senso, soprattutto in Paesi lontani e diversi, magari quando è necessario ottenere una certificazione locale, altrimenti molto difficile da ottenere dall'estero, appoggiandosi a partner produttori già qualificati e che quindi possono far leva sulla loro esperienza e sulla loro reputazione, per esempio nel caso dei medicinali da banco o dei cosmetici. Attenzione però, come già accennato, al rischio di perdere il controllo del proprio partner distributivo: più siamo lontani dal possesso degli asset strategici per il successo nel mercato (brand, prodotto, distribuzione, assistenza), meno avrò la possibilità di orientare la situazione a mio favore. A questo proposito è esemplare il caso di un'azienda che aveva fatto, nel campo della cosmesi, un importante accordo di transfer tecno-

logico con un partner coreano, secondo il quale il partner poteva produrre e commercializzare una serie di prodotti sia in Corea sia in alcuni altri stati del sudest asiatico, per un periodo di cinque anni. Alla fine dei primi tre anni, l'azienda si trovò a fronteggiare una concorrenza interna dovuta al fatto che il distributore coreano aveva iniziato a commercializzare questi prodotti al di fuori delle nazioni di competenza, facendo arrivare quantità ingenti sul mercato europeo e addirittura italiano.

Un'ultima opzione di ingresso in un Paese straniero può essere quella della joint venture con un partner locale; in questo caso, per joint venture si intende una partecipazione paritaria al 50% nella società costruita *ad hoc* per sviluppare la penetrazione in quel Paese: nella nostra esperienza tale opzione è raccomandabile solo per le aziende grandi e multinazionali, dato che ha una complessità di creazione, definizione e gestione estremamente elevata. Ha necessità di avere una governance molto dettagliata e definita, e può avere senso solamente nei casi in cui viene creata insieme al proprio cliente, invece che con il proprio distributore. Per esempio, si possono citare i casi in cui un fornitore di componentistica automotive segua un proprio cliente assemblatore in un nuovo Paese e apra la fabbrica vicino all'impianto del cliente, per una fornitura stabile e ad alti volumi in un periodo di tempo sufficientemente lungo. Per gli stessi motivi, è sconsigliabile l'ingresso in un Paese attraverso una quota di minoranza in partnership con un distributore: in tutti questi casi molto meglio optare per un accordo commerciale semplice.

Come regola generale, nei processi di internazionalizzazione, l'organizzazione commerciale, il footprint produttivo e l'assetto logistico devono comunque percorrere strade separate: il manufacturing tipicamente segue logiche di convenienza costo-prodotto, localizzazione di contenuto, di minimizzazione dei costi distributivi; la logistica nella stragrande maggioranza dei casi può essere gestita attraverso partner 2PL o 3PL, raramente ha senso gestirla direttamente in casa. Quindi, ognuno di questi temi deve essere affrontato con un business case separato, per valutare, in modo individuale, quale possa essere la scelta migliore.

Un efficace riassunto di quanto sopra riportato sta nel detto "Think Globally, Act Locally", cui si potrebbe aggiungere una fondamentale terza parte: "Control Centrally". Il tema del controllo è fondamentale: devo sempre sapere, in maniera sintetica e con la giusta frequenza, cosa succede in ogni angolo del mio impero. Pochi indicatori, uguali per tutti, chiari e comprensibili, con dati certi e verificabili, solitamente gestiti dal CFO, ma sui quali esercitare un controllo ferreo e dittatoriale, senza eccezioni. A questo proposito è esemplare il caso di un'azienda produttrice di motociclette che aveva una filiale negli Usa in cui non si riusciva a capire il numero di motocicli a stock presenti nel porto di Philadelphia e di proprietà della filiale stessa e tantomeno quali fossero i modelli e quanti ormai fossero obsoleti. Per risolvere il problema alla radice, invece di continuare a fidarsi dei report che continuamente venivano inviati, fu spedito uno dei dipendenti locali (attenzione, non un italiano del quartier generale!) per tre giorni al porto, a contare fisicamente le unità e ricostruire da zero l'inventario. Nel corso degli anni successivi, tale pratica continuò a ripetersi tutte le volte che si aveva la sensazione di un disallineamento di stock, proprio per evitare discussioni e conclusioni basate su dati sbagliati. Quindi la strategia è unica e globale, l'implementazione è eseguita localmente, da persone locali della stessa cultura del Paese in cui siamo, ma il controllo è deterministico e centrale.

Se il primo passo è l'Europa, qual è il successivo?

Focalizziamoci nuovamente sull'aspetto più importante, che è quello geografico: se decido di crescere a livello internazionale, da dove comincio? La risposta è semplice: nella stragrande maggioranza dei casi, bisogna cominciare dall'Europa come area economica comune, quindi area Euro o, più allargata, Europa a 27.
Abbiamo già visto che, in termini di bacino di mercato potenziale, l'Europa a 27 è seconda solo agli Usa in termini di Pil (18.700 miliardi e 20.500 miliardi di US$), non paragonabile a nessun altro blocco economico (Cina, Giappone, India, Brasile o Latin America, Sudest Asiatico). I due principali mercati sono anche paragonabili dal punto di vista della popolazione, circa 450 milioni di abitanti l'Europa a 27 e circa 330 milioni gli Usa (Dati Onu, stime 2019). (Figura 3.3).
La nostra raccomandazione fondamentale è quindi che dobbiamo considerare, per le aziende italiane che vogliano crescere, il mercato europeo come il "nostro" mercato domestico, di cui l'Italia in fondo è solo una provincia: questo è il primo passo per la costruzione di una vera cultura internazionale.
Lo abbiamo chiamato il "nostro" mercato domestico perché, fondamentalmente, ciò che possiamo vendere in Italia può essere venduto in qualunque altro Paese di questo blocco economico. Abbiamo le stesse regole, le stesse certificazioni, abbiamo, almeno parzialmente, una legislazione comune e norme di protezione dei consumatori e della concorrenza identiche.

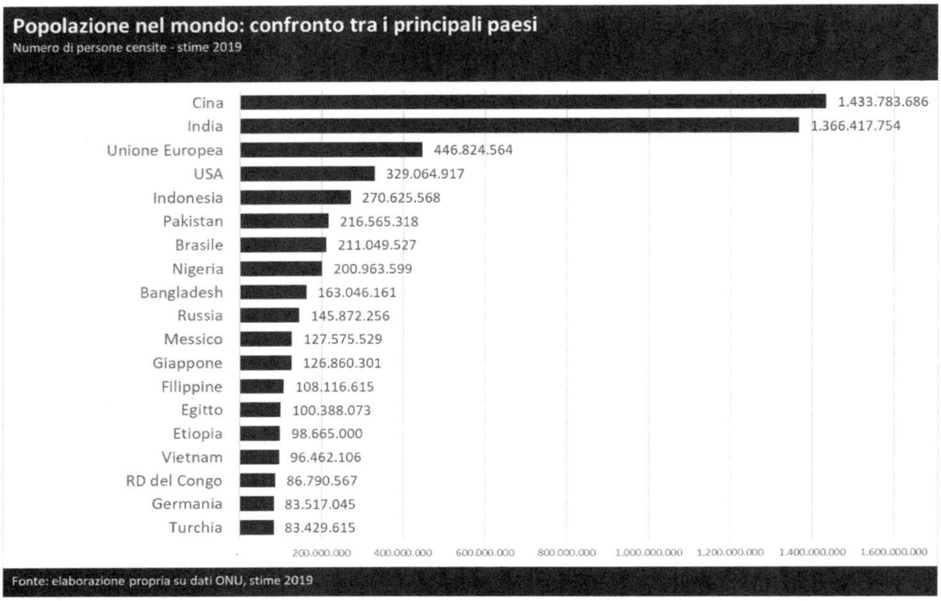

FIGURA 3.3 – Popolazione nel mondo: confronto tra i principali Paesi.

Ci sono chiaramente alcuni settori specifici che possono fare eccezione: per esempio, se la nostra azienda si trova nel settore del lusso o della moda, probabilmente Paesi come la Cina o la Russia sono forse altrettanto o più importanti dell'Europa, data la concentrazione di nuovi ricchi in questi Paesi. Ma a parte queste considerazioni particolari, riteniamo che sviluppare Paesi lontani da noi abbia senso solamente in quei casi in cui siamo assolutamente certi che il nostro mercato domestico è sovraffollato, iper-competitivo, e non abbiamo nessuna leva per poter crescere al suo interno.

Al di là del mercato europeo, può avere senso poi sviluppare in maniera prioritaria i mercati che utilizzano alcune regolamentazioni proprie dell'Europa o molto simili: un caso molto interessante è il settore healthcare e pharmacy, per il quale i Paesi del Medio Oriente hanno spesso sviluppato protocolli e procedure di approvazione dei farmaci e dei dispositivi medici ricalcando le esperienze dell'FDA (Food & Drug Administration) americana e dell'EMA (European Medicine Agency). Questo permette a un dispositivo medico approvato dall'EMA di ricevere una pre-approvazione o via prioritaria di approvazione in Paesi quali gli Emirati Arabi, per esempio. In altri casi, invece, e la Cina e alcune volte gli Usa ne sono un esempio, la richiesta di una certificazione del prodotto da zero può inibire o scoraggiare l'ingresso in alcuni mercati specifici.

È inoltre evidente come la Cina e l'India siano sicuramente dei mercati ad alto potenziale e sempre molto interessanti, ma bisogna stare attenti a non sottovalutare sia il problema culturale sia la configurazione federale di un Paese (come l'India) o la vastità geografica (come la Cina), che necessitano quindi di una scelta molto oculata su quali zone scegliere per iniziare lo sviluppo e perché. Nella nostra esperienza questi Paesi non possono solitamente essere affrontati se non con un partner commerciale, almeno in un primo, lungo periodo (lo stesso dicasi del Giappone, in questo caso per differenze esclusivamente culturali).
Sempre parlando di stati federali, lo stesso discorso può applicarsi al Brasile, che spesso è una meta prediletta per le aziende italiane che vedono una certa affinità culturale e una vicinanza anche sentimentale. Per quanto il mercato brasiliano sia particolarmente concentrato (soprattutto nelle zone densamente popolate come San Paolo), rimane uno stato profondamente federale, in cui coprire con il business tutte le aree principali può riservare diverse sorprese, soprattutto in termini di tassazione inter-stati. Il Brasile, inoltre, è un caso tipico di come l'accesso alla commercializzazione in quel Paese (come d'altronde molto spesso in India, in Cina e nel Sudest Asiatico), possa essere fortemente influenzato dal tema dei dazi doganali: a causa degli incentivi per la produzione locale, in questi Paesi è quasi sempre conveniente associare anche delle scelte di footprint produttivo, con assemblaggi (CKD) e semi-assemblaggi (SKD) eseguiti in loco per non incorrere nelle tasse di importazione. È da notare che in questi casi la situazione si complica in modo particolare poiché, data la sua natura federale, un Paese come il Brasile può richiedere di avere l'ufficio commerciale a San Paolo (cuore del Paese), la fabbrica a Manaus al centro dell'Amazzonia (l'area in cui gli incentivi per la produzione sono i più rilevanti) e la gestione della logistica dal porto di ingresso nello stato di Santa Catarina, generando una complessità gestionale che a volte fa dubitare riguardo la convenienza di avviare tali attività nel Paese, se non a fronte di volumi estremamente rilevanti (e quindi a dispetto del "romantico innamoramento" italiano per quel Paese).
Rimanendo nell'America Latina, va anche sottolineato come il problema culturale sia particolarmente importante e non debba essere sottovalutato: nonostante la loro contiguità geografica, il Brasile e gli altri Paesi latino-americani a lingua spagnola sono culturalmente molto distanti tra di loro, per cui per esempio avere un manager brasiliano per gestire tutto il continente è, nella maggior parte dei casi, una scelta disastrosa. L'esperienza ha dimostrato che funziona molto meglio per il Latin America a lingua spagnola una gestione diretta da Miami negli Usa o addirittura dalla Spagna stessa.

Allo stesso modo, quando guardiamo al Sudest Asiatico, i Paesi possono essere culturalmente molto differenti se parliamo di Indonesia o Malesia, a maggioranza musulmana, rispetto per esempio a Tailandia e Filippine, o addirittura quando consideriamo l'Australia e la Nuova Zelanda, dominate da culture molto più occidentali. Queste considerazioni sono particolarmente importanti nel momento in cui decidiamo di aprire un ufficio commerciale per seguire quest'area, poiché la scelta del posto dove aprire (spesso e volentieri Singapore può essere un territorio sufficientemente "neutrale") e la scelta delle persone (e delle loro relative etnie) può fare la differenza tra un'operazione di successo e un completo fallimento (sempre rimanendo nell'ottica della neutralità, in questi casi può venire in aiuto l'impiego di persone di origine europea).
Quest'area del mondo può essere estremamente interessante, soprattutto dal punto di vista potenziale: include infatti alcuni dei Paesi più popolosi, come l'Indonesia, con 270 milioni di abitanti, le Filippine, 108 milioni, il Vietnam, 96 milioni, con un profilo demografico giovane e in crescita. Inoltre, l'esistenza di una free trade area (AFTA) all'interno del raggruppamento ASEAN rende quest'area particolarmente omogenea dal punto di vista economico e in parte regolatorio, soprattutto nel caso di localizzazione della produzione in uno di questi Paesi: tale blocco economico può avere un importante potenziale ed essere considerato interessante almeno quanto un ingresso in Cina oppure in India.
Concludiamo con uno sguardo all'Africa: al di là dei Paesi affacciati sul Mediterraneo molto vicini a noi europei e a Paesi particolarmente sviluppati come il Sudafrica, vanno menzionati alcuni Paesi subsahariani che rappresentano un grande potenziale ma anche un bacino interessante già allo stato attuale: in particolare, vale la pena di considerare l'Angola, Paese di dimensioni rilevanti e con una forte influenza portoghese e quindi affine sia all'Europa, per tradizione e cultura, sia al Brasile, con intensi scambi commerciali, il Kenya, il Ghana e la Costa d'Avorio, come Paesi già moderatamente sviluppati e con mercati interessanti, mentre, ragionando in termini di potenziale futuro, non si può dimenticare la Nigeria, con i suoi oltre 200 milioni di abitanti, e l'Etiopia, ambedue con uno sviluppo demografico da non trascurare.

Sfatiamo il mito della frontiera: è più difficile di quello che sembra

Abbiamo lasciato gli Stati Uniti d'America per ultimi, e non a caso: riteniamo che si debba fare un ragionamento particolarmente approfondito al riguardo, per evitare di farsi abbagliare dal luccichio del mercato più importante al mondo (almeno fino a oggi, in termini di Pil) e commettere quindi dei passi falsi irrimediabili che potrebbero compromettere quel mercato per parecchi anni a seguire. Gli Usa sono un continente e non una nazione: noi dobbiamo guardare agli Usa esattamente come oggi guardiamo all'Europa. Al di là della lingua comune negli Stati Uniti, è importante sottolineare che le differenze tra stati come la California e l'Illinois, la Florida e il Texas, l'Oregon e la Pennsylvania sono almeno pari a quelle che corrono fra l'Italia e la Francia, o fra la Grecia e la Germania.

Quindi non è detto che sia necessario, almeno in prima istanza, essere presenti su tutto il territorio statunitense, dato che, essendo uno stato federale, la regolamentazione e la burocrazia possono essere diverse da stato a stato. Questo implica che possono essere necessarie certificazioni e autorizzazioni diverse, che valgano per il singolo stato, con un aumento del lavoro amministrativo non trascurabile e che a volte può suggerire di non occuparsi affatto di alcuni stati: per esempio, se guardiamo al mercato motociclistico, questo è molto concentrato negli stati dove il clima e le temperature sono favorevoli, come la California, la Florida, il Texas, le due Carolina, e non ha molto senso voler a tutti i costi essere presenti dappertutto, quando il potenziale di alcuni stati è estremamente basso. Un approccio chirurgico e più di nicchia può essere una soluzione migliore.

Inoltre, anche i gusti e le abitudini dei consumatori non sono omogenei a livello nazionale: bisogna quindi avere la capacità di fare un'analisi del potenziale di mercato dei singoli stati, per poter fare delle scelte accurate e che abbiano una logica in termini di ritorno dell'investimento. Pensiamo per esempio al mondo delle autovetture e ai trend relativi alle macchine compatte ibride ed elettriche in California, rispetto agli usi e utilizzi degli enormi Suv con cilindrate superiori ai 3.000cc che si vendono in Paesi come il Texas o negli stati agricoli.

È importante considerare che, a dispetto delle apparenze, gli Stati Uniti possono essere a volte un mercato molto protezionistico, per esempio sulle omologazioni di un prodotto, oppure come già anticipato sulle certificazioni alla vendita. È un aspetto che va valutato attentamente dalle aziende straniere, perché ha un impatto sia in termini di costo sia in termini di tempo di ingresso nel Paese. In altri processi, invece, le operazioni negli Usa possono essere particolarmente semplici, per esempio la gestione dei rapporti con le banche, le aperture di credito, le dichiarazioni dei redditi e la gestione del personale, sia ordinaria sia straordinaria.

Riteniamo perciò di consigliare alla media impresa italiana, almeno in prima battuta, di non entrare negli Stati Uniti come prima esperienza di internaziona-

lizzazione, data la complessità del mercato, la sua vastità, la varietà di norme e regolamenti, le differenze culturali. È molto più prudente considerare gli Usa come un mercato chiuso, protezionistico e difficile da penetrare, anche se a prima vista può apparire il contrario.
Da questo punto di vista, piuttosto che entrare in questo mercato partendo da zero, può essere un utile suggerimento quello di entrare acquisendo un'azienda locale: torneremo sul tema dettagliatamente nell'ultimo paragrafo, ma possiamo anticipare che questo approccio comporta il vantaggio di avere immediatamente in casa una conoscenza storica della parte amministrativa e burocratica, la conoscenza del mercato e delle abitudini dei consumatori, una rete di distribuzione già esistente, punto questo che da solo può spesso giustificare immediatamente l'investimento per l'acquisizione. Fa scuola il caso di un'azienda media italiana di cerniere a scomparsa per porte che ha atteso alcuni anni prima di entrare negli Usa finché non ha trovato il partner giusto da acquistare, pur essendo per loro il mercato più grande al mondo, proprio per l'impossibilità di penetrare la rete distributiva partendo da zero, dato che altrimenti non avrebbero mai avuto la possibilità come partner straniero sconosciuto di essere ascoltati né dai grandi studi di architettura e ingegneria né dai grandi rivenditori e costruttori locali per impostare la propria rete commerciale.

La differente cultura americana

Un'ulteriore differenza sostanziale, anche questa spesso sottovalutata, poiché all'apparenza insignificante, riguarda la cultura americana rispetto a quella italiana ed europea: questo tema deve essere analizzato distintamente per la parte interna all'azienda e per quella esterna.
Rivolgendosi all'esterno, bisogna anzitutto notare che il consumatore americano è estremamente pragmatico, quindi molto focalizzato sul "value for money" del prodotto e quindi sul suo aspetto pratico. È vero che spesso i marchi o l'eccellenza manifatturiera italiana ed europea sono molto apprezzati in linea di principio, ma al tempo stesso i prodotti poi devono mantenere le loro promesse in termini di prestazioni e utilizzo, poiché il lato "romantico" e di affezione al brand rischia di sparire velocemente. Basti pensare, come esempio, al fatto che Lexus, il premium brand della Toyota, è riuscito negli Usa (e non certo in Europa) a raggiungere le stesse vendite della BMW in poco più di dieci anni, partendo con circa vent'anni di ritardo e costruendo il valore del marchio da zero, puntando tutto su qualità e affidabilità del prodotto, oltre a un prezzo competitivo. Cosa che, per

rimanere in terra nostrana, non è certamente riuscita ad Alfa Romeo, che nonostante un marchio leggendario e di sicuro valore, ha sempre avuto enormi difficoltà a raggiungere vendite sufficienti, fino alla totale uscita nel 1995, e il cui rientro sul mercato nel 2014, grazie all'integrazione con Chrysler, deve ancora dimostrare tutto il suo potenziale – ed evitiamo di parlare del marchio FIAT, il cui acronimo fino agli anni '90 era stato tradotto dagli americani con "Fix It Again, Tony" (riparala un'altra volta, Tony, N.d.R.).

Al tempo stesso, la cultura americana ha una tradizione di forte difesa del consumatore nei riguardi delle case produttrici, che fanno sì che il cliente, in maniera letterale, "ha sempre ragione". Questo ha una forte implicazione nei casi di difettosità del prodotto o mancanza di supporto in garanzia verso il consumatore, in quanto la legge e il tribunale sono sempre spostati verso il consumatore e la tendenza è quella di punire oltremodo il produttore per costruire un deterrente che sia da esempio alle altre aziende. In questi casi bisogna essere ossessivamente prudenti e pronti nella gestione del customer care, spesso risolvendo i casi in anticipo ed evitando di raggiungere l'aula di tribunale, dove sicuramente rischiamo di avere poche possibilità di far valere le nostre ragioni.

Guardando invece al problema culturale all'interno dell'azienda, è necessario anzitutto notare come l'educazione e la scuola americana abituino molto bene i manager e i dipendenti a lavorare in team, ma al tempo stesso rischiando di penalizzare eccessivamente lo spirito critico e la capacità di uscire dal coro e fornire un altro angolo di interpretazione (sicuramente nelle aziende più tradizionali, non certo in casi specifici come Amazon, in cui la cultura del dissenso viene incoraggiata, o Google).

L'organizzazione del lavoro americana è sempre molto strutturata, con una grande chiarezza nei ruoli e nelle responsabilità e con una divisione nei compiti molto netta. Questo porta a un'enorme velocità di esecuzione nelle attività ordinarie, in cui la macchina organizzativa funziona perfettamente e tutti sanno cosa fare. Ha però un grande limite nella gestione delle situazioni di emergenza, quando la macchina si inceppa e la capacità di trovare una soluzione in tempi rapidi diventa un problema molto complesso da gestire. Una generale mancanza di spirito di iniziativa e intraprendenza è sicuramente più forte nel middle management americano, rispetto alle controparti europee, in quanto lo statunitense tende a rimanere confinato nel proprio ruolo e nelle proprie responsabilità e non cerca proattivamente di aiutare la risoluzione del problema, attendendo semplicemente ordini dall'alto. Questo approccio culturale e questa differenza con la mentalità europea e mediterranea ovviamente si attenuano salendo di

gerarchia, fino a scomparire del tutto nel caso dei top manager Usa di livello internazionale che hanno studiato nelle università della Ivy League.
Ecco perché, nel caso di situazioni o problemi che esulano dall'ordinario, gli americani hanno una tendenza naturale a rivolgersi agli specialisti, spesso consulenti, che entrano nell'organizzazione in quanto capaci di affrontare tali problemi. La lettura che spesso diamo dall'Europa di questa abitudine è di un eccesso di supporto e una generale sensazione di "overstaffing" per risolvere problemi per noi apparentemente semplici. Oppure, nei casi più banali, l'insorgere di una deviazione dal processo ordinario comporta una revisione delle procedure, dei ruoli e delle responsabilità, prima di poter risolvere il problema, invece di utilizzare la scorciatoia della "soluzione creativa" tanto cara a noi italiani, con evidenti ripercussioni in termini di tempo necessario a chiudere la pratica.
In generale, parlando dei manager statunitensi, bisogna abituarsi all'idea che il punto di partenza sia che il manager vende ore della sua professionalità, che mette a disposizione dell'azienda per il beneficio di entrambi. Quindi non ha attaccamento emotivo all'azienda e ai suoi obiettivi, rimane naturalmente nel perimetro dei suoi compiti e della gestione che gli è stata affidata. Tale "accordo" di collaborazione rimane in piedi fino a quando il manager si sente pagato il giusto e correttamente valorizzato. Questo spiega anche l'alto turnover di manager nelle aziende Usa (di nuovo parliamo dei segmenti tradizionali, se guardiamo a una Apple, per esempio, il turnover è sicuramente inferiore), a cui bisogna abituarsi. In alcuni casi, insieme al sovrautilizzo di consulenti esterni, questo spiega anche la difficoltà di molti manager statunitensi a essere particolarmente attenti ai costi aziendali.
Un ultimo punto da sottolineare nell'analisi della cultura interna dell'azienda riguarda il "politically correct": anche se, come abbiamo riportato, alcune attività come il licenziamento del personale in eccesso possono essere estremamente semplificate, poi è necessario però agire sempre all'interno di una totale e assoluta mancanza di discriminazione, di qualunque genere. È indicativo il caso di un'azienda che, per ridurre la forza lavoro in Texas, dove la paga si eroga ogni quindici giorni invece che mensilmente, fece semplicemente trovare nell'ultima busta paga ai lavoratori in esubero quattro settimane di compenso invece delle due ordinarie. Era pacifico, per il lavoratore, che questo implicava il licenziamento, senza nessuna ulteriore comunicazione. La complicazione, però, venne in seguito in quanto l'azienda dovette dimostrare che non aveva discriminato gli esuberi in alcun modo, né per razza, religione, sesso, o anche semplicemente per età, per non incorrere in eventuali multe, sanzioni o cancellazione del provvedimento.

Il "politically correct" negli Usa non è forma, è sostanza, e non deve mai essere sottovalutato da noi europei, soprattutto mediterranei. Allo stesso modo, le tematiche di "sexual harassment" sono prese sempre in serissima considerazione, e non possono essere trattate con leggerezza (anche se noi italiani abbiamo fatto finalmente molti passi in avanti nella giusta direzione negli ultimi anni). Il tema dell'integrazione delle culture, quindi, è sempre cruciale nel momento in cui un'azienda italiana deve gestire un'organizzazione negli Stati Uniti: è molto importante affermare il principio che la casa madre è in Italia e quindi le direttive che vengono da lì emanate devono essere seguite, in quanto il management americano deve occuparsi di mettere in pratica quanto definito nella strategia. Ci sono situazioni in cui il management americano ha difficoltà ad accettare la subordinazione a un quartier generale europeo, soprattutto in caso di acquisizioni dirette di entità preesistenti negli Usa: in questi casi è fondamentale cambiare immediatamente tutto il management americano, per evitare di trascinare un problema che difficilmente potrà essere risolto.

Al tempo stesso, però, è necessario per gli europei avere un approccio culturale aperto e di accoglienza verso il management straniero, vivendo questa esperienza come un'opportunità di miglioramento e accrescimento culturale per tutte e due le parti in gioco, per evitare il fallimento totale dell'integrazione. Uno degli esempi eclatanti è stata la fusione Daimler Chrysler, della fine degli anni '90: pubblicizzata inizialmente come una fusione tra uguali, alla fine risultò un'occupazione ostile da parte di Daimler della Chrysler, che causò il completo rigetto da parte degli americani, che avevano una cultura diametralmente opposta ai proprietari tedeschi (molto aperta, innovativa, poco dirigista). L'occupazione tedesca fu tale che Daimler istituì un volo charter regolare con linea aerea interna all'azienda tra Stoccarda e Detroit con circa 50 posti a bordo tre volte a settimana, per portare avanti e indietro sull'Atlantico i manager tedeschi che occupavano tutte le posizioni di potere rilevanti nella Chrysler.

La Fiat di Marchionne, circa quindici anni più tardi, operò in maniera opposta, promuovendo i migliori uomini Chrysler ai vertici, mantenendo a Detroit un management quasi interamente locale, con alcuni inserimenti di manager italiani ed europei a cui fu imposto di trasferirsi a Detroit, invece di fare commuting settimanale tra i due continenti. Lo scambio di posizioni per favorire l'integrazione, creando team multiculturali che lavorano insieme, spostando fisicamente le persone, è sicuramente un'ottima via per favorire l'integrazione e l'accettazione della nuova realtà organizzativa: lo abbiamo sperimentato con successo nell'integrazione europea di Chrysler con Fiat, quando la chiusura degli uffici

Chrysler di Stoccarda ha portato un numero importante di manager statunitensi a Torino, con cui, lavorando ogni giorno gomito a gomito, si è riusciti a instaurare in poco tempo un rapporto di serena collaborazione e unità di intenti, creando un team coeso e compatto.
Nella gestione di una filiale o di un ufficio sul suolo statunitense è certamente molto rilevante, come abbiamo già scritto, il ruolo del board locale e del sistema di governo della filiale stessa: è importante che la filiale negli Usa abbia un board forte, con un consiglio di amministrazione formato da persone competenti e senior, anche indipendenti, che danno una direzione strategica all'azienda e con il quale il Ceo possa dialogare costantemente. Il ruolo del Ceo è infatti, nella realtà americana, molto più simile a quello di esecutore del piano definito dal board, piuttosto che quello di *deus ex machina* dell'organizzazione. Questa è una differenza importante da tenere bene a mente, considerando che spesso in Italia, soprattutto nelle aziende imprenditoriali e di famiglia, il consiglio di amministrazione è un organo sostanzialmente di facciata, privo di reale consistenza, svuotato di responsabilità e capacità operativa, e in alcuni casi riempito di amici e familiari dell'imprenditore.

Una nuova prospettiva: le acquisizioni come la migliore soluzione per internazionalizzare

Nella survey sulle PMI italiane che abbiamo effettuato per il triennio 2018-2020, è emerso chiaramente come la penetrazione dei mercati internazionali fosse una priorità per circa il 70% del panel intervistato. Allo stesso tempo, però, solo il 9% del campione riteneva che la modalità di crescita internazionale dovesse passare attraverso attività di Merger & Acquisition (M&A), mentre per la maggior parte ci si affidava alla tradizionale (e lenta) crescita organica.
Questo risultato dimostra come le aziende italiane siano ancora poco propense al rischio di effettuare acquisizioni internazionali oppure si sentano ancora impreparate per implementarle correttamente. Dal nostro punto di vista ribadiamo con forza che, in un'epoca in cui ormai la globalizzazione è parte integrante del nostro modo di vivere e fare business, le attività di M&A devono invece essere viste come "la" via prioritaria alla crescita internazionale senza alcun dubbio o tentennamento ulteriore.
Come abbiamo già visto, l'acquisizione straniera permette di entrare sul mercato ereditando già una base di conoscenza, un'infrastruttura solida e radicata, soprattutto nella rete distributiva, un team di persone culturalmente affini al

mercato, al consumatore, alle regole amministrative e alla burocrazia. Tale approccio permette di portare risultati dall'anno uno, è estremamente veloce ed è una decisa "scorciatoia" per la crescita. Al tempo stesso, il finanziamento della crescita oggi è una priorità del tutto secondaria, data la grande disponibilità di capitali a livello mondiale e la necessità di impiegarli con ritorni soddisfacenti. Ci si può indebitare per crescere acquisendo aziende internazionali, anche e soprattutto perché il costo del debito allo stato attuale è decisamente risibile. Questo approccio per fortuna oggi è fortemente influenzato dall'operato del mondo del private equity nelle PMI italiane: i fondi di private equity possono mettere a disposizione facilmente i capitali che servono, ma al tempo stesso hanno generalmente bisogno di ritorni su un orizzonte di investimento di 3-5 anni, coerente con le strategie del fondo. Ecco quindi la loro decisiva funzione di acceleratori della crescita, anche internazionale.

Inoltre, acquisire società all'estero può essere un'ottima opportunità per allargare la gamma prodotti di un'azienda, ragionando ovviamente per adiacenze di segmento di mercato, cogliendo quindi sinergie distributive tra i vari Paesi e al tempo stesso diventando dei player più importanti agli occhi dei clienti, soprattutto quelli internazionali. Acquisire questo tipo di aziende dà anche la possibilità di iniziare a distribuire nuovi prodotti sulla rete e sui Paesi già serviti, incrementando la penetrazione e l'occupazione dello "spazio" tradizionale di mercato disponibile.

È importante sottolineare che bisogna però evitare il fenomeno della "bulimia da fatturato". Un'azienda straniera si acquisisce se risponde a due criteri fondamentali: il primo di ordine strategico, e cioè come contribuisce tale acquisizione ad allargare il mio mercato potenziale in termini geografici e di gamma prodotto in una logica di adiacenze e sinergie, evitando di avventurarmi in attività distanti dal mio core business tradizionale. Il secondo di ordine tattico, guardando alla capacità del target da acquisire di generare margini e cassa per la casa madre, mai analizzando solamente il fatturato o la quota di mercato.

Infine, l'attività di M&A internazionale mi permette di aprire più rapidamente la cultura aziendale, agire direttamente dall'interno per farla diventare multiculturale, rimuovendo uno dei principali ostacoli per un'internazionalizzazione di successo. Infatti, inietto nuovo "capitale umano" in modo istantaneo, accresco potenzialmente le competenze dell'azienda in toto e posso permettermi di creare un management team allargato, internazionale, scegliendo i migliori talenti a prescindere dalla loro posizione geografica e dal loro percorso o fedeltà all'azienda.

Altrimenti, fare il primo passo di internazionalizzazione per un'azienda composta solo da management nostrano può essere estremamente difficile: come si può selezionare e reclutare il primo manager straniero nell'organizzazione italiana? Che attrattiva può avere la nostra azienda così locale per il manager straniero che vorremmo far entrare? Chi verrebbe per primo all'interno di una squadra di soli italiani? Probabilmente il rischio di rigetto di tale manager sarebbe molto più alto rispetto al caso dell'acquisizione in blocco di un gruppo di persone.

La preparazione e la struttura necessaria per le acquisizioni estere

Ovviamente, per poter avviare attività di M&A internazionali bisogna essere preparati: ci vogliono l'esperienza, la cultura, le competenze e l'organizzazione per poter gestire l'acquisizione. Nel caso del nostro produttore di cerniere per porte, citato precedentemente, l'azienda, detenuta da un fondo di private equity, aveva un programma di acquisizioni internazionali particolarmente corposo, e il fondo aveva già identificato una serie di possibili target su cui procedere immediatamente. Il Ceo dell'azienda, però, si rese conto che il management team non era in grado di gestire tali processi, e quindi dedicò i primi due anni della sua permanenza in azienda a creare un team adeguato a procedere poi verso l'espansione. Banalmente, il primo passo fu la sostituzione del Cfo, per avere a bordo una persona che sapesse le lingue, capace di redigere un bilancio consolidato, culturalmente aperta e con precedenti esperienze di lavoro all'estero.

Una volta preparato il terreno e la squadra, si può procedere all'acquisizione e alla post merger integration tra le due aziende, focalizzandoci sostanzialmente sui temi di un'unica cultura aziendale e sull'identificazione di processi comuni tra le due aziende. In maniera molto rapida, la mentalità e il modo di lavorare devono diventare univoci. Ma, ancor di più, è fondamentale allineare i sistemi di controllo, per misurare gli stessi dati, avere la stessa reportistica, essere valutati sugli stessi indicatori di performance. La parte di controllo deve essere centrale e uguale per tutti, e questo a volte può implicare anche un allineamento dei sistemi informativi tra le aziende, quantomeno per i moduli relativi al controllo di gestione e all'amministrazione. Questo è prioritario e deve essere preparato per tempo, poiché il controllo di gestione e l'amministrazione devono essere il primo collante tra le geografie e devono farsi sentire subito come elemento di supporto alla nuova entità acquisita.

Allo stesso modo, l'azienda deve essere aperta e pronta a cogliere le opportunità date dall'acquisizione, soprattutto in termini di competenze e processi: va citato al riguardo il caso del manager di un'impresa italiana che, dopo l'acquisizione di un'azienda francese, si rese conto che il dipartimento marketing dell'azienda acquisita era estremamente più evoluto rispetto a quello interno, sia in termini di attività di segmentazione e targeting dei clienti, sia dal punto di vista del marketing digitale, web e social marketing. L'amministratore delegato non si fece, giustamente, nessuno scrupolo nell'affidare ai francesi la gestione globale del marketing della nuova azienda integrata, centralizzando la struttura e mettendo gli "italiani" a riporto dei "francesi". Non c'è spazio per una logica colonizzatrice, non devono esserci vincitori e vinti.

Per riassumere, potremmo dire che la post merger integration paradossalmente va fatta "prima" di procedere all'acquisizione: devo già sapere come integrerò l'azienda, quali sono le funzioni che saranno centralizzate, come sarà composto il nuovo management team, quale sarà la governance, quali processi saranno integrati e resi comuni e quali invece saranno lasciati a livello locale: devo aver pianificato tutte queste attività, per poter poi procedere speditamente e integrare l'azienda rapidamente e con successo.

Se affronto le acquisizioni secondo questo approccio e con il giusto metodo, dopo le prime due o tre operazioni, magari spalmate sui primi tre anni, avrò creato all'interno dell'azienda una cultura dell'integrazione, e ogni acquisizione successiva sarà più semplice, con il risultato di ottenere un'accelerazione della crescita internazionale dell'azienda e una creazione di valore per l'azionista che sarebbe certamente impossibile con i metodi tradizionali e procedendo organicamente.

INTERNAZIONALIZZAZIONE: L'EUROPA NON BASTA

di Dardanio Manuli, Presidente e Amministratore Delegato
Manuli Rubber Industries

Quando iniziai a lavorare per Manuli Rubber Industries, nel lontano 1992, si trattava di un'azienda B2B sostanzialmente mono prodotto (tubi flessibili per l'alta pressione), mono stabilimento (Ascoli Piceno) e con la sede direzionale a Milano. Nell'immaginario collettivo si trattava già di un'azienda internazionale, in quanto esportava la stragrande maggioranza della produzione e possedeva alcune filiali commerciali all'estero (Germania, Francia, UK, Singapore).

La società soffriva però sia del classico nanismo italico, troppo piccola per competere a lungo termine sui mercati extra Europei, sia del complesso italico nel *modus operandi*, per essere realmente competitiva. Per complesso intendo alcuni difetti specifici al contesto culturale ed economico italiano dell'epoca. *In primis*, l'ingerenza costante delle istituzioni pubbliche e dei sindacati, quasi sempre antagonisti dell'azienda e completamente avulsi dalle logiche di mercato e della libera concorrenza. In secondo luogo, una visione obsoleta del mondo e una scarsa visione internazionale da parte del management (spesso accompagnata da competenze linguistiche carenti) e la glorificazione del falso mito del "Made in Italy".

Per proseguire nel discorso, è forse necessario definire meglio il concetto di internazionalità, partendo da cosa non è; a mio modo di vedere, per un'azienda italiana, non può essere il mercato europeo, che è da considerarsi a tutti gli effetti il mercato domestico tout court. Ritengo quindi che un'azienda debba generare in Europa almeno quattro volte il fatturato italiano, semplicemente per essere un player nel mercato domestico.

Ne consegue che l'internazionalizzazione vera, e molto più difficile da realizzare, è quella extraeuropea. Questa visione è dettata dal fatto che i mercati extraeuropei non possono essere presidiati da semplici attività commerciali, ma necessitano di infrastrutture in loco per svilupparsi. Parliamo di unità produttive, se non addirittura di sviluppo prodotto, di Hub logistici, di sistemi ERP in lingua locale, nonché di management principalmente locale per coprire a 360 gradi tutte le operations.

Quest'ultimo punto è di gran lunga il più difficile da implementare correttamente per mille motivi. Mi limiterò a citarne uno: la scarsa attrattività delle aziende italiane per il management locale se paragonate alle alternative americane, giapponesi, tedesche, francesi. Fortunatamente le aziende private sono spesso delle vere e proprie eccellenze nei loro settori e, con il tempo, riescono a rendersi credibili quanto la concorrenza estera. Per ovviare a questo problema, nel nostro piccolo in Manuli Rubber abbiamo sempre puntato moltissimo sui giovani, sia expat sia locali, in quanto è spesso più facile attrarre e fidelizzare trentenni in carriera con potenziale e personalità, piuttosto che affermati e costosissimi manager senior.

Capitolo 4

Costruire processi per l'innovazione

Le attività di sviluppo di nuovi prodotti, servizi e processi sono alla base del successo e della sopravvivenza delle imprese, ma nonostante la loro importanza sono spesso scarsamente formalizzate per la loro caratteristica di pervasività interna alle varie funzioni aziendali e per il forte contenuto di rischio insito in qualsiasi iniziativa innovativa.

Migliorare i prodotti e i processi esistenti e lavorare sull'efficienza continuativa dell'azienda non è più sufficiente per rimanere competitivi sul mercato: siamo in un'era di trasformazione dei processi, accelerata anche dalla spinta di nuove tecnologie, che coinvolge i prodotti e i servizi ridisegnando da zero interi modelli di business tradizionali e premiando sempre di più le aziende che si dimostreranno realmente innovative. Ma se la spinta all'efficienza imposta dal contesto globalizzato è una imprescindibile condizione di partenza che induce ad adeguarsi al mutato panorama competitivo, il salto in avanti dettato dal migliore utilizzo del digitale e da un approccio in attacco al prodotto, al mercato e al servizio deve essere visto per le aziende soprattutto come un'opportunità di crescita, di sviluppo e di mantenimento di vantaggio competitivo.

In azienda, storicamente, le attività di innovazione sono appannaggio di funzioni diversamente organizzate che fanno capo a team di ricerca e sviluppo, costituite da progettisti, ingegneri, tecnici, disegnatori e sviluppatori in funzione dello specifico settore e delle aree tecnologiche. Sono manager e specialisti che svolgono in genere attività di ricerca di base e di sviluppo dei portafogli, indirizzata allo studio di soluzioni da utilizzare per migliorare i propri prodotti, crearne di nuovi o ottimizzare i processi di produzione e service. Questo modello funzionale, che favorisce la specializzazione, l'apprendimento continuo, la conoscenza specifica e l'efficienza, non è più adeguato a gestire un'innovazione sempre più contaminata dall'esterno e giocata sulla sperimentazione e l'esplorazione di nuove tecnologie e applicazioni.

Ma dove nasce l'innovazione in azienda e come è opportuno organizzare strutturalmente processi, persone, strumenti e risorse per essere stabilmente innovativi nel tempo? Come si può codificare la ricerca continua dell'innovazione? L'innovazione nell'ambito dell'impresa non può essere considerata un evento eccezionale, legato all'intuizione di qualcuno ma, al contrario, deve essere replicabile e pianificata in maniera continua e affidabile.

Soprattutto nella piccola e media impresa, che generalmente dispone di mezzi limitati, tutta l'attività di ideazione e generazione di nuove idee è un'area di grande indeterminazione, nell'immaginario comune più spesso legata all'intuizione e all'ispirazione creativa di pochi individui, quasi un momento creativo mistico, e tale situazione appare ancora più preoccupante se si considerano settori maturi o comunque a basso contenuto tecnologico. Al contrario, invece, è possibile adottare comportamenti e processi strutturati in modo consapevole ed efficace nei confronti del percorso innovativo, in particolare sia per quanto riguarda le fonti dell'innovazione sia per il processo a valle di valutazione delle idee, selezione, industrializzazione e proposta al mercato. L'innovazione non va considerata come il fine, ma come il processo in grado di trasformare in maniera strutturata e organizzata le nuove idee verso una realizzazione di mercato. Un'idea che non è portata a un pieno compimento sul mercato rimane soltanto un'idea.

In questo senso, il processo di innovazione non può essere solo limitato alla dimensione tecnica o tecnologica del prodotto o del processo, ma va allargato in termini organizzativi e gestionali, riuscendo a sviluppare la capacità dell'impresa di coinvolgere e motivare verso l'innovazione le proprie risorse e, più in generale, tutta l'organizzazione. La vera sfida delle aziende di oggi non è solo procurarsi o generare nuove idee, ma anche e soprattutto costruire un ambiente capace di accogliere l'innovazione e il cambiamento per poi scaricarli a terra.

Le domande a cui cercheremo di dare risposta quindi sono: come fare a creare un sistema aziendale dove le buone idee vengono fuori? Come mettere le persone – dove, come e quali – nelle condizioni di poter realizzare l'innovazione con successo?

Intanto cominciamo con il distinguere tra l'innovazione adiacente e quella di trasformazione: la prima è quella che generalmente migliora i prodotti esistenti, i processi produttivi e la filiera di attività dell'impresa, contribuendo a rafforzarne ed espanderne il mercato. Questo tipo di azione può provocare anche cambiamenti molto importanti nei processi aziendali ed è volta al miglioramento del quadro produttivo e commerciale in cui l'impresa si colloca. L'innovazione trasformazionale, invece, è quella che produce un cambiamento radicale, che può cambiare il volto sia dell'azienda stessa sia del quadro di mercato in cui l'impresa si colloca. È l'innovazione che crea nuovi processi, prodotti, servizi e modelli di business o di mercato.
Non è detto, però, che l'approccio all'innovazione debba essere rivolto a seguire un'opzione ignorando l'altra. L'ideale è percorrere simultaneamente sia la strada lunga sia quella breve, cioè sviluppare sia le attività adiacenti al core business dell'azienda sia altre più distanti nel tempo, innovando i processi e i prodotti per arrivare a cambiare il proprio modello di business. Oggi, più che in passato, questi due tipi di innovazione devono convivere contemporaneamente su processi paralleli che si sovrappongono. I normali cicli di vita dei prodotti e dei servizi, secondo le famose "curve a S" del marketing – introduzione, crescita, maturità e declino – si sono drammaticamente ridotti negli ultimi vent'anni in tutti i settori: basti pensare a qualunque bene di largo consumo, dall'auto ai televisori, alle macchine fotografiche, travolti da un progresso tecnologico rapidissimo. Questo ha generato una sovrapposizione di fasi di gestione che prima erano in sequenza: mentre un prodotto si sta sviluppando e affermando nel mercato, già occorre pensare a nuove introduzioni, alla successiva generazione, per evitare di diventare rapidamente obsoleti. Devono convivere in azienda un processo di miglioramento continuo per sfruttare al massimo il potenziale ritorno di guadagno dei prodotti già in portafoglio insieme a un processo trasformazionale per pensare alla successiva innovazione.
L'innovazione non riguarda solo il prodotto, ma anche i servizi a valore aggiunto che possono renderlo più attraente o impattare sull'esperienza di acquisto, un processo definito "servificazione". Questo trend si è sviluppato a ritmi crescenti negli ultimi anni, basti pensare alle offerte service inclusive delle apparecchiature per ufficio, ai contratti di noleggio auto, fino al software as a service o al pay per use delle assicurazioni. Aziende produttrici di macchinari e beni durevoli si stanno spostando sui servizi di consulenza, progettazione, manutenzione, data analytics e tele-service da remoto. Si tratta di un trend inarrestabile che ha rice-

vuto un ulteriore notevole impulso dal digitale e che tende a inventare nuovi modelli di pricing o servizio per i clienti finali.
Qui di seguito chiariremo come gestire questo tipo di innovazione trasformazionale, che richiede competenze diverse e specialistiche rispetto a quelle che stanno più nella sfera tradizionale della ricerca e sviluppo e che servono più per l'innovazione adiacente. In molti casi, peraltro, per arrivare a un vero breakthrough si passa prima per adiacenze tecnologiche di mercato e di prodotto: quindi le due tipologie di innovazione non sono necessariamente distinte, ma invece fanno parte di un movimento continuo verso un riposizionamento di offerta e servizio.

I protagonisti dell'innovazione

La maggior parte delle aziende leader sa che esiste una sola strada per crescere in modo aggressivo e si rende conto che nel lungo termine, se vuole avere qualche possibilità di crescere più velocemente della media del settore o dell'economia in generale, non ha alternative se non quella di innovare i propri prodotti, i modelli di business e il sistema di gestione.
Oggi la parola "innovazione" è decisamente abusata. La si accosta con facilità a slogan di marketing e a termini di vario tipo, come "digitale", "internet", "IoT", "data analytics", "manufacturing 4.0", è sulla bocca di tutti ed è presente certamente nell'agenda di ogni imprenditore, ma sappiamo che esiste ancora un grande divario tra teoria e pratica. Perché tante imprese, nei fatti, non hanno avviato ancora alcun processo di innovazione? Ci sono alcune ragioni fondamentali. La prima, è che molte imprese si "accontentano" dei prodotti e dei servizi che già propongono al mercato e fintanto che non percepiscono una reale minaccia alla loro sopravvivenza, a volte proveniente dai clienti stessi, non investono in ricerca e nuove idee, se non altro per la naturale avversione di gran parte degli imprenditori a rischiare. Altre aziende non sono disponibili a sostenere i costi elevati che le attività di innovazione comportano o non dispongono di persone interne abbastanza qualificate o, ancora, non hanno mai sviluppato un modello chiaro che supporti l'innovazione.
Ma quando e come un'azienda può definirsi davvero innovativa? Nessun leader di impresa alla domanda se la sua azienda sia innovativa vi risponderà di no: vi sentirete raccontare l'idea geniale da cui è partita l'avventura, oppure qualcuno vi mostrerà con orgoglio il macchinario o la linea produttiva "su misura" e più evoluta nel settore, qualcun altro vi dirà semplicemente: "noi siamo i più bravi di tutti a realizzare quel determinato prodotto".

Ma l'innovazione non è un fatto di opinioni o punti di vista. Ci sono diversi indicatori che misurano in maniera più o meno oggettiva quanto un'azienda sia davvero innovativa, una serie di evidenze misurabili sia in termini di investimento sia in termini di capitale umano messo a disposizione.

- La prima regola è allocare una quota di investimenti rilevanti alla ricerca di base e all'innovazione trasformazionale, diciamo tra il 10 e il 15% del budget R&D. Molte aziende fanno rientrare nei costi di R&D l'ingegneria di processo e l'industrializzazione, ma queste voci di costo sono legate più al miglioramento continuo che all'innovazione. Il modello di riferimento che viene spesso citato è quello della 3M: i tecnici dell'R&D avevano tempo e risorse a disposizione per sperimentare cose nuove. Questo ha portato in maniera casuale allo sviluppo di una colla appiccicosa inutilizzabile perché non si seccava mai. Il confronto con il marketing ha trasformato questo "errore" in un prodotto di grandissimo successo, il post-it. Ma anche i moderni colossi digitali tecnologici, da Google ad Amazon, a Apple, sanno che per essere davanti a tutti occorre investire continuamente in nuove idee e soluzioni per i consumatori.
- La vera innovazione richiede capitale di rischio proprio dell'imprenditore. È difficile poterla finanziare con strumenti classici di debito pubblico o privato proprio per le intrinseche caratteristiche che ne fanno un'attività i cui ritorni non sono mai certi. L'innovazione costa ed è difficile finanziarla: un problema che si può superare solo reinvestendo parte degli utili dell'impresa o direttamente dell'imprenditore di tasca propria sulle nuove idee, sulle tecnologie e sui processi di innovazione interni ed esterni. L'innovazione, dunque, si finanzia soprattutto con capitale di rischio, non di terzi.
- I migliori innovatori sono quelli che reinventano per primi il proprio modello di business: per farlo, occorre spesso una forza esterna all'azienda stessa. Pertanto è utile aprirsi a contaminazioni esterne, ampliare il numero e la tipologia dei contributori all'innovazione, siano essi provenienti dalla filiera estesa (clienti e fornitori) o da soggetti terzi in grado di sviluppare nuove idee come le start-up, gli advisor specialisti, gli innovation manager, le università, gli incubatori o gli hub di innovazione mondiali. Coinvolgere risorse esterne all'innovazione può fornire segnali anticipatori di grandi cambiamenti che

spingono l'azienda a innovare in tempo per non venire travolti. Perciò è bene che ogni organizzazione verifichi e intensifichi la quantità e la qualità dei punti di contatto e delle relazioni con l'ambiente esterno in cui opera.

- L'impresa innovativa deve disporre di competenze e figure professionali adatte, e qualificate, ovvero collaboratori provenienti da culture e discipline diverse (o che siano aggiornati costantemente sulle nuove tecnologie), che possano vantare percorsi professionali internazionali e che compongano tra loro un mix anagrafico differenziato. La diversità di genere, di competenza, di provenienza è sempre un presupposto per il rinnovamento ed è terreno fertile per produrre opinioni, idee, confronti, caos da cui possono nascere le innovazioni. Devono essere stabilmente presenti in azienda figure che si occupano di gestire il portafoglio di brevetti e invenzioni o di coltivare relazioni con enti accademici, uffici di ricerca e centri di eccellenza mondiali. Diversamente, un'impresa con una funzione R&D costituita da ottimi tecnici "anziani", poco aperta a stimoli nuovi ed esterni, eccessivamente autoreferenziale potrà anche eccellere nella gestione del miglioramento continuo, ma probabilmente sarà incapace di fare innovazione trasformazionale.
- Un altro indicatore, facilmente misurabile, della capacità di innovazione di un'azienda è il numero di brevetti e di invenzioni proprietarie, oppure la quantità di profitti e ricavi generati da nuovi prodotti e servizi sviluppati negli ultimi anni. Un'azienda con un forte DNA di innovazione deve avere sempre un portafoglio di progetti attivo.

Provate dunque a porvi delle semplici domande sui punti precedenti, sulla vostra disponibilità di spesa in vera innovazione, sulle vostre persone, l'organizzazione e la cultura aziendale, sull'apertura e sulle relazioni che la vostra azienda ha con il mondo esterno, con i partner e con gli hub di innovazione nel mondo, sul contributo che nuovi prodotti e servizi hanno dato negli anni alla crescita del fatturato. Queste risposte possono essere una buona approssimazione del grado di innovazione nella vostra azienda.

L'innovazione non è il fine ma il processo

Abbott Payson Usher, storico dell'economia americano, sosteneva che l'innovazione non sta tanto nell'obiettivo da raggiungere o nel risultato da ottenere, quanto piuttosto nel processo che, dinamicamente, prima si elabora e poi si codifica per far sì che le idee generate acquisiscano concretezza. L'innovazione è semplicemente il processo di ideare e introdurre nuove cose e sviluppare business, in un modo o nell'altro.

Nel panorama internazionale ci sono aziende organizzate per estendere al massimo l'area di generazione e scambio delle idee in un contesto che vede abbassarsi sempre di più le barriere tra il mondo esterno e le start up. È il concetto dell'open innovation che in Italia, soprattutto per le PMI, è un approccio che stenta un po' a decollare, sia per i rischi di capitale e risorse che può comportare, sia per limiti culturali e per un'avversione dell'impresa a fare rete e condivisione di know-how, ma di fatto tutto il mondo è ormai un enorme incubatore di innovazione. Sempre più spesso si aprono contest internazionali in cui si condivide la conoscenza per creare il giusto humus su cui far crescere le idee.

Ma questo non è l'unico modo con cui si possono alimentare buone idee e le innovazioni, che possono arrivare anche dalle adiacenze di filiera o di settore, dall'interno dell'organizzazione, dal mercato o dall'intuizione di chiunque venga stimolato.

Un modello che ha dimostrato di funzionare in pratica, anche per aziende più piccole, è quello delle tre ondate dell'innovazione, attraverso il quale un'azienda può organizzare il proprio portafoglio delle iniziative cercando un bilanciamento appropriato tra progetti di breve e lungo periodo. L'idea di fondo è molto semplice: per massimizzare il potenziale di sviluppo futuro, l'impresa ha bisogno di gestire contemporaneamente progetti di innovazione all'interno di tre diversi orizzonti temporali. Se ci si focalizza esclusivamente sul miglioramento incrementale della propria competitività attraverso un portafoglio di innovazioni di breve periodo, si registrerà un impatto sul business immediato, ma si pregiudicherà probabilmente la crescita di lungo periodo. Viceversa, perseguendo solo innovazione dirompente di lungo termine, si trascurerà il business corrente con il rischio elevato di essere fuori dal mercato prima di vedere realizzato il rinnovamento.

Questo concetto di bilanciamento del portafoglio di idee è fondamentale non solo per massimizzare il potenziale di crescita, ma anche per contenere i rischi legati all'investimento in innovazione. Una buona regola pratica è quella del 70-20-10, ovvero della distribuzione delle risorse e degli investimenti in questa proporzione tra miglioramento "core", innovazione adiacente e trasformazionale. Questa allocazione può essere flessibile anche in funzione del momento competitivo dell'azienda e delle priorità strategiche e le risorse sull'innovazione possono crescere se il settore è particolarmente competitivo oppure se l'azienda si trova su un asintoto di maturità e declino.

Può sembrare controintuitivo, ma quello che ha salvato alcune PMI da una situazione di difficoltà di mercato è stata proprio la decisione di aver aumentato la spesa in ricerca e innovazione invece di averla ridotta.

La prima onda è in genere molto coerente con il core business dell'azienda, è quindi un miglioramento continuo, si avvale di tecnologie note ed è molto più vicina al concetto di sviluppo che a quello di ricerca di base. Si tratta di semplificare e migliorare – anche in modo sostanziale – tutto quello che si fa e come lo si fa, utilizzando tecnologie esistenti. L'obiettivo è la difesa della posizione competitiva verso la concorrenza nei mercati esistenti migliorando la propria value proposition verso i clienti. È il campo della efficienza ed eccellenza operativa e del miglioramento continuo. Questa spinta al miglioramento viene di solito sollecitata dall'organizzazione interna, dai clienti stessi, dai fornitori o dallo scambio di informazioni che si può avere nelle fiere o comunque in circostanze analoghe. È fondamentale disporre di una organizzazione orientata e incentivata al miglioramento quotidiano nella fabbrica o nelle vendite per trovare e cercare soluzioni sui processi produttivi e sulle modalità di servizio al cliente. L'orizzonte temporale di questa ondata è tipicamente di 1-3 anni ma dipende anche dalle dinamiche del mercato in cui l'azienda opera. Le curve di sviluppo e adozione dei prodotti possono essere molto compresse in certi settori, per esempio l'elettronica e i servizi digitali, o più dilatate come per il farmaceutico o le macchine industriali. In ogni caso la prima ondata deve poter generare risorse per finanziare le idee e le iniziative delle onde successive.

La seconda onda, invece, si compone di progetti con un orizzonte temporale di 2-5 anni e ha l'obiettivo di produrre opportunità di nuovi business e mercati. Si tratta di un tipo di innovazione più dirompente per l'azienda, che nasce dal core business e dalle applicazioni correnti ma che punta a creare nuovi fabbisogni, nuove applicazioni dei prodotti esistenti in segmenti adiacenti ed evoluzioni tecnologiche dei prodotti/servizi per ridefinire eventualmente gli standard di mercato. Questa fase comporta uno sforzo maggiore di ricerca libera e di innovazione. Le fonti delle idee possono essere ancora i fornitori e i clienti, ma solo quelli che hanno una visione di lungo periodo, che sappiano guardare lontano, non certo i clienti orientati al day by day. Per avere successo è importante che si disponga di una rete commerciale intelligente e specializzata, non solo orientata alla vendita ma anche alla ricerca di nuove opportunità, che porti la voce del cliente in azienda per raccogliere tutti i nuovi stimoli e segnali dal mercato o dai prodotti concorrenti. Oppure fare in modo che l'azienda vada dal cliente, portando la funzione R&D a monte, a vedere cosa succede in quella a valle; si perderà qualcosa dal punto di vista della pura capacità commerciale, ma si acquisiranno informazioni essenziali per il miglioramento continuo della propria offerta. Questo tipo di innovazione nasce da un concetto più esteso di marketing intelligence, in cui il marketing assume una funzione critica di monitoraggio del mercato, dei prodotti e di analisi della concorrenza. Un esempio di best practice in questo ambito viene dal settore della produzione delle mietitrebbie. Tutti i nuovi prodotti, a livello di prototipo e nella prima fase di industrializzazione vengono testati per 6-8 mesi nei campi dagli ingegneri con i clienti finali: quello è il momento in cui non solo gli ingegneri toccano con mano i problemi degli agricoltori, provando il prodotto e ovviamente capendo quali migliorie apportare, ma è anche il momento dell'incontro tra la realtà del mercato e gli ingegneri, che escono dalla torre d'avorio e comprendono realmente che cosa sta succedendo nel mondo reale, raccogliendo nuovi spunti di riflessione per i prodotti successivi. Di fatto queste pratiche hanno creato un modello culturale di elevata condivisione dell'innovazione dell'azienda con la comunità agricola. Un centro di eccellenza di produzione, molto pratico, sul territorio, con immediato riscontro sul mercato: ecco dove stavano gli ingegneri, non in un centro ricerche sperduto e lontano dal consumatore.

In questa fase, anche il ruolo delle risorse interne dell'azienda comincia a essere molto rilevante sia nella generazione delle idee sia nel loro sviluppo. Occorre favorire la job rotation tra ambiti funzionali diversi e processi per stimolare questo scambio di esperienze. Occorrono maggiore leadership e seniority per valutare e gestire il ciclo di vita delle proposte; la sponsorship, per superare le resistenze iniziali o le metriche di business tradizionali, deve venire dai manager di primo livello e non dal basso, e in molti casi è opportuno dotarsi di un ruolo stabile in azienda di "innovation manager" che abbia visione strategica, sappia fare intelligence di mercato e sui concorrenti, sia capace di allargare il network contatti e partnership con realtà anche in settori diversi per avviare sinergie che possono tradursi in collaborazioni e opportunità di successo.

Nella terza onda, invece, è fondamentale interrogarsi sulle dinamiche di mercato, di offerta, di tecnologie e di competizione che riconfigureranno il business nei successivi 5-10 anni. Le nanotecnologie, l'intelligenza artificiale, i robot, i droni, la realtà virtuale, i data analytics sono esempi di discontinuità attuali che stanno già portando innovazioni di prodotto/servizio e nuovi modelli che ridefiniranno le abitudini di acquisto e le regole del gioco in molti settori nei prossimi anni. Cosa può quindi distruggere il mercato attuale? Quali sono le innovazioni che possono modificare drasticamente i comportamenti e i bisogni dei clienti? Quali innovazioni sinergiche con il proprio business possono distruggere altri mercati oppure crearne di nuovi? Ci sono modalità per cominciare a valutarne l'impatto, a sperimentare nuove idee attraverso licenze, brevetti, partnership, ricerche avanzate, start up? È possibile anticipare qualcuna di queste innovazioni per averne un vantaggio competitivo a breve?

Queste sono le domande di partenza che normalmente occorre porsi per gestire la terza ondata; sono domande difficili, non scontate ed estremamente incerte, ma nondimeno occorre, per qualunque azienda, cercare delle risposte fin da oggi. Il rischio evidentemente è quello di venire travolti dall'innovazione per non aver saputo vedere lontano e per tempo. In genere questo tipo di innovazioni vengono da "champion" e visionari, da imprenditori illuminati in grado di cogliere in anticipo i trend emergenti o capaci di riconfigurare rapidamente le tecnologie attuali per creare nuovi servizi e prodotti. Nell'economia digitale di oggi questa capacità di generare innovazione sfruttando e assemblando in modo nuovo le tecnologie esistenti è molto più facile: per esempio, combinando un telefono mobile e un guidatore è nata Uber, che ha messo in seria difficoltà il business tradizionale dei taxi, oppure mettendo insieme un Pc e un fattorino è nato l'ecommerce, che ha messo in crisi intere filiere distributive. È molto difficile che questo tipo di innovazione venga spontaneamente dall'interno, a meno, come detto, di una guida illuminata o di un sistema che poggi fortemente sulla diversity di discipline e background tale da generare quel caos creativo da cui possono nascere nuove combinazioni. Occorre perciò cercare contaminazioni all'esterno, aprirsi al mondo delle start-up e dei centri di innovazione delle università, incentivare risorse esterne all'azienda, senza legacy e condizionamenti, sperimentare, immaginare prodotti e servizi per il proprio settore, comprare piccole aziende innovative e tecnologiche adiacenti, e così via (Figura 4.1).

Il modo di gestire queste tre ondate di innovazione non è lo stesso, ma richiede modelli operativi, competenze e metriche di decisione diverse. In questo caso l'organizzazione è un elemento decisivo.

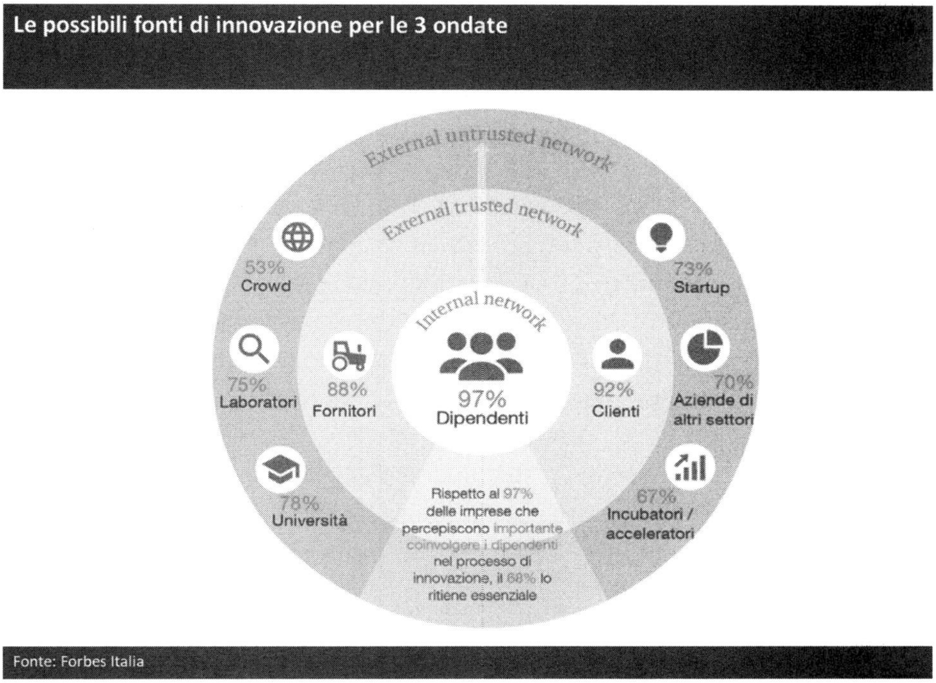

Figura 4.1 – Le possibili fonti di innovazione per le 3 ondate. © *Titolare dei diritti: Forbes Italia.*

Mentre l'innovazione della prima ondata e in parte anche della seconda può essere strutturalmente integrata nel modus operandi delle funzioni aziendali ed è competenza di manager di esperienza e conoscenza dei processi esistenti, l'innovazione della terza ondata non può essere canalizzata e gestita attraverso le stesse catene decisionali e gli stessi processi utilizzati per il miglioramento incrementale. I manager che lavorano su queste innovazioni devono essere dedicati, veloci, flessibili in funzione del contesto e delle fasi di sviluppo, devono avere un'attitudine quasi imprenditoriale e pertanto gli strumenti operativi e i criteri di valutazione delle idee e degli investimenti necessari devono essere diversi e indipendenti dal resto dell'organizzazione. Non è possibile, per esempio, valutare le nuove idee con metriche di ROI o redditività tradizionali. È molto complicato perfino prevederne il contributo iniziale ai ricavi e al profitto aziendale che, anzi, quasi certamente sarà al di sotto delle aspettative standard aziendali. Le metriche di valutazione e il modo di decidere la progressione di queste innovazioni trasformazionali sono generalmente basati sul raggiungimento di milestones (per esempio il primo prototipo, il market test, il lancio sul mercato) o orientate al mercato (per esempio il beneficio per il cliente, il tipo di bisogno risolto o indotto, l'impatto sulla value chain esistente, la maturità dei clienti rispetto all'innovazione).

Questo concetto di market fit e di customer centricity è fondamentale e particolarmente importante per tutte quelle aziende di largo consumo che devono soddisfare il bisogno e i gusti del consumatore finale. Il rischio dell'innovazione per questo tipo di business, meno guidato dalle tecnologie, risiede soprattutto nella fase iniziale di corretta comprensione dei bisogni e del valore per il consumatore e quindi grandi sforzi devono essere concentrati sulla riduzione di tale rischio attraverso interazioni sofisticate, dirette e trasparenti con i potenziali clienti per trovare il prodotto adatto. Occorre un approccio che vada al di là dei tradizionali e semplicistici metodi di ricerca di mercato, chiedendo ai clienti che cosa vogliono e superando i loro like/dislike. Bisogna immergersi nell'esperienza di acquisto e consumo, comprendere i bisogni disarticolati e impliciti, capire i benefici desiderati o i problemi da superare, quelli tangibili (le caratteristiche funzionali) e quelli intangibili (la relazione e il servizio), scambiarsi i concetti, arricchirli, validarli, sperimentare, costruire insieme la soluzione ottimale. Siccome i bisogni dei consumatori cambiano in fretta, il fallimento deriva a volte da una rigidità e dalla lentezza nella modellizzazione delle nuove preferenze. In molti mercati a rapida evoluzione, dati storici sui clienti producono clamorosi errori di posizionamento dei prodotti. Il marketing strategico deve giocare un ruolo forte nell'orientamento dello sviluppo della seconda e della terza ondata.

In effetti, questa modalità di lavoro è più tipica delle start-up che degli incumbent, e quindi richiede competenze diverse, una struttura organizzativa spesso dedicata e indipendente dai processi dei business esistenti, che normalmente mostrano grandi limiti di flessibilità, elevata inerzia ai cambiamenti, vincoli e compliance organizzative e procedurali, e quindi falliscono nella gestione e nel rapido scale-up dei progetti più dirompenti.

Un approccio molto popolare per creare organizzazioni più innovative è quello di adottare il cosiddetto modello "ambidestro". Questo significa semplicemente che l'organizzazione è strutturata in modo tale che le nuove soluzioni e i business emergenti siano gestiti in modo indipendente da quelli esistenti (Figura 4.2 e Tabella 4.1).

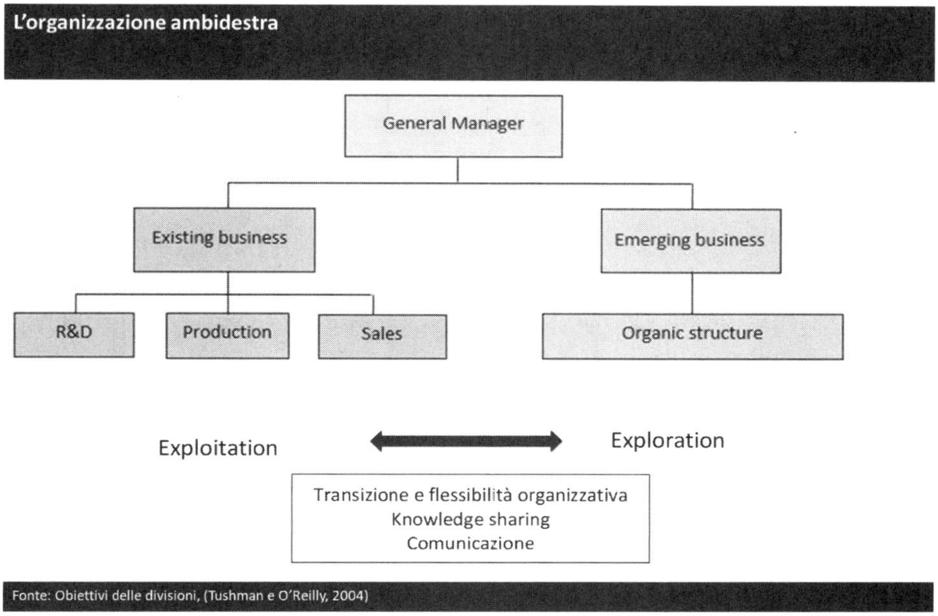

FIGURA 4.2 – L'organizzazione ambidestra.

TABELLA 4.1 – L'organizzazione ambidestra (Fonte: elaborazione propria).

Allineamento	**EXPLOITATIVE BUSINESS**	**EXPLORATORY BUSINESS**
Strategia	Costo, profitto	Innovazione, crescita
Attività critiche	Operations, efficienza, innovazione incrementale	Adattabilità, nuovi prodotti, breakthrough innovation
Competenze	Operational	Imprenditoriali
Struttura	Formale, meccanicista	Flessibile, vaga/approssimativa
Controllo, ricompensa	Margini, produttività	Obiettivi intermedi, crescita
Cultura	Efficienza, rischio basso, qualità, clienti	Propensione al rischio, velocità, flessibilità, sperimentazione
Ruolo di leadership	Autorevole, top down	Visionari, coinvolto
→ Leadership ambidestra: allineamenti diversi tenuti insieme dall'integrazione, da visione e valori comuni e da un programma comune di ricompense dei manager.		

L'approccio descritto, più adatto a grandi organizzazioni con risorse significative, team dedicati e che possono "covare" diverse start-up del futuro all'interno dell'azienda, può comunque essere adattato anche a realtà più piccole riproporzionando la scala, ma preservando il principio di fondo: la gestione e lo sviluppo dei progetti innovativi non può essere affidata ai manager del business corrente.
Tutto ciò è particolarmente vero e intuitivo, per esempio quando l'innovazione aziendale consiste nell'aggredire mercati diversi o crearne nuovi, entrare in domini applicativi o anche in geografie sconosciute, come vendere sui canali online, oppure ripensare il servizio/prodotto in modalità digitale: chi affiderebbe lo sviluppo dei libri elettronici ai tradizionali venditori di enciclopedie porta a porta o lo sviluppo della musica digitale mp3 ai distributori di vinile?
Se non è sostenibile una perfetta organizzazione duale parallela, è sufficiente però che sia ben definito il processo per gestire l'innovazione, introducendo chiare responsabilità che renderanno i responsabili accountable per l'avanzamento del processo, ovvero creando un set di regole distinte e dedicate, che renda il processo efficace, trasparente e comprensibile a tutti.

Mettere a terra l'innovazione

La vera sfida per chi vuole proporre innovazione non è tanto quella di generare idee, ma saperle gestire fin dalle fasi iniziali e metterle a terra, attivare su di loro un processo "industriale" per costruire un'offerta da lanciare sul mercato che cominci a generare utili e venga adottata dai primi clienti o per produrre un salto di performance nei processi interni che si affermi poi velocemente.
Mentre la fase di ideazione è intrinsecamente caotica per le sorgenti creative e la molteplicità delle ondate, le modalità di ispirazione, l'incertezza, le diverse iterazioni, i loop con il mercato e gli utenti, le ricerche e le sperimentazioni, i processi di gestione e industrializzazione vanno comunque organizzati veloci e disciplinati.
In un processo innovativo completo, che funzioni, si devono poter riconoscere le peculiarità di un "fuzzy" front end e di uno "speedy" back end e questi due momenti devono essere collegati e integrati in un funnel unico (Figura 4.3).
Partiamo dal prato verde, sapendo purtroppo di rappresentare la situazione di molte aziende, soprattutto quelle di piccola e media taglia.
Se non è ben chiaro cosa fare delle nuove idee, probabilmente siamo nella situazione del modello "wild west". Normalmente quando qualcuno genera una nuova idea, la racconta ai propri colleghi oppure al diretto manager funzionale,

il quale si vede recapitare una vaga email con un paio di righe di descrizione abbozzata, e siccome ha decine di cose da fare e altre priorità da gestire, non ha tempo di occuparsene. Ovviamente questo genera nel tempo un senso di frustrazione generale e di decadimento di motivazione al cambiamento nell'organizzazione. In questa situazione ci sono solo tre modi di far accadere qualcosa:

- semplicemente cercare di farlo da soli;
- cominciare a "gridare" abbastanza forte, finché qualcuno prenda una qualche iniziativa;
- attivare internal politics.

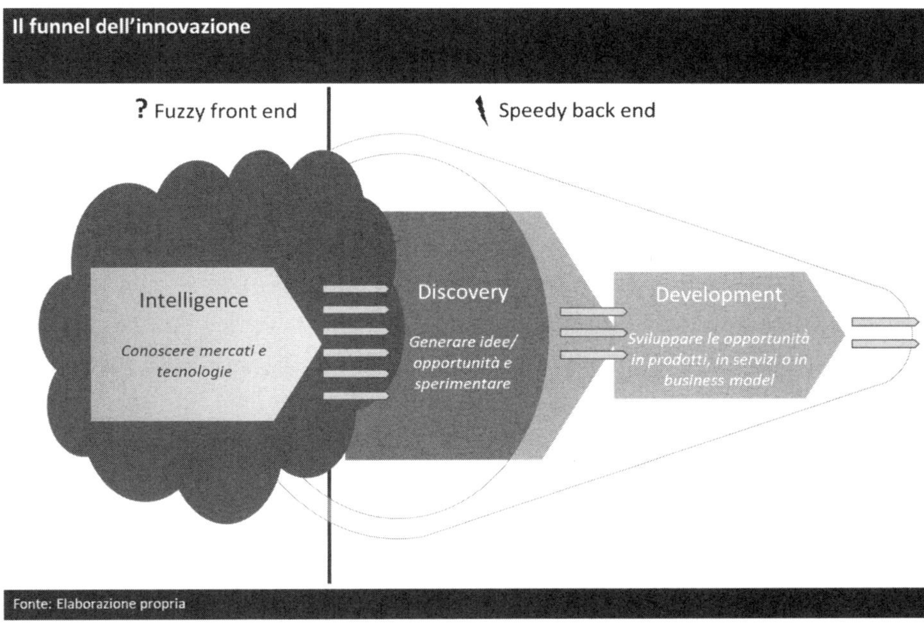

FIGURA 4.3 – Il funnel dell'innovazione.

In tutti i casi è molto improbabile che questo generi un risultato soddisfacente, e certamente non è un modello che garantisce ripetitività e qualità dell'innovazione nel tempo.

Se questo è il caso, è opportuno cominciare con l'organizzare in modo semplice la raccolta delle idee, per esempio richiedendo ai diversi capi funzione di raccogliere qualunque spunto e suggerimento interno ed esterno alla propria area e riportandoli ogni mese a un livello superiore. Oppure, come alcune aziende

hanno attivato da tempo, creare una cassetta delle idee centralizzata, dove chiunque possa contribuire con un buon suggerimento di miglioramento o anche radicale, affidandone l'amministrazione a un responsabile che a sua volta avrà il compito di catalogare, approfondire e presentare ogni tre mesi l'attività a un qualche comitato interno per l'innovazione e il miglioramento. Queste soluzioni iniziali rudimentali hanno il limite di non essere evidentemente complete: sono lente nell'esecuzione, poco trasparenti nei criteri di valutazione, selezione e attuazione, producono elevati scarti. È questo il metodo di miglioramento continuo nelle fabbriche, che è stato aggiornato e applicato alla gestione dell'innovazione anche grazie a nuovi sistemi digitali, producendo qualche caso di successo.
Venendo invece a un modello di processo più complesso e articolato, intanto occorre dire che non esiste un riferimento unico e vincente: ogni azienda dovrà identificare una propria struttura e organizzazione per la gestione dell'innovazione sulla base del business in cui opera, delle risorse disponibili, della cultura di management e anche del tipo di innovazione specifica. A volte possono perfino coesistere contemporaneamente in azienda più processi di gestione dell'innovazione in funzione dei diversi tipi di soluzioni e anche degli ambiti funzionali nei quali devono essere sviluppate. Possiamo però dare delle indicazioni orientative un po' più pratiche polarizzando l'esperienza su due modelli opposti, quello classico a cascata dei diversi gate e fasi – ideazione, scoping, fattibilità, business planning, sviluppo, piloting/validazione, lancio – e quello più recente, noto con il nome di lean start-up.
Il primo modello prevede che ogni nuova idea attraversi un processo ben standardizzato di fasi, nelle quali l'innovazione deve essere via via esplorata e arricchita di attributi (per esempio che cos'è, a cosa serve, è unica sul mercato, quanto costa, che valore genera, cosa occorre per realizzarla) e al termine di ogni fase è previsto un gate decisionale basato su criteri pre-definiti. Nel caso in cui la valutazione sia positiva, l'idea avanza verso la fase successiva del processo e riceve i fondi aggiuntivi necessari. Questo approccio è particolarmente efficace nell'allocazione delle risorse sulle idee che sembrano progredire bene e sono allineate agli obiettivi e agli standard codificati del management aziendale. La standardizzazione del metodo e delle metriche di valutazione però tende a favorire innovazioni simili, spesso solo incrementali e facilmente misurabili. Si applica più difficilmente all'innovazione trasformazionale, che come già detto richiede altre logiche di comprensione e misurazione. Abbiamo visto funzionare spesso questo sistema in situazioni nelle quali l'innovazione è più push, spinta dalla tecnologia, in un contesto altamente prevedibile, per

esempio tipicamente nei settori maturi dei macchinari o della componentistica meccanica B2B.

All'opposto estremo c'è chi sostiene che il migliore processo di innovazione consista nell'equipaggiare persone brillanti e motivate con le risorse giuste e il tempo necessario per realizzare le loro idee. La metodologia lean start-up punta a sviluppare prodotti e business nuovi muovendosi molto più rapidamente dall'ideazione alla validazione, testando le assunzioni e il valore atteso dell'innovazione, nella pratica reale, nel gradimento o nell'uso degli utenti, per ridurre il rischio di investire su cose che poi il mercato non riconosce. L'idea è quindi testare e validare rapidamente le ipotesi relative al fit tra l'innovazione generata e il target di mercato per analizzare, imparare e adattare l'idea alle reali esigenze del cliente, il più velocemente possibile. È quindi un approccio molto più pull, ovvero guidato e orientato al mercato, e funziona bene nei settori dove c'è elevata volatilità, incertezza della domanda, cicli di prodotto rapidi. Esempi di questo contesto sono i mercati di largo consumo B2C o i business digitali e informatici, secondo il vecchio concetto del rapid prototyping reso famoso da aziende come Ideo, caso codificato da Harvard già nel 2000.

Qualunque sia il modello che meglio si adatta alle caratteristiche dell'innovazione, al contesto esterno e interno all'azienda, che come detto potrebbe essere una combinazione dei due estremi descritti, è importante però rispettare alcuni principi di progettazione e gestione di un sistema di innovazione aziendale:

- L'innovazione è per il 10% creazione e per il 90% esecuzione. Senza elementi necessari come focus, disciplina, organizzazione, esecuzione e risorse umane ed economiche, nulla accade.
- L'innovazione può nascere dal basso e può essere stimolata in diversi modi, ma per produrre effetti su scala rilevante occorre un forte, formale, intenzionale commitment da parte del capo azienda o dei top executive, oltre all'impiego di risorse umane ed economiche adeguate.
- Fare innovazione non implica un cambiamento organizzativo radicale dei business e delle operations correnti dell'azienda, ma apportare cambiamenti specifici è necessario. I processi dell'innovazione devono essere gestiti da team e risorse dedicate (business developer, project manager, esperti di settore e tecnologie, steering group) spesso con una cultura, un approccio, delle competenze e degli strumenti diversi. Questo non deve portare all'isolamento del processo innovativo, che invece ha bisogno continuamente di confronto e contamina-

zione dalle funzioni e dai business tradizionali e deve far leva su core asset, core competence e capacità esistenti in azienda.

Le condizioni per innovare

Al di là dei processi e dell'organizzazione fin qui descritti per gestire al meglio le ondate dell'innovazione, che sono facilmente replicabili, la prima innovazione deve avvenire sul capitale umano e sulla cultura aziendale. Questo crea il vero vantaggio competitivo e la spinta continuativa verso il rinnovamento e una posizione di leadership nel mercato. L'innovazione diventa anche e soprattutto un fatto di scelte, di coraggio, di intraprendenza, di volontà di guardare al futuro e di accettazione del rischio, di stile di vita e di lavoro.

Intanto occorre creare un ambiente nel quale le persone si sentano libere di poter esprimere le loro idee di miglioramento e i punti di vista, proporre delle soluzioni diverse dalla routine, mettere in discussione gli assunti del passato, prendere iniziative e sperimentare. L'azienda innovativa crea un humus dove tutti sanno che l'innovazione è linfa vitale per l'azienda, è un valore, dove tutti sono incoraggiati a contribuite con il flusso di idee, dove non esistono cattive idee a priori, e dove esistono invece processi formali di cattura, elaborazione, vaglio e gestione delle idee che vengono prodotte. Questo può essere stimolato nei fatti con l'esempio e lo stile concreto dei manager, con la predisposizione di momenti di confronto, processi di collaborazione e discussione, con sistemi di rewarding che premino la generazione di miglioramento, cambiamento e semplificazione. Anche la diversità di persone, culture, provenienze, età, discipline, la contaminazione continua dall'esterno e verso l'esterno sono pratiche che generalmente favoriscono la generazione di idee e associazioni dirompenti. Non occorre investire troppo tempo e denaro nella selezione di persone "creative", in quanto certe persone sono estremamente talentuose nel loro mestiere, lo fanno con passione e amano lavorare con gli altri: meglio provare a liberare il valore e l'energia spesso nascosti di cui ogni azienda dispone.

Vanno rielaborati in coerenza i concetti di errore, di insuccesso e di rischio. "Le aziende innovative non falliscono mai" è un luogo comune del tutto errato perché chi conosce da vicino la strada di successo dell'innovazione sa bene che 1 su 10 è il rapporto tra un progetto di ricerca di successo e quelli destinati a fallire e che, prima di arrivare alla loro affermazione di mercato, perfino aziende come Google, Apple, Microsoft, campioni mondiali di innovazione, hanno sperimentato decine di fallimenti e grossi errori di valutazione. L'errore e il fallimento fanno parte delle regole del gioco dell'innovazione, devono essere accettati, tollerati e non puniti come accade nella maggioranza dei contesti aziendali. Ovviamente a patto che dall'errore si tragga un insegnamento o che l'errore sia stato funzionale a una sperimentazione coraggiosa.

Le organizzazioni troppo gerarchiche e formali tendono a soffocare generalmente la circolazione delle idee, la condivisione trasversale, la comunicazione orizzontale tra i diversi dipartimenti: i tecnici di R&D vanno mai in fabbrica o a visitare i clienti? Chi sviluppa il prodotto ha mai affiancato un agente di vendita e ne capisce bisogni e frustrazioni? Chi progetta il prodotto ha mai passato una giornata in cantiere per capire le frustrazioni degli installatori? Gli uomini di marketing vanno mai a vedere cosa succede nel magazzino di spedizione? Chi progetta il prodotto ha mai visitato gli stabilimenti dei fornitori per capire cosa altro producono e come per altri? I product manager parlano mai con il customer service per capire quale sia il loro vissuto e trasformarlo in opportunità di miglioramento? Bisogna favorire anche formalmente le interazioni, le rotazioni e i momenti di confronto e collaborazione. Se una pluralità di soggetti partecipa in processi di questo tipo, l'innovazione si manifesterà come una "rivelazione spontanea" in un punto qualsiasi dell'organizzazione.

Un processo culturale inarrestabile: chi si ferma è perduto

Secondo Jeff Bezos il vero motore dell'innovazione è il dissenso. Uno dei principi su cui si basa l'organizzazione di Amazon è l'invito a sfidare il proprio capo. Chi è gerarchicamente superiore deve sapere che i propri sottoposti non sono degli yes men che vivono nel consenso e nella luce del capo, ma che ha a che fare con persone sempre pronte a dire: "Non è così. Guarda che ti stai sbagliando".

La dialettica genera idee. In ambienti troppo rigidi, omogenei e uniformi c'è asfissia. D'altra parte raramente si sfrutta tutto il livello di conoscenza che è dentro l'azienda. Specie quando si immagina ancora di avere a che fare con organizzazioni verticali in cui il capo sa tutto e gli altri non sanno leggere né scrivere. Un modello da primi del novecento, che va capovolto: il capo spesso è molto meno aggiornato, specie sul lato tecnologico, degli operai, ma se è illuminato sa ascoltare. Un'azienda che sa ascoltare al suo interno diventa un'azienda anche aperta verso l'esterno e pronta all'innovazione.

La scelta di non innovare e migliorare significa fondamentalmente che si decide di continuare a fare quello che si è sempre fatto. Sarà solo questione di tempo ma alla fine si starà fuori dai giochi. In alcune industry questo potrebbe comportare decine di anni, in altre più veloci bastano mesi per perdere il vantaggio competitivo. BlackBerry e Nokia dominavano il mercato mondiale della telefonia solo pochi anni fa. Non si resero conto che Apple aveva cambiato il paradigma. E sparirono dal mercato. Per cui non prendere rischi è in realtà la scelta peggiore nel lungo periodo, con il massimo fattore di rischio negativo del 100%. E in futuro, probabilmente, sopravvivranno solo le aziende che avranno il coraggio di rischiare e la capacità di trasformarsi.

L'INNOVAZIONE NON SI DELEGA

di Eugenio Razelli, Presidente di Safilo e Industrial Partner di FSI

Parlando di innovazione, rispetto alla mia esperienza, da una parte la mente torna all'aspetto più concettuale del tema, come per esempio il primo brevetto della storia (che risale alla Magna Grecia, nella città di Sibari, nel VII secolo a.C.) o all'esame "di impianti elettrici" (dove si confrontava il costo dell'energia elettrica con il lavoro di uno schiavo... surclassandolo), dall'altra rivivono le tecnologie incontrate nella mia carriera, attraverso le quali ho potuto dare uno sviluppo "accelerato" ai business che gestivo. La fibra ottica, la fotonica (amplificatori ottici, DWDM), la superconduttività, nel mondo del lighting invece il passaggio da alogeno a Xenon, a Led, a Laser, nel powertrain l'evoluzione da carburatore a iniezione elettronica, iniezione diretta, motori elettrici e ancora l'impatto della connettività dell'auto, i sistemi di infotainment navigation integrati.
Oggi le onde dell'innovazione sono più trasversali rispetto al passato e attraversano tutti i verticali di attività: elettrificazione, sharing, connettività (IOT), robotizzazione (Artificial Intelligence) e, in senso lato, la digitalizzazione di tutti i servizi e processi aziendali.
Come molte altre attività nelle imprese di successo, questo fenomeno richiede un impegno diretto del CEO, che gioca il ruolo chiave nello scegliere nuove vie.
Nella mia esperienza l'innovazione va stimolata e gestita: va motivata la curiosità, il coinvolgimento diretto delle persone, l'organizzazione informale, i contatti diretti con gli inventori più creativi, la capacità di proteggerli, di convincerli a lavorare in team più allargati, la disponibilità a trattare nuove idee come le startup, l'apertura all'esterno, la ricerca costante di collaborazione, il coinvolgimento dei clienti ma soprattutto dei talenti.
Alcune frecce all'arco per l'imprenditore/CEO sono:

- In completamento del World Class Manufacturing, l'adozione del World Class Engineering (che oltre a consentire di ottimizzare i prodotti in sviluppo, focalizza una parte importante della metodologia sull'innovazione a partire dall'individuazione delle necessità dei clienti, un esteso benchmarking di possibili soluzioni ecc.).

- Invitare all'assunzione del rischio, senza demonizzare i fallimenti (*est modus in rebus*)!
- Investire sui talenti, fonte di innovazione, e sul marketing e per le aziende B2B organizzare Technology Day, con l'obiettivo di avvicinarsi sempre di più alle necessità dei clienti.
- Last but not least, considerare settori di business adiacenti che permettono di sperimentare su scala diversa...

Secondo me, nella mia azienda di riferimento è stato il mondo delle gare automobilistiche che ha permesso di raggiungere importanti obiettivi aziendali come, per esempio, il primo Kers, il primo iniettore GDI, la telemetria, le scatole multimedia per voce video dati immagini, la capacità di essere veloci pur garantendo l'affidabilità della vettura.

Capitolo 5

Controllo di gestione, Cash Conversion Cycle, Financial Planning and Forecasting

In questo capitolo cercheremo di mettere ordine su ciò che deve affrontare chi opera nella funzione Amministrazione Finanza e Controllo di aziende di tutte le dimensioni, in circostanze diversissime e con differenti tipologie di azionisti. Aziende grandi, medie e piccole. Aziende solide o in profonda crisi economica e finanziaria. Gruppi internazionali o filiali di questi, aziende in portafoglio a fondi di private equity, aziende quotate o con azionariato famigliare. Aziende differenti fra loro, ma che, vivendole da dentro, mostrano molte più comunanze di quanto non si potrebbe sospettare.

Una prima cosa che si impara, e che tanto vale citare subito, è che non è affatto vero che le aziende grandi, magari quotate, che vanno bene, solide finanziariamente, siano sempre meglio strutturate, organizzate e "strumentate" rispetto alle aziende piccole, a conduzione familiare e che magari non vanno benissimo. Esistono sia aziende grandi con azionisti sofisticati, ma organizzate malissimo, sia aziende piccole veramente "world class" in specifici ambiti della gestione.

In generale possiamo dire che, salvo poche eccezioni, tutte le aziende hanno la contabilità a posto, ma poche o pochissime – al di là del dichiarato – hanno un

sistema di controllo di gestione – con l'accezione che illustreremo – veramente funzionale al perseguimento dei fini aziendali, e quasi nessuna dispone di processi integrati e funzionali all'ottimizzazione della cassa, per non parlare della capacità di prevederne l'evoluzione al di là del breve periodo.
Se è vero, come dicono gli anglosassoni, che il fatturato è vanità, il profitto è senno, ma la cassa realtà, arriviamo a delle meste conclusioni. L'esperienza ci porta a concludere che nel mondo ci sono molti più vanitosi che assennati e che quasi tutti sono piuttosto sconnessi dalla realtà.
Moltissime aziende di ogni dimensione, ancora oggi, inseguono il fatturato a tutti i costi, dimenticando la profittabilità e ignorando quello che succede alla cassa. Km Zero, Sell-in a fine mese, fine trimestre o fine anno, sistemi di incentivazione basati sul solo fatturato sono tutti esempi di questo.
Per motivi civilistici e fiscali quasi tutte le aziende hanno una contabilità che funziona, e cioè adeguatamente strutturata (ciclo attivo, ciclo passivo, contabilità generale) e appoggiata su sistemi informativi – di diverso livello di sofisticazione, dalle ACG su AS 400, a sistemi ERP completamente integrati – capace di produrre bilanci nei tempi e con la qualità richiesta dalle diverse autorità competenti. I rari casi di contabilità fuori controllo sono ascrivibili a *mala gestio* dolosa o, più frequentemente, al passaggio improvvido a nuovi sistemi informativi non supportati dalle necessarie discipline organizzative o come conseguenza di azioni straordinarie. Non è raro che anche la contabilità possa andare in crisi nel caso di attività di M&A, di spin-off o carve-out, di integrazione di nuove realtà o nel caso – purtroppo abbastanza frequente – di outsourcing o di trasferimento a Shared Service Centers. Se quest'ultima fattispecie prevede il trasferimento della contabilità all'estero e il simultaneo cambiamento di sistema informativo, come fatto da una grande azienda quotata nostra cliente, il patatrac è garantito.
Anche quando si perde il controllo – cosa abbastanza rara, ma che capita – la soluzione è semplice. Serve un manager esperto, con competenze diagnostiche e buona preparazione specifica, e un giusto mix di risorse per riportare il processo nel suo alveo naturale. Questo infatti è un mondo fortemente normato, basato su convenzioni, molto deterministico, dove certamente esistono degli spazi di discrezionalità, ma dove in generale si tratta di applicare diligentemente i criteri che l'azienda si è data, e l'output serve *in primis* a soddisfare le esigenze informative di stakeholder esterni alla società. Certo, la contabilità è un prerequisito per poter costruire processi di controllo di gestione e di gestione della cassa ed è quindi alla base di tutto il resto, ma in generale possiamo concludere che non è particolarmente difficile eccellere in questo ambito. Nella matrice importanza-difficoltà,

la contabilità si piazza stabilmente nel quadrante "alta importanza-bassa difficoltà". Cosa già molto diversa, come vedremo, per il controllo di gestione.
Smarcato rapidamente il primo ambito di discussione, è ora il caso di focalizzare il ragionamento sul controllo di gestione e sulla gestione della cassa.
Per affrontare in maniera concreta, e speriamo utile a chi legge, questi argomenti, dovremo necessariamente esplicitare e, allo stesso tempo, circoscrivere il tema, promuovendo una riflessione sul perché non tutte le aziende siano – nell'ambito considerato – già adeguatamente strutturate, perché invece dovrebbero esserlo, e – traendo spunto da esempi concreti – come possono strutturarsi.

Di cosa si parla

Ancora oggi c'è chi sostiene che il mestiere del manager sia quello di gestire le persone. Non è così. Il mestiere del manager è quello di gestire l'azienda! Dietro a questa che può apparire come una piccola sfumatura semantica si nasconde un mondo. E per gestire l'azienda non intendiamo far sì che questa non possa deviare dalla sua continuità storica e che tutti continuino a fare quello che hanno sempre fatto nel modo di sempre. Gestire l'azienda, al contrario, vuol dire cercare di renderla ogni giorno più efficiente, più efficace e strutturalmente più competitiva e quindi maggiormente in grado di rispondere alle continue sfide e ai continui cambiamenti dei mercati e delle condizioni che la concorrenza impone.
Se non si può misurare, non si può migliorare. Peter Drucker, il noto guru del management, viene spesso citato quando afferma che "non si può gestire quello che non si può misurare" ("you can't manage what you can't measure"). Il manager che riconosce il fatto che la sua missione, che dovrebbe corrispondere alla sua passione, è quella di gestire l'azienda, o parte di essa, capisce molto bene quanto sia indissolubile il legame tra misurazione e gestione dei fatti aziendali.
Eppure, sono tantissime le aziende che non misurano adeguatamente indicatori di performance fondamentali per una corretta gestione, così come osserviamo molte aziende che producono un'infinità di dati che nessuno legge. Il manager che si focalizza sulla gestione delle persone, in senso stretto, si assicura che i suoi riporti facciano diligentemente quanto viene loro richiesto, con impegno e dedizione. Se tutto va bene, se l'azienda cresce moderatamente con profitti soddisfacenti in mercati stabili, basta questo. Per molti anni è stato sufficiente al management focalizzarsi sull'efficacia della propria organizzazione. Se tutta la squadra operava – come aveva fatto sempre – con efficacia, il successo era garantito. In un contesto come questo, per la misurazione dei fatti aziendali bastava la conta-

bilità, il bilancio civilistico, dare un'occhiata ogni tanto ai saldi in banca, sempre ampiamente positivi. Per gestire uno scenario di questo genere basta semplicemente assicurarsi che tutti eseguano bene il proprio compito. Molti manager hanno avuto la fortuna di crescere professionalmente in contesti di questo tipo. Come sappiamo, le cose non stanno più così. Quasi tutte le aziende sono entrate in una fase darwiniana di lotta per la sopravvivenza, dove chi si adatta sopravvive e si sviluppa e chi non lo fa prima o poi scompare.

Come in natura, il cambiamento non si presenta quasi mai in una forma chiara, lampante, in modo da dare a tutti un'indicazione incontrovertibile su come reagire. Succede questo, fai quello. Il cambiamento avviene spesso lentamente, in modo quasi subdolo, dando segnali a volte contrastanti, tali da permettere al management di sostenere con una certa verosimiglianza tesi opposte tra loro. Il fatturato continua a salire, ma il margine scende, o il concorrente X ha perso più di noi, o il mercato Y continua a svilupparsi mentre quello Z si contrae.

Chi ha la fortuna di poter osservare questi cambiamenti su un arco temporale relativamente lungo sa perfettamente che il cambiamento in realtà è tumultuoso, e l'unico consiglio che si può dare a chi gestisce aziende o loro parti è di prepararsi a un cambiamento sempre più rapido.

Il metodo di base è anche quello vecchio di almeno trent'anni, ed è in realtà la formalizzazione metodologica di semplice e sano buon senso del ciclo PDCA: Plan-Do-Check-Act, ovvero "pianifica, fai, controlla, agisci, ripianifica", e così via. Si è iniziato a parlare di questo negli anni '80 del secolo scorso, quando il mondo occidentale ha cominciato a studiare i metodi produttivi di Toyota. Non stiamo parlando, quindi, di innovazioni recentissime. Per gestire le aziende nel contesto attuale, questo approccio diventa però imprescindibile.

Ognuno in azienda deve imparare a "pianificare", e questo vuol dire imparare a descrivere in termini qualitativi e quantitativi scenari futuri. I più sofisticati produrranno scenari ottimistici, realistici e pessimistici in base ai quali valutare le diverse azioni da realizzare. Il "Do" del vecchio PDCA vuol dire esattamente questo: identificare le azioni da realizzare. Azioni correttive, di sviluppo, di efficientamento. Il cuore dell'azione del manager moderno è il "fare", o il "far fare". Ma il fare senza controllo può essere deleterio. Da qui il "check" che ci porta al controllo, tema centrale di questo capitolo.

Questa lunga premessa ci permette di concludere che se è vero, come ci ricorda Drucker, che non si può gestire quello che non si può misurare, è altrettanto importante che il management si focalizzi sul "misurare quello che si può gestire". L'avvento dei sistemi informatici moderni, pre-configurati, capaci di pro-

durre in maniera più o meno automatizzata un'infinità di dati che spesso si sovrappongono a quelli che nella notte dei tempi i predecessori e i predecessori dei predecessori hanno richiesto e che nessuno è più in grado di interpretare, ma che comunque vengono prodotti, ha portato a una sovrabbondanza di dati. Le aziende in genere sono piene di dati: i dati sono ovunque, viviamo in un'epoca caratterizzata dall'ingordigia per i dati. Le informazioni, invece, spesso sono veramente pochine. Gli strumenti, rarissimi.
Per mettere ordine nella foresta di dati ed evitare di produrne una grande quantità fine a sé stessa, le aziende devono strutturarsi per garantire la coerenza tra tre diverse dimensioni della vita aziendale: quella gestionale, quella informativa e quella organizzativa.

- **La dimensione gestionale**: in questo contesto serve un manager o un management team che abbia sviluppato un piano d'azione, e che abbia quindi bisogno di strumenti per misurarne l'effettiva realizzazione, l'efficacia e i risultati rispetto alle attese. Il processo PDCA, il controllo di gestione, è utile e funziona solo se a monte c'è un management che sa quali informazioni gli servono per poter gestire e che, anzi, pensi di non poter gestire senza informazioni.
- **La dimensione informativa**: in questo caso servono processi e sistemi che producano in maniera tempestiva, efficiente e ripetibile, secondo metodologie note e condivise, informazioni basate su dati affidabili. Informazioni che devono essere aggregate seguendo le stesse esatte logiche applicate quando sono state pianificate originariamente (vedi box).
- **La dimensione organizzativa**: in questo frangente serve un insieme di persone con la responsabilità, con le competenze, la capacità professionale e il tempo a disposizione per realizzare le azioni del piano e implementare quelle correttive evidenziate dall'attività di controllo. Essere in grado di misurare un calo del fatturato, per esempio, saperlo correlare a un calo delle offerte fatte, saper correlare questo alla riduzione delle visite cliente fatte, non serve a molto se non si dispone di un'organizzazione capace di fissare più incontri con i clienti. Misurare un aumento della difettosità di un tal componente prodotto da un tal fornitore non serve se non si dispone di un'organizzazione capace di intervenire presso il fornitore per aiutarlo a mettere sotto controllo i propri processi o, alla peggio, capace di trovare un nuovo fornitore.

TEMPESTIVITÀ, COERENZA E TRASPARENZA

L'importanza della tempestività: produrre delle chiusure gestionali mensili (fatturato, margini, analisi degli scostamenti, per esempio delta-volumi, delta prezzi, delta costi, delta mix) il 20 del mese successivo è quasi del tutto inutile.

L'importanza della coerenza tra preventivo e consuntivo: pianificare una commessa in base ai costi previsti di specifici moduli funzionali (in un motoryacht: scafo, interni, motorizzazione) e consuntivare per natura di spesa (manodopera interna, manodopera esterna, acquisti, materiali) è del tutto inutile, sviluppare un budget di vendita per linea di prodotto e consuntivare per agente di nuovo è inutile. Eppure tutti questi sono esempi tratti da casi concreti.

L'importanza della trasparenza del metodo: gran parte dell'attività di controllo è soggettiva e basata su convenzioni. Non c'è un unico modo o un modo giusto per valorizzare gli sfridi di produzione (al costo di produzione? Al costo di smaltimento? Al prezzo di vendita quando hanno un mercato?), così come non c'è un unico modo o un modo giusto per valorizzare il magazzino non solo delle materie prime (PUMP, LIFO, FIFO), ma ancor meno dei semi lavorati (quale proporzione del valore aggiunto o del prezzo di vendita è giusto includere?). Immaginiamo esistano grandi tomi di teoria su questi temi e sicuramente abbiamo incontrato strenui paladini di uno o dell'altro metodo. Molti manager basano le proprie decisioni senza avere la più pallida idea di come il dato sia costruito e di cosa voglia veramente dire l'informazione che gli viene rappresentata. Spesso vengono prese decisioni di Make or Buy, oppure vengono decisi outsourcing e delocalizzazioni produttive, senza sapere che il dato di costo rappresentato era calcolato a "full cost", un metodo a volte utile come riferimento per ragionare sui prezzi di vendita, ma come ogni struttura di costo che include il ribaltamento di costi fissi – o elementi di costo non cessanti – del tutto inadeguato come riferimento per questo tipo di decisioni.

Certo il "cost accounting" non è un tema sexy o di frontiera per il management, ma rimane la base di moltissime decisioni che possono impattare significativamente sul successo e persino sulla sopravvivenza aziendale. Ragionare di strategia di prezzo senza una chiara comprensione del costo vero di quello che si vende, tenere le vendite all'oscuro del costo e della sua struttura sono altre pratiche desuete che, in base alla nostra esperienza, continuano a essere molto popolari.

In sintesi, si può affermare che più il contesto diventa competitivo e fluido, più è necessario misurare i fenomeni per poterli gestire. Come abbiamo visto ci sono molti motivi che spiegano perché le aziende moderne necessitano di verificare in maniera quantitativa l'andamento del business. Alcuni esempi possono includere:

- scostamenti rispetto alle attese;
- effetto reale di nuove iniziative;
- stabilità o volatilità del contesto di riferimento;
- coerenza o scostamenti rispetto a promesse fatte ad altri;
- verifica che altri abbiano sotto controllo l'ambito gestionale loro delegato;
- identificazione delle tendenze.

Ma misurare non basta. Bisogna saper gestire, e agire attraverso un'organizzazione adeguatamente strutturata.
I problemi ricorrenti da affrontare nell'ambito del controllo di gestione possono essere classificati più o meno come segue:

- **Disallineamento tra le tre dimensioni descritte: gestionale, informativa, organizzativa**.
  - Manager che pensano che mettere a disposizione cubi di dati molto sofisticati permetta all'organizzazione di autogestirsi.
  - Gestori di fondi di private equity che pretendono di ricevere dati, diversi da quelli realmente utili al management per gestire, governare e indirizzare il business, senza rendersi conto che non esistono i processi o gli strumenti per produrli né con la qualità né con la tempestività richiesta.
  - Controller frustrati che cercano di "spingere" dati verso manager che non li "tirano" perché non coerenti con le decisioni che devono prendere.
  - Sistemi informativi stratificati con vari "add on", con centinaia di query che nessuno sa più a cosa possano servire, spesso duplicate e di dubbia affidabilità.
  - Master Data non più manutenuti dal momento dell'installazione del nuovo sistema informativo, che producono quindi output del tutto inutili e bypassati da complessi sistemi Excel e operazioni

manuali basate sulle conoscenze di una o comunque pochissime persone. Distinte base e cicli di produzione non aggiornati che alimentano significative distorsioni nei processi di reporting e decisionali oltre a moltiplicare le inefficienze operative.
  - Sistemi e strutture di Product Costing di cui si è perso la conoscenza di cosa misurino realmente e di come il costo sia stato costruito (quali ribaltamenti sono inclusi? Sono ancora corretti nella logica e nei valori?). Disallineamento tra il sistema di costruzione dei costi e il tipo di decisione che deve essere presa: per esempio sistemi di Full Costing utilizzati per prendere decisioni strategiche sul make or buy o sul footprint produttivo, quando servirebbe invece una precisa analisi dei costi realmente – e non teoricamente – cessanti e dei costi diretti.
- **Prevalenza della struttura funzionale rispetto alle esigenze di business o incapacità delle persone di lavorare insieme per l'ottenimento dell'obiettivo**.
  - Nonostante la presenza di sistemi informativi integrati, ogni funzione lavora fuori sistema, sviluppa dati propri e utilizza il sistema informativo per registrare dati "addomesticati" per proteggere il proprio operato.
  - Contabilità che impedisce la chiusura del mese fino a che non riceve l'ultima fattura fornitori, quando basterebbe parlare agli acquisti per sapere quali ordini siano stati emessi e quali siano quindi in ogni momento le fatture da ricevere che possono essere stanziate facilmente.
  - Customer service che registra tutte le lamentele dei clienti per poterle gestire ma il dato rimane lì. Senza un'analisi di tendenza, senza un tavolo di coordinamento con vendite e operations per fare qualcosa per migliorare.

In molti casi si tratta di problemi risolvibili attraverso l'esplicitazione dei fini da perseguire e il lavoro per processi trasversali, invece che per silos verticali. Prerequisiti che si ritrovano in modo identico quando dalla gestione complessiva dell'azienda ci si focalizza sulla gestione della cassa.
Osservando l'attività di aziende di tutte le dimensioni e in contesti diversi, si può trarre una conclusione piuttosto chiara: nei libri di testo si dice che "Cash is

King", ma di fatto la gestione della cassa è la cenerentola delle priorità gestionali aziendali, altro che il re. Può esserlo nelle aziende il cui debito è o rischia di diventare rapidamente insostenibile, per necessità e, vista la leva finanziaria, in quasi tutte le aziende in portafoglio ai fondi di private equity. Anche se in quest'ultimo caso si verifica spesso che gli esponenti dei fondi non siano soddisfatti dell'orientamento del management team alla gestione della cassa.

Ma nella generalità dei casi "Cash is Cinderella". La gestione della cassa è la cenerentola della gestione aziendale prima di tutto perché è difficile farla. Molto importante, ma molto difficile. Si provi a chiedere anche a un bravo amministratore delegato o a un CFO di qualunque azienda italiana quale sia il loro "cash conversion cycle" e si scoprirà quale sia l'esigua minoranza delle persone in grado di rispondere.

Molti CEO pensano che la generazione di cassa sia conseguenza del fare bene le cose che contano, e non un obiettivo in sé. Quindi non la misurano. Molti CFO, la cui estrazione è spesso di natura amministrativa, sono abituati a fare delle fotografie puntuali del cash flow di breve periodo, e in paesi come l'Italia, dove con clienti e fornitori a 80-90 giorni non è certo difficile, basta guardare i partitari e in contabilità si ha già la risposta. Ma non sono abituati a identificare, promuovere e realizzare l'insieme di azioni necessarie per migliorare la gestione della cassa. Spesso ritengono che almeno in parte questo esuli persino dalle loro responsabilità.

Non siamo certo qui a fare teoria, i libri ne sono pieni. Quindi solo al fine di assicurare un allineamento sul lessico che utilizziamo, mettiamo a fuoco i concetti di Cash Conversion Cycle, abbreviato CCC, e la somma di DIO, DSO e DPO. La prima sigla sta per Days Inventory Outstanding, ovvero i giorni di inventario (365 per rapporto tra inventario medio – o puntuale – e costo del venduto), DSO sta per Days Sales Outstanding, ovvero i giorni clienti (rapporto tra crediti clienti al netto dell'IVA e fatturato per 365), mentre DPO sta per Days Purchasing Outstanding, ovvero i giorni fornitori (rapporto tra debiti ai fornitori al netto dell'IVA e costo del venduto per 365).

Analizzati dal punto di vista del CFO, i giorni fornitori sono responsabilità del settore acquisti, i giorni di inventario degli acquisti, della logistica inbound, della produzione e della logistica outbound e, infine, i giorni clienti sono responsabilità del commerciale. Su quest'ultimo punto nelle aziende appena strutturate si affida la gestione del credito commerciale, o fido, all'amministrazione, in modo da evitare insoluti causati da vendite a clienti insolventi. Questo è comune e su quest'ultima dimensione possiamo sicuramente dire che la maggior parte dei

CFO sono preparati e si sentono corresponsabili. L'atteggiamento è però un po' da "rubinetto". Oltre il fido non si va. E quindi non si accettano ordini se si è superato il fido. Ne conseguono diatribe a non finire tra amministrazione e commerciale su queste tematiche, a volte feroci discussioni e mercanteggiamenti. Sono rari i casi in cui amministrazione e vendite si incontrano per ragionare sul fatto che a parità di fido, passando da 90 a 60 giorni, si possa vendere il 33% in più, a parità di rischio.

Quest'ultimo semplice esempio ci permette di ricordare come dotarsi degli strumenti, dei processi, dell'organizzazione e della cultura per gestire al meglio la cassa possa portare dei benefici diversi in funzione delle circostanze. Ridurre l'indebitamento, ove questa sia la priorità, aumentare il fatturato a parità di rischio, o liberare risorse per finanziare investimenti e crescita in altri casi ancora. Eppure per molti manager, e per molti imprenditori, la cassa non è un problema in cima alla loro agenda. "C'è così tanta liquidità nel sistema che tra un po' le banche ci pagheranno per prendere i loro soldi!", "i tassi sono così bassi che gli oneri finanziari non incidono proprio sui nostri conti", "non è un problema per noi, abbiamo il working-capital negativo". Quante scuse vengono accampate per non migliorare il migliorabile! Comprensibile forse, anche se non giustificabile. Chi ha cassa può cogliere occasioni precluse a chi cassa non ne ha: investimenti di tutti i generi, acquisizioni, ristrutturazioni (ristrutturare costa, e chi ha cassa può farlo prima e meglio), acquisti speculativi ecc.

Il problema è che la congiuntura che fornisce a imprenditori e manager un'ottima scusa per non agire prima o poi finisce. E quando finisce son dolori! Nonostante la dura lezione della crisi finanziaria del 2008, quella del fallimento di Lehman Brothers, quante sono le aziende che si sono trovate pronte ad affrontare dal punto di vista finanziario quella del Coronavirus? E quante hanno saputo reagire prontamente e mettere in sicurezza la finanza fin dai primi giorni della crisi? Purtroppo veramente poche.

Dal CCC al Cash Planning and Forecasting

La gestione di clienti e fornitori è sicuramente diffusa, sia perché si tratta di valori registrati in contabilità sia perché le relative responsabilità sono facilmente identificabili in azienda: vendite e acquisti.

La gestione dei giorni di inventario invece è più complessa sia perché basata su convenzioni, come la percentuale di valore aggiunto attribuita ai prodotti durante e alla fine del ciclo di lavorazione, che spesso complicano o impediscono l'a-

nalisi, sia perché diverse funzioni sono coinvolte nella gestione e ogni miglioramento richiede il loro agire in maniera coordinata (acquisti, logistica, pianificazione, produzione, industrializzazione e ingegneria industriale, IT) e per questo succede ancora troppo poco.
Le vere lacune, e qui ritroviamo un collegamento con la pianificazione e il controllo di gestione, si verificano quando la gestione della cassa esce dal regno della contabilità, e cioè dal relativamente certo, per entrare in quello della pianificazione, e del fortemente incerto.
La risposta a quanta cassa sarà disponibile tra 5-6 mesi non può certo darla la contabilità! E quindi, spesso, semplicemente non si dà. Molte aziende, ancora oggi, lo vedono come un problema irrisolvibile e spesso una domanda alla quale non vale la pena di dare risposta.
Concettualmente il problema non è complesso: serve un'accurata previsione di vendita mensilizzata, una previsione di costi anch'essa mensilizzata – cosa alla portata di tutte le aziende che fanno il budget – e una buona capacità di previsione degli investimenti. Ma dietro a questi tre concetti – previsioni di vendita, mensilizzazione, investimenti – si apre un mondo.
Torniamo al solito snodo: cultura, capacità gestionali, metodo, processi, strumenti. Fare previsioni di qualunque genere è complesso, farle accurate ancora di più. All'inizio si sbaglia di molto, ma con l'esperienza e con il beneficio di serie storiche adeguatamente correlate tra loro, e avendo chiaro in testa il fine, e cioè la previsione della cassa in un certo momento nel futuro, molte aziende sono in grado di prevedere con un'adeguata affidabilità la composizione (mix e volumi) del proprio fatturato futuro. E, cosa ancora più utile, si sono dotate di strumenti parametrici per valutare l'impatto sulla disponibilità di cassa del verificarsi o meno di determinati eventi futuri. Per un'azienda di gelati, per esempio, è utile valutare l'impatto sulla cassa di settembre di una primavera particolarmente fredda con consumi particolarmente depressi.
Nel supportare le aziende nella costruzione di processi di Cash Planning e Forecasting, ci si scontra spesso con il tema della mensilizzazione. Non è inusuale che la mensilizzazione del budget venga sviluppata senza tenere in conto il suo utilizzo nella pianificazione della cassa. È il caso di un'azienda operante in un settore molto capital ed energy intensive, che nello sviluppare la mensilizzazione del budget spalmava le ingenti manutenzioni di agosto e altri costi fissi del mese nella prima metà dell'anno, in modo da costruirsi una riserva di profittabilità e, per puri motivi "estetici", mascherare l'ingente perdita del mese quando il fatturato è fermo, i costi fissi ed energetici non possono essere eliminati, e si ha l'ag-

gravio di costi dovuti alle manutenzioni periodiche degli impianti. Ovviamente una mensilizzazione del genere non può essere usata per pianificare il fabbisogno di cassa che, specie in un mese come agosto, segue delle dinamiche ben diverse. Eppure, era quello che si faceva in azienda. La previsione di cassa e l'actual "squadravano" in misura sostanziale e nessuno aveva avuto l'opportunità di occuparsene in maniera risolutiva.

Ultimo tassello per la pianificazione della cassa: gli investimenti. Che sia il nuovo stand per la fiera, il nuovo impianto produttivo, la sostituzione della caldaia per la generazione di vapore rotta e non più aggiustabile, quasi tutte le aziende hanno un processo autorizzativo per questa tipologia di spese. Raramente queste entrano però in un processo di pianificazione finanziaria, fino a che le relative fatture non vengono registrate in contabilità. Sono quindi spesso delle uscite abbastanza facilmente pianificabili, ma raramente pianificate. Anche chi dispone di ERP sofisticati e perfettamente in grado tecnicamente di gestire fenomeni di questo tipo, nella pratica non lo fa perché mancano le relative discipline organizzative e il tessuto connettivo che dovrebbe legare chi opera con chi registra e gestisce si interrompe.

Non si tratta di cose particolarmente complesse, anche se i dettagli sono sicuramente moltissimi, ma per essere costruite, che si tratti di controllo di gestione, di cash planning o di forecasting, richiedono persone a cui deve essere data l'opportunità di focalizzarsi a tempo pieno sulla soluzione strutturale del problema, capaci di leggere il business in maniera trasversale alle funzioni, capaci di costruire processi, strumenti e nuovi nodi organizzativi. E capaci – con il proprio esempio – di trasferire conoscenze e competenze e quindi cultura manageriale applicata in maniera che il cambiamento sia da un lato rapido e dall'altro strutturale e duraturo.

CONTROLLO DI GESTIONE: L'IMPORTANZA DI TRASFORMARE I DATI IN INFORMAZIONI

di Dino Falciola

Due fatti mi hanno sempre lasciato basito: la mole sempre crescente di dati elementari disponibili, raccolti spesso compulsivamente, nonché l'incapacità di trasformarli in informazioni per comprendere l'andamento aziendale e guidare l'azione.
Ogni manager stagionato può, tuttavia, estrarre un affilato rasoio di Occam e cinicamente ridurre la complessità all'essenziale.
Nel corso del tempo l'esperienza con turnaround e situazioni critiche mi ha portato a focalizzare l'attenzione subito su tre fattori critici:

- Dove guadagno? Dove perdo?
- Decisioni di make or buy.
- Accorciamento del ciclo del circolante, in particolare dei materiali.

Tutti concorrono a incrementare il risultato economico (EBITDA), nonché a generare flussi di cassa positivi. Occorrono, però, informazioni per decidere. In tal senso, nelle aziende, esiste quasi sempre un sufficiente set di dati di base, anche sporchi: righe fattura, distinte base valorizzate, movimenti di magazzino, dati sulle partite cliente.
Un quadro d'azione realistico può essere tracciato in pochi giorni (PLAN).
La fase DO è molto più ostica. Le persone vanno convinte ad adottare comportamenti differenti. Niente di più complicato. A volte necessita imporre una visione. Occorre leadership.
Tale fase va accompagnata da informazioni auto-esplicative.
Grafici che parlano da sé e problemi esposti in maniera onesta impattano i comportamenti. Poche cose, ma ben definite.
Esternalizzare un processo produttivo, puntare su una famiglia di prodotto, rivedere investimenti, chiedere puntualità di pagamento sono tipiche azioni, frutto di un appropriato uso del controllo di gestione.
Qui ci si scontra con autentiche vacche sacre concettuali:

- il full cost, vero e proprio killer silenzioso;
- l'analisi differenziale negli investimenti, spesso mal interpretata;
- la determinazione dei prezzi con metodi cost plus.

L'informazione semplice e corretta aiuta ad abbatterle.

Va da sé che le fasi CHECK e ACT, pur essenziali, controllino e correggano gli esiti delle prime due.
Infine, le azioni di breve periodo devono essere accompagnate da un'occhiata all'arena competitiva. Il controllo di gestione assume così una seconda natura, estroversa, rivolta al mercato, alla competizione.
Analisi di bilancio, banche dati, tendenze storiche sono i suoi tipici strumenti, che aiutano a confrontarsi con le pratiche migliori.
Mi sento di affermare che questa seconda natura del controllo di gestione sia il vero fine ultimo della prima.

LA SVOLTA DIGITAL PER LA FUNZIONE DI PIANIFICAZIONE E CONTROLLO

di Giulio Canale, Managing Director & CFO di Saes Getters S.p.A.

La recente emergenza sanitaria legata al COVID-19 ha impresso una importante accelerazione alla necessità di investire in iniziative di rafforzamento e potenziamento delle infrastrutture e architetture IT a supporto del business (e non solo per gestire il Remote e lo Smart Working).
In questo contesto, infatti, il top management delle aziende ha dovuto attivare una serie di azioni immediate per la gestione e la salvaguardia della cassa, del capitale circolante, dei costi e nel contempo cercare di preservare le revenue.
La funzione di pianificazione e controllo è stata ancora di più sollecitata e coinvolta nel supportare il top management nell'attività di forecasting, scenario planning, contingency plan, il tutto allo scopo di verificare costantemente la corretta allocazione delle risorse rispetto agli obiettivi di business, in una situazione di incertezza e volatilità.
È evidente che per rispondere in modo agile e flessibile ai fabbisogni informativi appena descritti, la funzione di pianificazione e controllo dovrà certamente adeguare le proprie skill professionali diventando più "digital". Nel nostro caso sono state intensificate le sessioni di formazione, in parte già pianificate, usando piattaforme di e-learning.
Le nuove tecnologie, infatti, permettono alla funzione P&C di sviluppare dashboard personalizzati e coerenti con i business model, aumentare la capacità predittiva e di analisi di scenario, ma anche di rendere più efficienti i processi aziendali; l'Artificial Intelligence (AI), Machine Learning (ML) e Robotic Process Automation (RPA) consentono di automatizzare i processi ripetitivi, caratterizza-

ti da importanti volumi di operazioni, liberando risorse che possono essere riqualificate e dedicate ad attività a maggior valore aggiunto.

In altre parole tutte queste tecnologie, opportunamente strutturate, implementate e gestite con una visione strategica, contribuiranno a rendere il lavoro della P&C sempre più focalizzato a supportare il top management nella gestione del modello di business e nella creazione di valore sostenibile nel medio e lungo termine.

Infine, la possibilità di definire in maniera chiara e dettagliata gli obiettivi strategici e il loro deployment lungo tutta la catena di comando dell'impresa, nonché la loro misurazione precisa e tempestiva, spingerà le organizzazioni verso una maggiore "accountability", migliorando le loro performance.

Capitolo 6

Efficienza operativa: al di là della letteratura e della retorica

Una montagna di letteratura e almeno quarant'anni di studi e analisi

Migliorare i processi di funzionamento di un'azienda: fare sì che a parità di mezzi utilizzati, e quindi di costo per l'azienda, si possa ottenere una maggiore produzione, oppure che a parità di produzione o allo stesso livello di servizio si possano minimizzare le risorse per ottenerla. L'efficienza operativa, o "performance improvement", non è altro che questo: raggiungere la più alta efficienza possibile nei processi – produttivi, ma non solo – per ottimizzare le risorse utilizzate e, quindi, ridurre i costi.

Si tratta di una delle tematiche del business, specie quando è applicata nell'ambito delle operations, sulla quale si sono strutturate specifiche metodologie, vendute da schiere di consulenti – anche a caro prezzo – con modelli, tecniche e strumenti ormai d'uso comune, accettati da tutti. Ma come orientarsi in tutto questo mare di nozioni? Che cosa è veramente utile e quando?

Il performance improvement si basa su una serie di strumenti di misurazione, di miglioramento e di gestione che i manager di operations conoscono molto bene. Modalità produttive, come il "lean manufacturing", il "world class manufacturing" o il "Toyota production system", che puntano a minimizzare gli sprechi

fino ad annullarli, affrontando le problematiche sulla base della loro incidenza economica e trovando soluzioni per fare di più con meno risorse. O anche programmi di gestione, come il Six Sigma, che lavorano sulla riduzione dei difetti con una metodologia più analitica ma con lo stesso scopo di fondo: limitare la variabilità del processo produttivo per ottimizzarne i risultati.
Non esiste il tool box del perfetto manager di performance improvement, ma alcune di queste tecniche sono più efficaci di altre. I loro nomi sono spesso astrusi o curiosi, ma ciascuna di queste concorre a migliorare i processi. Le più rilevanti si chiamano "5s", "Value Stream Mapping", "PDCA", "SMED", "5 Whys", "Fishbone Diagram", "Spaghetti Chart". Senza voler necessariamente banalizzare una materia estremamente complessa, vale la pena focalizzare la nostra attenzione su tre di questi tool, che formano il cuore di qualunque intervento di efficienza operativa e rispecchiano tre parole fondamentali da cui deve partire un corretto approccio al performance improvement: dati, metodo e cultura.

- Il miglioramento deve essere misurabile. Se non si riesce a misurare, non si è migliorato. Se non posso prima raccogliere i dati corretti, inutile iniziare un percorso di miglioramento. I dati devono essere condivisi per far sì che tutta l'organizzazione possa ragionare sugli stessi numeri. L'Overall Equipment Effectiveness (OEE) è la misura di efficacia totale di una macchina o di una linea, e descrive sinteticamente il livello di efficienza raggiunto.
- Qualunque intervento noi pensiamo di fare, dev'esserci un metodo chiaro e condiviso. Pianifichiamo, implementiamo, misuriamo, aggiustiamo il tiro. Il PDCA punta a raggiungere la massima qualità di un miglioramento attraverso una serie di passi predeterminati che consentono di isolare i fenomeni e verificare il cambiamento. Il metodo scientifico non rappresenta una novità, eppure ci sono aziende che si perdono già al primo passo.
- Per ottenere il massimo risultato in termini di efficienza operativa, è necessario adottare un approccio culturale, che coinvolga tutti coloro che quotidianamente condividono il lavoro. Il Gemba Walk è un esempio tipico. Risolvo i problemi se sono in fabbrica e la vivo: i problemi sono là e devo andare nello shop floor per vederli e riscontrarli. Non è importante la tecnica specifica che si decide di adottare: quello che conta è che non si migliora un'organizzazione se l'organizzazione non si vive da dentro e non si dà l'esempio agli altri.

Dati, metodo e cultura, dunque: questi tre concetti, semplici e fondamentali, sono il minimo sindacale per poter avviare un progetto serio. Ma non esiste una sola ricetta: diverse tecniche possono essere utilizzate in diverse situazioni. È opportuno avere una buona padronanza della materia per sapere cosa utilizzare e quando. Il bagaglio teorico del performance improvement, del resto, non è applicabile solo ai processi di produzione, ma a tutti i processi in genere: ricerca e sviluppo, vendite, Finance, HR. In molte aziende rimane confinato nella parte manufacturing e sviluppo prodotto, ma noi crediamo ci sia abbastanza potenziale per estenderlo a tutti i principali processi aziendali, anche alle aziende di servizi.

I prerequisiti del performance improvement: lavorare su dati corretti

Il prerequisito essenziale per un qualsivoglia processo di efficienza operativa è la raccolta e l'analisi del dato, per poter valutare il miglioramento. È inutile parlare di performance improvement se non si riesce a valutare in modo analitico e puntuale il miglioramento raggiunto. Prima di avviare un progetto di performance improvement, quindi, è necessario verificare la qualità della raccolta dati: troppo spesso si avviano analisi e si arriva a conclusioni supportati da dati che in seguito si rivelano fallaci. La congruenza è fondamentale.

Un esempio? Un'azienda di produzione di film plastici che ha avviato un importante programma di miglioramento della produzione. Come dato di partenza sono state esaminate le ore necessarie a effettuare le varie lavorazioni: l'azienda aveva un sistema ERP evoluto, tramite il quale venivano registrate tutte le ore macchina e le ore uomo di ogni singolo passo produttivo. La base di partenza era capire il numero di ore richiesto per ogni operazione per poter trovare la soluzione che consentisse una riduzione delle tempistiche, liberando quindi capacità produttiva e abbassando i costi, a partire dall'immediata riduzione degli straordinari. A un primo controllo il numero di ore uomo caricate nel sistema nelle 24 ore era pari al doppio della forza lavoro effettivamente presente giornalmente in azienda! Il sistema avviava il conteggio della fase produttiva seguente senza prima chiudere la fase precedente, generando quindi regolarmente dei doppi conteggi. Di conseguenza nelle prime quattro settimane del progetto è stata ricostruita la base dati, prima di poter affrontare anche il più piccolo miglioramento operativo.

Sfatiamo un altro mito: per raccogliere i dati utili non è necessario un sistema informativo sofisticato, né tantomeno un software di gestione come un ERP

evoluto. Può bastare tranquillamente un foglio Excel. L'importante è scegliere cosa misurare e focalizzarsi sulla raccolta dei dati relativi. Il performance improvement, inteso come miglioramento basato sulle tecniche e sulle metodologie riportate in letteratura, può essere effettuato un passo alla volta, un'operazione alla volta, una macchina alla volta. E quindi è relativamente semplice, non richiede la raccolta di dati complessi né tantomeno particolarmente numerosi.
Si deve avere, inoltre, visibilità dei costi industriali. Se non si possono calcolare almeno i margini per prodotto e capire come sono allocati i costi fissi, è inutile impostare un programma di performance improvement: potremmo per esempio concentrarci sulla razionalizzazione dei prodotti a basso margine, ma spesso i prodotti di alto volume assorbono maggiori costi fissi, risultando quindi a margine minore senza necessariamente alcuna giustificazione reale, ma solo a causa delle regole contabili adottate, portandoci a prendere scelte errate. In questo caso, allora, molto meglio partire da un progetto di revisione del controlling industriale e del product costing. Riprenderemo l'argomento più avanti, ma l'efficienza operativa è inutile se non si riporta poi a un miglioramento effettivo sui conti dell'azienda.

L'importanza di una visione olistica e della sistematicità

Abbiamo parlato finora di efficienza operativa riferendoci soprattutto alle operazioni di fabbrica e allo "shop floor". Il punto di partenza di questo tema però è comune e coinvolge tutta l'azienda: dall'amministratore delegato a ogni singola risorsa di cui si avvale l'organizzazione. Il performance improvement, d'altra parte, deve essere applicato dall'alto. Non nasce dal basso. Solo dopo una costante applicazione dall'alto, che passa anche da un investimento in formazione, può diventare molto lentamente parte della cultura aziendale e quindi del modo di lavorare e pensare anche della base dell'organizzazione. Ci vuole committment, che deve essere trasferito attraverso tutta la catena di comando e pervadere localmente tutte le strutture.
Emblematico è il caso di un'azienda di produzione di cavi per il fissaggio di torri di telecomunicazione, per la quale il CEO aveva avviato un grande progetto di performance improvement basato sulla riorganizzazione totale dell'azienda, dalle funzioni ai processi, seguendo il modello del lean manufacturing: nominati i responsabili del progetto, dopo molti mesi il nuovo modello di funzionamento era pronto per l'implementazione. Inevitabilmente questo progetto aveva una

ricaduta naturale anche sulla struttura organizzativa e sull'organigramma, che, seguendo i nuovi dettami, avrebbe visto sparire le funzioni "classiche", dando ai dirigenti una responsabilità per interi processi aziendali, con l'obiettivo di eliminare quindi i vetusti silos funzionali, basati su un principio di netta separazione delle funzioni. Per esempio, veniva cancellata la casella del direttore commerciale perché chi la occupava sarebbe diventato responsabile di un moderno processo di "Order Fullfillment". Fu proprio lui, però, a rivelarsi il più ostico avversario del nuovo programma. Il motivo era semplice: aveva lavorato in azienda per vent'anni, cominciando come semplice venditore, e sentiva di aver raggiunto meritatamente, con tanta fatica e impegno, l'agognata posizione apicale dopo aver scalato tutti i gradini. E proprio ora gli stavano dicendo che tale posizione era sparita! Risultato: nessuna accettazione da parte del manager in questione e implementazione a rischio per tutta l'area commerciale.

Al tempo stesso, l'efficienza operativa necessita di empowerment della struttura: deleghe operative verso il basso, perché tutti devono poter partecipare, tutti devono dare il proprio contributo. Ognuno deve sentirsi protagonista del programma di cambiamento. Un esempio di empowerment molto forte e di successo lo abbiamo visto in un'azienda di design e produzione automotive di piccola serie, che aveva stabilito di dotarsi di team leader sulla linea produttiva, ognuno a capo di squadre di dieci persone, responsabili di una parte del processo produttivo, eletti democraticamente dai lavoratori del gruppo, in una sorta di autogoverno. Questa idea generò una grande capacità di empowerment dal basso, perché tutti si sentivano responsabilizzati nella scelta e il team leader era espressione del gruppo. L'unico accorgimento che l'azienda prese fu che solo le persone con le necessarie competenze tecniche oggettive potessero essere elette e per questo mise semplicemente a disposizione una lista di eleggibili.

Insistendo ancora sulla visione olistica di un progetto di performance improvement, è evidente, sulla base dei dati acquisiti, che i risultati migliori si ottengano non semplicemente limitando l'azione alle operations, ma integrando le diverse funzioni insieme e facendole lavorare fianco a fianco: il marketing di prodotto deve lavorare fianco a fianco con l'advance engineering, l'engineering deve interagire a tutti i livelli con il purchasing, le vendite collaborare costantemente con il cost controlling: solo così si ottengono i benefici più grandi.

In questo senso, il concetto di "total cost of ownership" può aiutare, poiché è il riferimento del cliente che acquista il nostro prodotto o servizio. In una visione olistica e omnicomprensiva, l'obiettivo dell'azienda deve essere quello di abbassare il costo totale per il cliente: come esempio, possiamo citare il redesign di un

prodotto (un'automobile) per diminuire i costi di manutenzione e le frequenze del tagliando periodico, pratica comune a quasi tutte le case automobilistiche.
Avere a disposizione manager trasversali, capaci di interfacciarsi direttamente con le varie funzioni e di capirne il linguaggio grazie a competenze che consentano loro di discutere le scelte interne di ogni dipartimento, è fondamentale: solo manager senior, esperti, con una visione orizzontale dell'azienda possono essere in grado di portare avanti un programma di efficienza operativa serio e di successo. Al tempo stesso, questo tipo di interventi sono dei programmi e dei progetti molto ben definibili e realizzabili in un arco di tempo certo: ci vuole quindi capacità di guidare la squadra verso il cambiamento, estraneità alle logiche e alle politiche dell'azienda, focus sul progetto, che deve essere totalizzante per il manager che ne è responsabile. Impossibile pensare che un progetto del genere sia implementato sulla buona volontà del capo stabilimento nel suo tempo libero dai pensieri della produzione e da una manciata di suoi collaboratori zelanti ed entusiasti: infatti, abbiamo osservato come negli ultimi anni si sia spesso creata, in molti settori industriali, la figura o la funzione di "miglioramento continuo" (kaizen), così cara ai giapponesi.
Certamente può essere utile, nelle azioni di performance improvement, misurare l'OEE della macchina che costituisce il collo di bottiglia sull'operatività ottimale del processo e, attraverso le tecniche più opportune, fare "debottlenecking" (letteralmente "sbottigliamento"). Non necessariamente, però, l'aumento dell'indice di riferimento porterà un giovamento all'organizzazione. Il collo di bottiglia, infatti, può spostarsi. Con una tecnica efficace magari si può riuscire ad aumentare l'OEE di un 20% in un punto specifico, ma altrettanto facilmente dopo aver recuperato i primi punti percentuali il collo di bottiglia può passare altrove. Non è detto, quindi, che una volta fatto uno sbottigliamento il processo sia finito. Serve una visione d'insieme sull'intero processo. E se liberando capacità produttiva sull'intero processo poi avrò un commerciale che non sarà in grado di aumentare le mie vendite e il mio fatturato, tale disponibilità sarà persa e non si rifletterà sostanzialmente sul conto economico.
Un esempio illuminante: alcuni anni fa, in un tempo in cui andava di moda l'outsourcing dei processi, un'azienda metalmeccanica di componenti automotive aveva implementato un vasto programma di performance improvement, liberando il 15% di capacità produttiva complessiva, grazie al coinvolgimento di tutta l'organizzazione, la dedizione dei manager e l'entusiasmo degli operai. Alla fine di tale programma di successo, una naturale conseguenza per massimizzare i risultati dello stesso nel conto economico e nello stato patrimoniale

dell'azienda avrebbe potuto essere quella di licenziare la forza lavoro in eccesso e vendere alcuni macchinari, beneficiando quindi immediatamente della maggiore efficienza. Invece, in maniera molto lungimirante, fu implementato immediatamente un programma di reinsourcing di alcune fasi di lavorazione che erano state date incautamente all'esterno a fornitori che, evidentemente, non avevano alcun vantaggio competitivo (né di scala o volume, né tecnologico) rispetto all'azienda su quelle fasi produttive. Risultato: il beneficio nel conto economico è raddoppiato rispetto a quanto ottenibile attraverso la prima soluzione di taglio dei costi. E questo, grazie a una visione trasversale e olistica dell'azienda, dei suoi fornitori, dei suoi clienti, dell'intera value chain.

Visione olistica, dunque, ma a patto che non si perda di vista la sistematicità. Questo concetto deve diventare un mantra, insieme a disciplina, regole, consistenza. Ogni programma di performance improvement deve basarsi su questi termini. Possiamo usare metodi diversi: l'importante è che ci diamo un "passo" per effettuare i cambiamenti. Misurare prima, pianificare l'azione, implementarla, misurare dopo, imparare. In modo sistematico, un cambiamento alla volta, che sia applicato a una singola macchina di uno stabilimento iper-complesso o che sia inteso come modifica di un'intera supply chain di una multinazionale che produce in 20 differenti Paesi nel mondo. Ecco perché ribadiamo nuovamente la necessità di inserire spesso nell'organigramma una figura progettuale, in grado di "battere" il tempo alla struttura, sempre impegnata e focalizzata sulle attività quotidiane e poco disponibile ad affrontare problematiche trasversali e di medio termine.

Se ci limitiamo alle operations, possiamo misurare moltissimi indicatori, spesso in sovrapposizione tra di loro. Dobbiamo scegliere cosa misurare e perché, restringere il campo d'azione, limitare il numero di dati da gestire per massimizzare l'efficacia, ridurre al massimo il tempo di implementazione e nel metodo essere "consistenti", nel senso matematico e anglosassone del termine, quindi coerenti e non contraddittori.

Alcuni esempi di cosa possiamo misurare:

- OEE, sulla singola macchina o su un gruppo;
- tempo di ciclo e tempo di attraversamento;
- efficienza della manodopera o degli impianti;
- saturazione della manodopera e degli impianti;
- indicatori di qualità del prodotto;
- indicatori di qualità del servizio;

- lead time di fornitura;
- indicatori di manutenzione MTTR e MTBF;
- livelli di servizio e On time delivery.

A questi indicatori vanno aggiunte le dimensioni di misurazione: su quali prodotti vogliamo misurarli, per quali macchine o linee di produzione? Su quali tipologie di ordini? Quale unità di misura: utilizzeremo le ore, i pezzi prodotti, i chilogrammi versati, il costo in euro impegnato?
È evidente come sia necessario restringere il campo, per evitare di perdersi in un *mare magnum* indistinto di dati e stare lontani dalla sindrome "paralysis by analysis". Inutile misurare 300 KPI differenti: scegliamo i 3-5 indicatori che rappresentano bene i fenomeni che vogliamo analizzare e i miglioramenti che vogliamo ottenere.
La scelta dei KPI dipende dalle ipotesi di miglioramento che vogliamo testare nel nostro programma di implementazione:

- C'è un problema di qualità di fornitura?
- Mancano i materiali sulla linea?
- Gli inventari a bordo linea sono troppo alti e lo shop floor è invaso da pezzi in attesa di lavorazione?
- La schedulazione delle linee non è ottimizzata?
- Le manutenzioni non sono ottimizzate?
- Abbiamo un problema di qualità in process?
- Ci sono troppe rilavorazioni e gli scarti sono troppo alti?
- C'è un problema di formazione o di disponibilità della manodopera?
- O, magari, c'è un problema di assenteismo?

È fondamentale formulare delle ipotesi sui problemi che possiamo prevedere nella fabbrica: chi può fare sensatamente queste ipotesi? Un manager esperto, che conosce il settore industriale specifico dell'azienda, con una visione trasversale dei processi, dovrebbe essere in grado, ragionevolmente, di indirizzare queste domande anche solo svolgendo una lunga passeggiata nella fabbrica e una altrettanto lunga chiacchierata con le persone di riferimento (i capi turno, il planner, il direttore di produzione). Quanto più il manager è esperto, possibilmente in diverse realtà industriali, e quanto più è esterno all'azienda, tanto meglio riuscirà rapidamente a formulare una diagnosi precisa e corretta delle aree

di intervento prioritarie. Partendo da queste ipotesi, si scelgono gli indicatori e si iniziano a misurare i fenomeni: tutto parte dall'esperienza sul campo.
Possiamo quindi scegliere gli indicatori che vogliamo per misurare il miglioramento operativo ottenuto, ma è fondamentale ricordare che tale miglioramento poi deve riflettersi sulla situazione economica e finanziaria dell'azienda. Deve arrivare alla bottom line, ma va bene anche un miglioramento dello stato patrimoniale. Per esempio, riduzioni del time to market, o lead time complessivo del prodotto, riduzione del tempo di attraversamento nella fabbrica, o miglioramento del livello di servizio sono ulteriori elementi importanti che possono essere considerati come obiettivi da raggiungere per un reale miglioramento sui conti e sul patrimonio aziendale. E devono essere indicatori che possano riflettersi nella reale operatività e che non siano destinati a creare paradossi inestricabili nel momento in cui si pongono in essere scelte difficili, come nel classico esempio del progetto in cui, alla fine, si arriva alla conclusione che si possono risparmiare 7 mezze teste di personale in 7 diversi dipartimenti dell'azienda. Senza che nessuno abbia idea di come si faccia a licenziare 7 mezze teste.
Gli indicatori, comunque, sono sicuramente il modo più efficace e rapido di misurare un miglioramento, soprattutto se utilizzati dal management all'interno di una visione a medio-lungo termine e con la dovuta cautela per evitare la ormai nota "sindrome del denominatore": se un manager viene per esempio misurato sul return on asset, la migliore strategia potrebbe essere quella di vendere tutti gli asset aziendali ed esternalizzare ogni processo! Quindi gli incentivi ai manager devono essere calibrati coerentemente con la strategia a medio-lungo termine.

Creare la cultura, comunicare, dare l'esempio

La visione olistica e la sistematicità implicano, come naturale conseguenza, che un programma serio e strutturale di efficienza operativa debba passare attraverso un cambio di cultura di tutta l'azienda. Il tema culturale e della formazione delle persone è centrale: si può investire nelle macchine, ma se non si investe nella formazione e nelle persone non si ottiene nulla. È prima di tutto un modo di lavorare diverso. Come si investe nelle macchine, si deve investire nelle persone, non c'è nessun motivo razionale per investire meno in un mezzo di produzione rispetto a un altro.
Abbiamo parlato prima di interfunzionalità: la necessità, per migliorarsi, di far lavorare diverse funzioni insieme. L'interfunzionalità è necessaria anche per dare

l'esempio e creare la cultura giusta, soprattutto a livello del top management aziendale. Un caso pratico, solo apparentemente banale? I vari capi funzione che la mattina alle 8, all'inizio della giornata lavorativa, prendono un caffè insieme, per allinearsi sulla giornata che li aspetta e condividere gli argomenti e le sfide del momento. Facile, utile, di impatto visivo e di grande esempio per tutti i dipendenti.
L'esempio è fondamentale. Il Gemba Walk non funziona solo perché chi lo fa ha l'occasione di vedere cosa succede in fabbrica, ma anche perché viene visto dagli operai. Si immerge nella loro condizione di lavoro, si avvicina ai loro problemi. Dare l'esempio vale anche nei comportamenti di tutti i giorni, e vale ancora di più per il management dell'azienda, l'amministratore delegato o il proprietario. Bisogna concentrarsi in questo caso su due parole: frugalità e umiltà. Un professore di management, parlando dei suoi primi 100 giorni come amministratore delegato in una nuova azienda, un giorno disse: "Ho una passione per le belle macchine, sono benestante, possiedo una Porsche che adoro guidare: non sono mai andato al lavoro con la Porsche, non lo farei mai... Devo dare l'esempio a tutta la squadra". Più recente un altro caso di un imprenditore che, pur avendo una villa in Svizzera e una collezione completa di Bentley, ha continuato ad andare per vent'anni nella sua azienda con una Fiat Panda degli anni '90: risultato? L'apprezzamento e la stima degli operai della fabbrica, che lo ricordano ancora oggi, a svariati anni dalla sua scomparsa, come fosse uno di loro.
I comportamenti, la formazione e la cultura valgono molto più dell'utilizzo dei tecnicismi. A volte è molto meglio fare efficienza operativa implementando tecniche lean senza nemmeno citare da dove vengano ed evitando alle persone di dover imparare un vocabolario tutto nuovo. La semplicità vince sempre: si possono insegnare e utilizzare nuove modalità produttive senza nemmeno nominarle, attraverso l'esempio, attraverso brevi sessioni di formazione, magari di 30 minuti a fine turno, parlando di quello che è successo e di cosa abbiamo imparato: in modo pratico, diretto, facile da capire e vicino alla quotidianità del lavoro svolto. Le persone troveranno più facile l'adozione di questi strumenti, non vedranno i nuovi metodi come ostacoli insormontabili da superare e troppo distanti dal loro mondo e dalla loro quotidianità.
Di nuovo, creare cultura necessita prima di tutto di consistenza: implemento i nuovi metodi, cambio il modo di lavorare, formo le persone, ma poi, in modo consistente, devo insistere ogni giorno, ogni mese e ogni anno, per continuare ad allineare i comportamenti al nuovo modo di lavorare. Quante volte abbiamo visto nello shop floor di stabilimenti ormai avvezzi a metodi improntati all'effi-

cienza operativa gli angoli dedicati al visual management tutti impolverati e non manutenuti! Oppure, avvicinandoci a quelle stesse lavagne, abbiamo scoperto che l'ultimo aggiornamento dei grafici era stato fatto 12 mesi prima. La consistenza è l'unico elemento che permette di consolidare la cultura, che è l'unica garanzia di successo a lungo termine. È sintomatico l'esempio della Toyota con la Prius, la prima automobile ibrida lanciata sul mercato nel 1997. Per circa 10 anni quel modello è stato considerato uno scherzo della natura o dell'ingegneria, adottato solamente da alcuni stravaganti ecomilionari della California, arricchitisi a forza di vendite di startup digitali: a circa 25 anni di distanza, tutte le case automobilistiche mondiali hanno lanciato un listino ibrido, rincorrendo la Toyota dopo avere accumulato un ritardo tecnologico di decenni, che forse non riusciranno mai a colmare.

Ma la cultura si crea anche attraverso la comunicazione. È fondamentale accompagnare questi programmi con piani di comunicazione seri, strutturati e costanti. Se c'è una regola, è che non si comunica mai troppo: la comunicazione è fondamentale, tutti devono essere allineati a tutti i livelli, nulla può essere tralasciato. Un modo per farlo? Celebrare i successi, analizzare gli insuccessi e comunicare le "lessons learned".

È chiaro che, dato il forte impatto sulle abitudini e sui comportamenti, fare efficienza operativa è molto più facile quando costruisco la fabbrica da zero rispetto a quando devo convertire una fabbrica esistente. Non è solo una questione di ottimizzare il layout e la disposizione degli spazi e delle macchine nello stabilimento: fare una fabbrica nuova mi permette di inserire la cultura che voglio, scegliere le persone adatte, partire con uno standard di comportamento adeguato: un esempio lampante è stato all'interno di Fiat lo stabilimento di Melfi, nato esattamente su questi presupposti e partito immediatamente con una produttività e flessibilità "giapponese". Insomma, non incontro tutte le resistenze al cambiamento tipiche delle strutture organizzative consolidate.

Fare performance improvement nelle aziende imprenditoriali è ancora più difficile: perché il risultato di questi programmi, così come li abbiamo descritti e li intendiamo noi, è il cambio dei processi e dell'organizzazione, lo scombussolamento di usi e costumi consolidati. Tutto ciò deve esser fatto accettare all'imprenditore, che rischia di perdere l'identità e metaforicamente anche la propria azienda. Non è solo una questione di migliorare il conto economico: l'imprenditore deve essere rassicurato sul lato emotivo. Deve comprendere che l'azienda rimarrà ancora la sua: evolverà, ma non ci sarà una totale disruption. Il manager deve fare molta attenzione a questo aspetto e allineare in primis l'imprenditore al processo di cambiamento. Spesso il punto di vista dell'imprenditore è che i manager risolvano i problemi attraverso uno sforzo individuale e non attraverso una trasformazione complessiva dell'azienda. È un atteggiamento sbagliato e improduttivo. Servono comunicazione e formazione, prima di tutto sulla proprietà aziendale.

Pull vs. Push, JIT, MRP II, Kanban: una giungla di sigle. Dov'è il Santo Graal?

Partiamo dalla risposta: il Santo Graal dei flussi produttivi e dell'organizzazione di fabbrica non esiste. Ma questo è ovvio, lo sappiamo già tutti ed è molto chiaro dopo i decenni di studi, di analisi e di montagne di dati elaborati. L'organizzazione del flusso produttivo dipende da cosa stiamo producendo, quanta varietà abbiamo, che tipo di ordini ci vengono commissionati, quale grandezza abbiano i lotti. Tutte cose arcinote.

Ma allora perché ne vogliamo parlare in questo contesto? Cosa c'entra questo tema, estremamente tecnico e relegato solamente alla parte produttiva di un'azienda, con la nostra generale discussione sull'efficienza operativa? C'entra prepotentemente, perché molto spesso il miglior modo di fare efficienza operativa in uno stabilimento è ridisegnare tutti o una parte dei flussi di stabilimento, sia come logistica dei materiali, sia come organizzazione del lavoro e delle squadre, sia come metodologia di pianificazione. E alcune di queste metodologie possono essere applicate con successo anche ad altre aree funzionali, come la ricerca e sviluppo o i processi contabili.

Ridisegnare alcuni meccanismi all'interno dei processi produttivi è uno strumento molto potente, perché permette di "obbligare", in un certo senso, l'utilizzo della nuova modalità di lavoro e imporla alle persone, dato che il cambio di metodo è "fisico": il materiale ora passa di qui e non più di là, il magazzino del Work In Process bordo linea di quella macchina non c'è più, il centro di lavoro è stato spostato e inserito in un'isola produttiva a U. Risultato: adozione immediata, meno problemi in termini di adattamento progressivo e accettazione della nuova cultura, consistenza "garantita" dal modello fisico. A patto, certo, che un bravo direttore di stabilimento convinca tutta la struttura produttiva della bontà di tale cambiamento: se lo impone e basta, senza spiegazioni, discussione e accettazione, non c'è tecnica che tenga.

Non è nostro interesse scrivere qui una lezione accademica e troviamo anacronistiche le battaglie ideologiche su quale sistema sia migliore e perché. Le analisi di dettaglio su modelli di simulazione dei flussi produttivi di vario tipo e dei loro benefici teorici rispetto a un sistema complesso, anzi, dovrebbero rimanere in ambito universitario: la realtà produttiva è quasi sempre molto più articolata e difficilmente simulabile in toto. Occorre anzitutto definire dei concetti generali, che riteniamo sempre validi, o comunque dei punti di partenza da cui eventualmente avviare un approfondimento.

Rivedendo la letteratura, ci siamo accorti che l'argomento, pur essendo molto dibattuto, a volte non viene compreso a pieno, visto che spesso si confondono i sistemi di produzione (push) con le tecniche di controllo (MRP) e viceversa. Vi rimandiamo all'apposito box di approfondimento per una sintetica descrizione dei concetti generali e la nostra interpretazione sui loro vantaggi e svantaggi.

In ogni caso, nessuna tra le tante tecniche esistenti, presa da sola, si adatta a ogni tipo di sistema produttivo reale. L'unico approccio possibile è lavorare per identificare e minimizzare le due cause che, invariabilmente, fanno entrare in crisi un modello produttivo, di qualunque genere, ovvero:

- **La complessità**: intesa come il numero di prodotti da realizzare all'interno di uno stesso sistema, il numero di componenti di tali prodotti e il numero di operazioni necessarie a trasformare tali componenti in prodotto finito.
- **La variabilità**: intesa come la frequenza e la portata dei cambiamenti che noi richiediamo o imponiamo al nostro sistema produttivo, per cause dipendenti dalla nostra volontà, come il cambiamento di un ordine da un cliente, l'acquisizione di nuovi ordini che si sommano a quelli in portafoglio, o per cause indipendenti, come un problema di qualità nei componenti utilizzati o la rottura di un macchinario.

Qualunque azione pratica o qualunque modifica noi possiamo fare per ridurre questi due fattori renderà il nostro sistema più efficiente, in quanto più prevedibile e più robusto, e quindi meno sensibile agli aggiustamenti. Avendo questi parametri in mente, è facile riorganizzare tutti i nostri sforzi di efficienza del sistema all'interno delle due categorie, identificando, in modo molto pratico, quali sono le azioni da fare. È da notare, inoltre, che questi due driver di miglioramento sono applicabili a qualunque sistema, produttivo e non, e quindi possiamo tenerli a mente per qualunque intervento di performance improvement all'interno di un'organizzazione o di una sua parte.

Affrontando la complessità, il primo intervento che ha sempre senso considerare è l'analisi e la revisione del portafoglio prodotto: nella nostra esperienza moltissime aziende, nello sforzo di aumentare il fatturato o di soddisfare un cliente importante, aggiungono complessità alla gamma prodotto senza valutare accuratamente il rapporto costo/beneficio. Questo è ancor più vero per le aziende italiane, che hanno sviluppato una flessibilità molto spiccata e quindi una capacità molto forte di adeguarsi alle richieste di un cliente, tralasciando il costo economico della complessità aggiuntiva, che si traduce in maggiore inventario, nuova formazione per la forza produttiva, sforzo di ingegneria e progettazione, gestione di listini e cataloghi sempre più complessi. Tagliare il listino dei prodotti, rinunciando a pochi punti di fatturato e in un'ottica di incremento della marginalità percentuale media, spesso è la prima soluzione da adottare per rimettere sul binario un sistema produttivo deragliato.

Nel caso di grandi industrie e produzioni articolate e complesse, è interessante anche ricorrere al concetto di focused factory: dividere la produzione, secondo la tipologia di prodotto, in serie standard con grandi volumi organizzate su linee continue a forte capacità produttiva molto rigide, affiancate da un sistema riservato alle piccole produzioni, anche artigianali, di prodotti molto customizzati su piccole linee dedicate, magari organizzate in job shop.

Il terzo concetto da applicare nella riduzione della complessità è quello dello spostamento della complessità a valle del sistema produttivo, nel punto più vicino possibile al cliente finale. Questa tecnica consente di semplificare almeno una parte della catena produttiva e quindi di massimizzare l'efficienza: un esempio classico è il postponement, cioè la differenziazione finale del prodotto secondo la richiesta del cliente eseguita più a valle possibile, come per esempio la verniciatura e il montaggio di alcuni componenti finali o accessori di una motocicletta, oppure il confezionamento di alcuni prodotti farmaceutici secondo la forma finale e per il brand richiesto fatto direttamente nei magazzini logistici finali di distribuzione.

Più in generale, l'utilizzo di sistemi misti push-pull all'interno di un'organizzazione produttiva, disegnati secondo la logica di spostare la barriera push-pull (chiamata anche customer decoupling point) il più possibile a valle, è sempre un'ottima strategia per ridurre la complessità. Le modalità di produzione "assembly to order" o "late stage assembly" non sono altro che un'applicazione specifica di questa strategia, di cui uno dei primi esempi è stato introdotto ormai oltre trent'anni fa da Dell nel mondo dei personal computer. Ovviamente, il prerequisito essenziale di questa strategia è una forte standardizzazione dei componenti di base da assemblare: tanto più riusciamo ad avere un inventario "generico" utilizzabile su più prodotti finiti, tanto più la riduzione di complessità sarà efficace.

Per quanto attiene al tema della riduzione della variabilità, partendo dal presupposto che qualunque sistema complesso è soggetto alla variabilità dei suoi componenti, dobbiamo focalizzarci anzitutto su quali siano i buffer di variabilità che permettono di minimizzarne l'impatto in un sistema produttivo: la capacità produttiva (avere più operai del necessario disponibili, o macchine di produzione ridondanti), il tempo (consegnare in ritardo al cliente), l'inventario (aumentare le scorte di sicurezza del prodotto finito o intermedio).

Storicamente, le aziende hanno sempre fatto molta attenzione a non sovrainvestire in capacità produttiva, essendo molto costoso, soprattutto se parliamo di investimenti pluriennali in macchinari, e al tempo stesso sono sempre state "strutturate" per fare altrettanta attenzione a non incrementare i tempi di consegna ai clienti, per evitare di perdere ordini e fatturato e mettere a rischio la propria quota di mercato. Come risultato, possiamo sintetizzare dicendo che i buffer di capacità e di tempo sono sempre stati auto-regolanti, nel senso che tutta l'organizzazione aziendale è tesa a tenerli al minimo in modo naturale, oltre al fatto che tali buffer sono sotto gli occhi di tutti: basti pensare a cosa succede quando non si riesce a consegnare a un cliente fondamentale. L'unico buffer di non immediata comprensione e visibilità è sempre stato l'inventario.

Qualunque tipo di variabilità non gestito nel sistema viene scaricato naturalmente sull'inventario, aumentandone il volume e i relativi costi senza permettere all'azienda di reagire diminuendo le "vere" cause della variabilità. L'unico modo per far emergere la variabilità, vederla in azione e quindi poter agire per contenerla, è quello di mettere un limite all'inventario presente nel sistema a ogni dato momento. Il vantaggio inequivocabile del sistema pull rispetto al sistema push è dato dall'opportunità di tenere sotto controllo l'inventario, cioè l'unico buffer di variabilità che le aziende storicamente non sono abituate a controllare: da qui nasce la sua superiorità intrinseca, al di là delle sigle dei diversi metodi JIT, Lean Manufacturing, Toyota Production System, Kanban, Conwip, che francamente riteniamo superate come modelli specifici, ma ancora valide nell'approccio e nell'idea.

Il secondo punto cruciale del miglioramento della performance di un sistema produttivo è quindi far emergere la variabilità, mettendo un tetto all'inventario presente nel sistema. Qualunque sistema pull (Kanban, Conwip…) garantisce questo risultato e vorremmo qui citare due pratiche semplici e immediate che, in maniera combinata, risultano molto efficaci: la "gestione del supermercato", che non è altro che uno scaffale a posti predeterminati per l'inventario di processo, e la "FIFO Lane", detta anche "flusso teso", che rispecchia la linea di assemblaggio tanto cara

all'automotive. Schematizzando qualunque processo produttivo attraverso questi due semplici strumenti, possiamo garantire che l'inventario non superi una certa soglia, utilizzando in prima istanza la FIFO Lane e scegliendo il supermercato nei casi in cui il processo produttivo si divarica, si riunisce, cambia dipartimento oppure variano le quantità dei lotti. Citiamo al riguardo la recente esperienza di un'azienda produttrice di componentistica e carpenteria leggera in lamiera per il mondo delle macchine movimento terra, che con questo tipo di approccio molto pratico, in combinazione con l'MRP esistente, ha ottenuto nell'arco di 6-8 mesi un recupero di efficienza produttiva complessiva dell'ordine del 15-20%, aumentando la gamma prodotti da poter offrire ai suoi clienti a parità di risorse produttive e riportando l'EBITDA aziendale in positivo dopo anni di perdita.
Disegnando quindi un flusso produttivo con il solo utilizzo di questi due strumenti, automaticamente il sistema avrà un tetto all'incremento dei costi dovuti alla variabilità e diventerà intrinsecamente più efficiente: l'organizzazione dovrà quindi reagire in maniera diversa, non più usando il costoso e impercettibile buffer dell'inventario per gestire la variabilità, ma creando buffer più economici o eliminando le cause della variabilità stessa.
È bene fare alcuni esempi delle azioni che si possono mettere facilmente in pratica.

Riduzione della variabilità intrinseca

- Disegnare una linea di assemblaggio diritta, con gli operatori fissi e il prodotto che avanza autonomamente riduce i possibili errori, poiché tutti i lavoratori avranno tempi, modi e meccanismi di lavoro standardizzati e sempre uguali. Stesso risultato si ottiene con l'adozione delle tecniche "poka-yoke", che riducono la possibilità di errore umano (oltre ad aumentare la sicurezza dell'ambiente di lavoro).
- Migliorare la qualità dei componenti provenienti dai fornitori, effettuare i controlli qualità all'ingresso della merce in arrivo dai fornitori, lavorare con i fornitori per definire insieme le specifiche dei nuovi componenti, organizzare audit presso di loro.
- Adottare tecniche di productive maintenance (TPM) permette di migliorare l'utilizzo degli impianti e il senso di responsabilizzazione degli operai nei confronti della macchina su cui lavorano. Di conseguenza diminuiscono i breakdown o si possono avere degli early warning di potenziali breakdown, potendo quindi reagire in tempo.

Aumentare il buffer della capacità produttiva a costo zero

- Implementare dei layout di fabbrica con isole di lavorazione a U (cellular manufacturing), nelle quali il lavoratore può effettuare task diversi in tempi diversi e seguire più macchine contemporaneamente.
- Creare lavoratori in produzione "cross skilled": se ho una persona in grado di fare più task, può sostituire altre persone nel momento in cui queste non fossero disponibili.
- Adottare tecniche SMED per la riduzione dei tempi di setup permette di liberare tempo da dedicare alla produzione e aumenta la flessibilità della fabbrica permettendo anche maggior frequenza dei cambi di produzione.

Aumentare il buffer del tempo

- Infine, utilizzare i lead time variabili, intesi come possibilità di assegnare lead time di produzione più lunghi a prodotti specifici, spesso unici o customizzati secondo le esigenze del cliente, per poterli accomodare all'interno dei flussi di prodotto standard di una fabbrica.

Complessità e variabilità, dunque. Agire sulla riduzione di questi due fenomeni ha sempre un beneficio diretto e misurabile sull'efficienza operativa di un processo o di un sistema produttivo. Inoltre, è importante sottolineare che queste due dimensioni sono fortemente legate fra loro: la variabilità all'interno di un sistema molto complesso si propaga più velocemente e ha un impatto più dirompente. Il nostro obiettivo deve essere sempre lavorare su ambedue le direzioni: la loro riduzione ci permetterà di raggiungere la massima efficienza operativa del sistema. È fondamentale quindi rimarcare come affrontare queste problematiche non sia solo un problema della produzione: infatti tutte le scelte aziendali, fatte in qualunque dipartimento, possono migliorare o peggiorare i due fenomeni (facile e immediato fare riferimento ai dipartimenti marketing che moltiplicano i prodotti a catalogo senza nessuna idea dell'impatto nella catena produttiva dell'azienda). È necessario quindi sottolineare ancora una volta la visione olistica per l'approccio a questi problemi. E vale anche la pena citare come i fenomeni di variabilità e complessità siano riscontrabili in tutte le aziende, anche non manifatturiere: basti pensare alla gestione delle polizze assicurative, ai servizi di una banca o alla logistica di un operatore postale.

Infine, riteniamo che le nuove tecnologie disponibili, come i big data o gli analytics per la raccolta delle informazioni sulle macchine, la digitalizzazione, i processi di automazione, le nuove tecnologie come il machine learning e tutto ciò che oggi fa riferimento a quello che viene chiamato Manufacturing 4.0 possa essere un notevole "abilitatore" per affrontare i problemi di riduzione di variabilità e complessità. Sono abilitatori proprio perché possono aiutare a comprendere e diminuire questi fenomeni, ma da soli, senza un adeguato studio, una strategia e una visione trasversale dell'azienda, non rappresentano certo la soluzione del problema.

I SISTEMI PRODUTTIVI E LE LORO DEFINIZIONI

- I sistemi push hanno una loro validità soprattutto negli ambienti con numerosi prodotti e lotti di produzione, molta complessità produttiva, lunghi cicli di produzione e lunghi o lunghissimi tempi di setup (che non possono essere compressi). Di solito tendono a generare un maggiore WIP, inventario durante il processo, che si riflette in un tempo di attraversamento totale maggiore.
- L'MRP permette di avere una previsione di consegna e un sistema di forecasting preciso, che può gestire ovviamente anche tempi di approvvigionamento particolarmente lunghi sul lato dei fornitori. Ogni volta che cambiamo il forecast di produzione, l'MRP genererà un nuovo programma di produzione, quindi in questo senso è un processo che non si autoadatta: ogni volta l'MRP deve esser fatto "girare" nuovamente.
- I sistemi pull, al contrario dei sistemi push, sono più efficienti come quantità di inventario nel processo, perché partono dal concetto di limitare l'inventario all'interno. Sono adatti principalmente alle grandi serie, molte operazioni ripetitive su pochi prodotti, non utilizzabili su operazioni tipo job shop e comunque più rigidi in cambi di volume o di mix. Da notare che i sistemi pull possono tranquillamente utilizzare un forecast generato da un MRP (la modalità di produzione e la modalità di pianificazione non sono mutuamente esclusive, come invece molta letteratura erroneamente riporta, confondendo i termini push e MRP).
- Il Kanban, come sistema originario piena espressione della produzione pull, permette di controllare l'inventario nel sistema, poiché controlla l'inventario a ogni singolo step produttivo. Si adatta bene a cambi di schedulazione e permette di intercettare prima eventuali problemi di qualità.
- Il Conwip, come sistema pull alternativo al Kanban, controlla l'inventario nel totale del processo, non sul singolo step o sulla singola macchina. Solita-

mente garantisce un maggiore throughput, si adatta meglio a cambi di mix prodotto e può essere utilizzato anche per piccole produzioni in piccoli lotti, ed è quindi più flessibile del Kanban.

Al giorno d'oggi, questi metodi e sistemi sono usati insieme o in combinazione, per esempio un MRP che pianifica una produzione pull, un sistema ibrido con una produzione push che poi diventa pull al customer order decoupling point. Al tempo stesso, sono state identificate varianti dei sistemi pull che sembrano essere, perlomeno a livello accademico, migliorative rispetto ai due modelli originari: il modello Conwip-Kanban, l'extended Kanban, l'extended Conwip-Kanban.

Il processo di "S&OP" come punto cruciale del miglioramento della performance

Nel processo che porta all'efficienza operativa è di cruciale importanza l'interfunzionalità, una leva potente, quando viene utilizzata correttamente, in grado di offrire un approccio sistemico ai problemi di un'organizzazione. Per dimostrare quanto appena affermato, non esiste migliore esempio del processo di Sales & Operation Planning (S&OP).

L'importanza del processo deriva principalmente dal fatto che cerca di mettere allo stesso tavolo e di far ragionare due figure tipicamente agli antipodi fra di loro all'interno dell'organizzazione di un'azienda: il Chief Operating Officer e il direttore commerciale, avvezzi solitamente a lotte titaniche di predominio e a scaricare l'uno sull'altro le responsabilità dei risultati aziendali.

Un esempio della problematica? Il COO di un'azienda di motociclette una mattina piomba nella stanza del direttore commerciale, entrato a far parte dell'organizzazione solo da pochi giorni. Siamo nel mese di febbraio: il COO ha in mano un foglio di carta pieno di numeri e pretende di sapere dal direttore commerciale cosa mettere in produzione a settembre. Una domanda lecita, ci mancherebbe, se non fosse che il COO ha bisogno di avere subito numeri precisi su quanto produrre per ognuno dei 15 modelli delle tre famiglie di prodotti, in quale dei tre colori e per ognuno dei cinque set di specifiche che dipendono dall'area geografica di destinazione. Una serie di richieste per soddisfare le quali sarebbe stato più utile rivolgersi a una chiromante…

Ma la casistica è ricca. Un caso frequente è quello di aziende afflitte da inventari molto elevati, con giacenze obsolete di prodotto finito, nelle quali la diagnosi iniziale è invariabilmente che il direttore di produzione non è in grado di fare il suo mestiere, mentre il working capital esplode consumando le risorse finanziarie dell'azienda. In molti di questi casi, dopo una prima analisi di base, si scopre che il direttore commerciale usa cambiare le previsioni di vendita di settimana in settimana, spesso chiede delle eccezioni per alcuni clienti speciali, cercando di fare expediting di ordini a lui particolarmente cari, magari anche con una buona ragione, finendo per interferire pesantemente con la pianificazione della produzione, nella totale noncuranza del modello di funzionamento della catena produttiva e delle regole sottostanti.

Non importa se abbiamo una produzione a commessa, a "batch", un "assembly to order" o qualunque altro processo continuo: il coordinamento del marketing e del commerciale con la produzione e la supply chain sarà sempre fondamentale per avere un sistema efficiente, che genera il minor inventario possibile, azzera l'obsolescenza e massimizza le opportunità di vendita. Le esigenze della produzione sono sempre antagoniste a quelle del commerciale: da qui scaturisce la necessità di trovare il corretto bilanciamento tra il livello di servizio e le giacenze di materiali totali. I due parametri sono antitetici: se voglio aumentare il livello di servizio, devo aumentare i costi delle giacenze e viceversa. Il direttore commerciale è di solito valutato sulla vendita, e quindi sul livello di servizio più alto possibile, mentre il COO è valutato sui costi e quindi sulle giacenze più basse possibili.

Di nuovo, l'utilizzo di figure esperte, cross funzionali, quindi con competenze su tutte le aree aziendali principali ed esterne all'azienda stessa, può favorire di molto l'approccio a questi problemi e la rapidità della loro soluzione, garantendo una visione "neutrale" della situazione, fornendo un supporto fattivo ma basato sull'esperienza e sulla credibilità del manager che riesce quindi rapidamente a indirizzare il problema sui giusti binari.

La massima efficienza si ottiene quando esiste un processo di S&OP trasparente, con regole definite e condivise da tutti, che mettono in chiaro quali sono i punti di contatto tra il mondo commerciale e quello produttivo. Devono essere come minimo definiti i seguenti parametri:

- La struttura di prodotto, intesa come raggruppamento in famiglie, prodotti, componenti, accessori, varianti.
- I lead time di fornitura e d'acquisto, che sono la base per pianificare correttamente la produzione.
- I livelli di inventario di materie prime, WIP e prodotti finiti.
- Il frozen period, il periodo congelato entro il quale non possono essere modificate le previsioni di vendita. Tale periodo potrà essere

variabile e stratificato: il che vuol dire che posso modificare le previsioni di vendita tra famiglie di prodotto solo oltre quattro mesi di previsione, ma posso cambiare il mix all'interno della famiglia oltre i due mesi, e così via.

Come risultato, dati in input questi parametri e utilizzando le serie storiche di vendita, un semplice modello matematico ci restituirà i livelli di servizio del nostro sistema produttivo, inteso come probabilità che possiamo soddisfare la domanda di uno specifico prodotto a uno specifico istante temporale.
A questo punto, dato un piano di vendita che abbia un orizzonte temporale almeno pari al lead time complessivo più lungo, posso comunicare correttamente tra le funzioni e variare le previsioni di vendita ogni periodo (la cadenza solitamente è mensile, ma non necessariamente) all'interno delle regole di frozen period sopra definite, garantendo quindi che il sistema produttivo non avrà mai un'eccedenza di stock al di sopra di quanto è stato calcolato dal modello. Fine delle discussioni tra il direttore commerciale e il COO e instaurazione di un clima di collaborazione, chiarezza e trasparenza di cui beneficia, nella nostra esperienza, tutta l'organizzazione.
Definiti il modello e le regole di funzionamento, è fondamentale che i vari attori dell'azienda partecipino al processo in modo strutturato e continuativo: non parliamo solo della famosa accoppiata precedente COO-direttore commerciale, ma è fondamentale la presenza del marketing, per rendersi conto delle disponibilità di prodotto rispetto al timing delle campagne di comunicazione; degli acquisti, che devono garantire i lead time di fornitura e capire in dettaglio la criticità di alcuni componenti per i prodotti più importanti dell'azienda; e della direzione finanziaria, o quanto meno del cost controlling, che può dare un contributo in termini di valorizzazione dei margini per il mix previsto indicando dove conviene massimizzare gli sforzi per ottenere un mix di vendita più favorevole all'azienda.
Una menzione particolare la merita il tema del lancio dei nuovi prodotti: un buon processo di S&OP non può fare a meno di un parallelo processo di phase-in phase-out dei prodotti, che aiuta ad avere un focus sistematico sui cambi di produzione e sulla minimizzazione degli obsoleti. In questo caso il team interfunzionale è ancora più allargato, e vede la partecipazione della produzione, degli acquisti, del commerciale, del finance, della ricerca e sviluppo e dell'industrializzazione. Il team deve essere guidato dal marketing, l'unico ente che è deputato a coordinare il lancio del nuovo prodotto. Questa tematica è particolarmente importante perché, a seconda della cadenza delle vendite di un prodot-

to che andrà in phase out, alcune decisioni può essere necessario prenderle con molti mesi di anticipo rispetto al phase in del nuovo prodotto. Può essere opportuno ritardare il lancio di un prodotto di alcuni mesi per ottimizzare gli inventari e azzerare le obsolescenze, anche in un business stagionale. Si tratta di una pratica sana e di attenta gestione finanziaria dell'azienda.

A dimostrazione dell'importanza di una visione olistica di questi processi, citiamo di nuovo il caso dell'azienda di motociclette, per la quale, alcuni anni addietro, si era scelto di acquistare i telai delle moto in Vietnam, ottenendo un significativo risparmio di circa il 10% sul costo d'acquisto, rispetto allo stesso componente prodotto in Europa. Sicuramente un ottimo risultato per la funzione acquisti, che aveva raggiunto un obiettivo importante nel contenimento dei costi di acquisto. Al tempo stesso, però, il sourcing dal Vietnam presupponeva una logistica via nave per far arrivare i telai (sempre per tenere bassi i costi), che quindi dovevano essere ordinati tre mesi prima dell'inizio della produzione. Il risultato di ciò era una dilatazione del lead time complessivo della supply chain, che portava a un incremento importante di stock a parità di livello di servizio, vanificando così l'effetto della riduzione di costo. Quello che può essere un buon risultato per un singolo dipartimento a volte è un pessimo risultato per l'azienda.

In generale, per avere un buon livello di servizio senza incrementare le scorte in modo eccessivo, è comunque sempre molto importante agire sulle seguenti leve:

- Minimizzare i lead time complessivi, sia d'acquisto sia di produzione.
- Ridurre quanto possibile la complessità, quindi rivedere il portafoglio prodotto ed eliminare i prodotti a bassa marginalità/basso volume.
- Utilizzare tutte le tecniche di postponement o late stage assembly di cui abbiamo scritto in precedenza: anche queste permettono un contenimento degli item di pianificazione (almeno fino al customer order decoupling point) e consentono, di conseguenza, una minimizzazione dell'inventario.
- Agire in maniera decisa sulle comunanze di prodotto: avere, quanto più possibile, componenti comuni tra prodotti, all'interno delle famiglie, ma anche tra famiglie diverse. Questo fattore deve essere considerato a livello di ricerca e sviluppo, che quindi deve essere consapevole del rapporto inventario/livello di servizio.

Si aggiunga, come elemento di supporto alla pianificazione, che la parte di demand planning può prevedere un certo grado di automatismo nella definizione e nell'esplosione del piano di vendita: per esempio, nel caso delle motociclette, l'azienda era arrivata a fare la pianificazione per singolo modello e Paese di destinazione, ma non esplodeva tale domanda in modo manuale per i singoli colori del prodotto. Il mix colori era calcolato automaticamente, sulla base dello storico, poiché era stato verificato che la variabilità del mix di colore era abbastanza bassa e costante nel tempo. Anche in questo caso non è necessario un sistema informativo ipersofisticato per mettere in piedi un modello di S&OP e calcolare le scorte e il livello di servizio. Quasi sempre basta Excel e un professionista che sa bene cosa sta facendo.

A proposito: come è finita la storia della pianificazione delle motociclette di settembre? Dopo aver rivisto tutto il modello di pianificazione secondo quanto descritto sopra, senza intervenire sui lead time di fornitura dal Vietnam, è stata effettuata una riduzione dell'inventario medio di circa due milioni di euro, con una quantità a magazzino di prodotto finito che garantiva solo tre settimane di copertura. Per la soddisfazione del direttore commerciale, finalmente in grado di dare una risposta alla domanda del COO! Grazie al modello è stato possibile infatti pianificare per settembre i volumi per famiglia (non era necessario farlo per prodotto, né tantomeno per Paese o colore), potendo anche rivederli nei mesi successivi, entro certi limiti e con variabilità decrescente. Grande flessibilità nel sistema, problema risolto e addio chiromante!

L'efficienza operativa nelle altre funzioni

La riduzione della complessità e della variabilità, con metodi di misurazione puntuali e una visione trasversale e sistemica dell'azienda, creando la giusta cultura attraverso una comunicazione consistente nel tempo, porta a risultati importanti di incremento dell'efficienza in qualunque tipo di organizzazione.

L'estensione naturale di questi concetti è sicuramente, dal punto di vista storico, nelle funzioni di ricerca e sviluppo delle aziende: l'esempio classico è lo sviluppo del mondo automotive degli ultimi trent'anni, con l'introduzione di piattaforme modulari "cross modello" e "cross segmento", che ha permesso di risparmiare miliardi di euro nella creazione e nella commercializzazione del prodotto. Al giorno d'oggi esistono piattaforme in grado di utilizzare indifferentemente motorizzazioni benzina, diesel, ibride o completamente elettriche, per diversi modelli. Il driver in questo caso è la standardizzazione e la razionalizzazione dei componenti: la revisione e la semplificazione del portafoglio prodotti menziona-

ta prima non è altro che un naturale corollario al modo di lavorare di un dipartimento ricerca e sviluppo moderno.
Se allarghiamo la nostra vista all'area commerciale, in realtà anche qui troviamo dei modelli sufficientemente maturi di efficienza operativa: tutta la metodologia sviluppata intorno al tema della sales excellence non è altro che la declinazione in salsa commerciale di quanto abbiamo discusso finora. La preparazione dei piani di vendita, l'identificazione del target di riferimento, la pianificazione dei percorsi di vendita, la definizione delle risorse da allocare per lo sviluppo del business o del singolo cliente sono alcuni dei modi principali per razionalizzare il tema commerciale: ridurre la variabilità della vendita e offrire al processo consistenza, che porta con sé la ripetibilità e la prevedibilità delle azioni di vendita. Come avrete letto in un capitolo precedente, è stata sviluppata al riguardo una metodologia specifica, Top Line Growth, che ha dimostrato la sua efficacia in innumerevoli progetti.
Sempre nella sfera commerciale è fondamentale il tema della formazione, della comunicazione e della cultura: ormai ovunque si utilizzano i concetti di value proposition e di unique selling proposition dei prodotti, si preparano le storyboard di vendita, si forma in maniera continua la struttura commerciale per togliere l'artigianalità dal processo e avere delle basi misurabili su cui poi confrontarsi. Il CRM, in fondo, non è altro che il mezzo per gestire un processo di sales excellence, esattamente come l'MRP o l'OEE lo sono per la parte produttiva. Ma il CRM è uno strumento, non è una soluzione: tante volte abbiamo incontrato clienti che si chiedevano come mai l'implementazione dell'ultimissima versione di Salesforce non avesse prodotto i risultati sperati. Il sistema informativo formalizza un modo di lavorare, una cultura, un approccio ai problemi che è parte integrante di un'organizzazione, e non viceversa.
Incanalare il processo, misurarlo, ridurre la complessità, renderlo ripetibile significa in qualche modo lasciare meno spazio alle iniziative individuali: non vuole essere una mortificazione delle abilità del singolo venditore o una rinuncia a migliorare il processo esistente. Ma se riesco a prevedere i risultati di vendita, attraverso un processo commerciale ripetibile, allora posso preparare una domanda di produzione più accurata e quindi aiutare le altre funzioni aziendali ad aumentare la loro efficienza, ottenendo un miglioramento generale a livello di azienda. I benefici dell'interfunzionalità appaiono di nuovo evidenti.
Un esempio di efficienza operativa abbastanza avanzato, che dimostra come la riduzione di complessità e la ripetibilità siano un valore per l'azienda, lo possiamo trovare nel mondo del retail, per esempio nell'occhialeria: oggi, i player più

innovatori che gestiscono canali retail e wholesale, come Luxottica, arrivano a imporre l'assortimento ottimale dei singoli negozi, sia quelli di proprietà sia gli indipendenti, beneficiando così di una complessità minore e decrementando ulteriormente la variabilità: ti invio solo i modelli e i prodotti che si vendono nella tua zona, la previsione la faccio io a monte e non ti lascio la possibilità di cambiarla. I driver sono sempre gli stessi: riduzione di complessità e variabilità. Lo strumento informativo è solo un enabler, che supporta un processo rigoroso e sempre identico a sé stesso. Ma qual è il vantaggio per i proprietari dei negozi indipendenti, che rinunciano alla propria sovranità sulla decisione di cosa vendere e cosa assortire, oltre, in molti casi, a demandare persino la gestione della vetrina al distributore? Minore stock complessivo, dato che il distributore mi rifornisce in automatico più in fretta, maggiore probabilità di vendita e minore rischio di obsolescenza dei prodotti, grazie all'opportunità di avere una previsione fatta dal distributore basata su una quantità di dati molto più ampia, e nessuna necessità di preoccuparsi delle scadenze del processo di riordino.
Nell'area commerciale c'è ancora molto da fare per incrementare l'efficienza operativa, soprattutto nel mondo delle aziende B2B. Di pari passo, i processi Finance o i processi HR possono beneficiare di questi strumenti per aumentare la loro efficienza operativa, in un'ottica in cui il cliente è interno e non esterno, essendo le altre funzioni aziendali che ricevono il loro supporto. Proprio allo stesso modo del mondo produttivo, quindi, anche nelle altre funzioni l'azione di performance improvement deve agire sui due concetti base presi in esame: la complessità e la variabilità. Per ridurre la prima e contenere la seconda, dando un senso, un coordinamento, una logica e una consistenza in grado di produrre in breve tempo miglioramenti economici e finanziari per l'azienda. E questo vale per qualunque tipologia di azienda, che sia manifatturiera, una banca o un'azienda di servizi: riduzione dei due fenomeni con azioni concrete e misurabili.

EFFICIENZA OPERATIVA, UN PERCORSO VIRTUOSO APERTO A TUTTI

di Giovanni Pomati, CEO di NAUTOR GROUP

"Efficienza operativa": una costante nel mio percorso professionale! Spesso la sua ricerca attiva un processo che aiuta a semplificare la complessità che ci circonda e a individuare le leve determinanti per il miglioramento delle performance.

Ho avuto la fortuna di iniziare a fine anni '90 in Pirelli, era il momento del Just in Time, dei Circoli di Qualità, del TPM, del Miglioramento Continuo... Questi e altri metodi venivano introdotti e sperimentati nelle nostre fabbriche per aumentare l'efficienza, per recuperare quella cultura dell'organizzazione del lavoro un po' arrugginita.
Non potrò mai dimenticare il viaggio studio in Giappone, dove le fabbriche visitate sembravano laboratori: ci vidi proprio un mondo diverso, in cui, a parte la pulizia e l'ordine, coesistevano la ricerca fanatica dell'utilizzo efficiente del tempo e delle risorse, la misura di tutto, la pubblicazione sui cartelloni, quasi artistica, delle attività di miglioramento.
Come spesso succede nella nostra cultura, si cerca di saltare qualche passaggio: l'introduzione dei metodi giapponesi si è tradotta in un monitoraggio stretto degli indicatori di performance, un arido utilizzo dei metodi spesso in gruppi di miglioramento guidati da ingegneri, e poco stimolo dei singoli dipartimenti e delle singole persone a lavorare insieme con un obiettivo comune. Un esempio per tutti, i progetti di miglioramento: i gruppi di lavoro c'erano, ma gestiti dagli ingegneri e spesso i lavoratori erano degli spettatori!
Nel 2007 vengo nominato responsabile industriale di Pirelli Pneumatici, per qualche anno ero stato lontano dalle fabbriche ma la passione era rimasta e soprattutto la voglia di superare quella divisione che si era creata per "tagliare corto" tra strumenti e operatori. È in questo contesto che per caso mi imbatto in un libretto di Alberto Galgano, "Toyota, perché l'industria italiana non progredisce". Il titolo mi intriga, lo leggo d'un fiato e ci trovo l'essenza della riflessione che avevo in corso. L'importanza del bilanciamento tra l'attenzione ai metodi e il coinvolgimento degli uomini, dell'attivazione di quelli che le cose le fanno, di quelli che meglio di ogni altro conoscono macchine e materiali se siamo in fabbrica, le analisi se siamo nei laboratori, le relazioni con i clienti se siamo sul mercato... Avrei dovuto capirlo nel viaggio in Giappone di ormai dieci anni prima!
Da qui parte un percorso nuovo fatto ancora di specialisti dei metodi per la definizione degli standard, la ricerca dell'efficienza operativa, i processi di miglioramento continuo, ma affiancati da professionisti che si occupano dei programmi di formazione, del coinvolgimento, dell'attivazione degli operatori e dei loro leader che devono sapere ascoltare... per esempio! È in questi anni che finalmente si inizia a parlare di efficienza senza problemi, scopriamo insieme che l'efficienza aiuta a correre di meno! È un percorso virtuoso, una partita aperta a tutti, un riconoscimento di competenze diffuse, una chiamata generale a mettersi in gioco.

Capitolo 7

Il turnaround come elemento positivo della trasformazione aziendale

Crisi congiunturali a livello globale, settori che perdono rapidamente competitività rispetto al passato, eventi straordinari e non prevedibili, come il caso della pandemia da coronavirus. Possono essere diversi i fattori esterni in grado di mettere in grave difficoltà un'azienda. Il più delle volte, però, i problemi sono di natura endogena: il contesto generale può esasperarli e aggravarli fino alle estreme conseguenze, ma la genesi della crisi avviene per lo più all'interno dell'azienda e quasi sempre è riconducibile a una serie di condotte e di prassi errate e molto ben riscontrabili.
Errori a cui può porre rimedio, prima che sia troppo tardi, l'inserimento nell'organizzazione di una figura particolare, il Chief Restructuring Officer, un manager esterno all'azienda che, grazie alla sua esperienza e a un know how orientato ai processi di turnaround aziendale, può correggere le dinamiche non virtuose e dare nuove basi dalle quali ripartire.

Perché le aziende improvvisamente cominciano a soffrire

Le scelte strategiche e organizzative che rischiano di portare in sofferenza un'azienda sono diverse, ma le più frequenti possono essere ricondotte a quattro o cinque fattispecie paradigmatiche.
Ci sono casi in cui la strategia di crescita è stata troppo accelerata, per cui si sono consumate risorse finanziarie oltre la disponibilità e gli incrementi perseguiti sono stati rivolti al fatturato, e non al margine e alla redditività. Oppure sono stati implementati piani faraonici di acquisizioni, magari all'estero, con scarsa integrazione tra le aziende acquisite e quindi senza ottenere le necessarie sinergie per massimizzare il beneficio economico. In diverse aziende imprenditoriali, ancora, può accadere che una storia aziendale di successo venga persa a seguito del successo stesso e che, nel celebrare solo i trionfi, l'organizzazione perda gradualmente la sua focalizzazione sui risultati aziendali e cominci a patire il cattivo esempio da parte della proprietà o del management e lo sperpero delle risorse.
Ma può accadere anche che un'azienda troppo rivolta al proprio interno e alle proprie problematiche non sia in grado di accorgersi di un nuovo competitor che irrompe nel mercato: in un caso come questo, il successo stesso dell'azienda è un enorme ostacolo che le impedisce di vedere il cambiamento di scenario competitivo in atto e di conseguenza l'azienda e il management non sono in grado di prendere i rischi necessari per affrontare la nuova situazione. Il risultato, di solito, è che l'azienda si muove con grave ritardo e spesso in affanno, quando ormai lo scenario di riferimento è cambiato e non è più possibile recuperare il terreno perduto.
Nella nostra storia recente ci sono crisi che hanno fatto epoca (Tabella 7.1) anche per la dimensione delle aziende coinvolte, come quelle che investirono il Gruppo Ferruzzi-Montedison e la Parmalat di Calisto Tanzi. Si tratta di due casi eclatanti in cui tutti gli errori possibili, dalla defocalizzazione del core business alle acquisizioni faraoniche, dallo sperpero delle risorse aziendali al cattivo esempio del management, furono commessi. Ma lo stesso Gruppo Fiat, prima del provvidenziale avvento di Sergio Marchionne, è stato artefice dei propri problemi a causa di errori come quelli elencati in precedenza, rischiando a più riprese un collasso fragoroso. Queste dinamiche, però, non coinvolgono solo i colossi o le multinazionali. In tempi più recenti, per esempio, una nota catena di negozi che vende prodotti di elettronica ed elettrodomestici è entrata in crisi per aver voluto fare il passo più lungo della gamba. L'azienda aveva una decina di

punti vendita in Lombardia e vantava risultati più che lusinghieri. Quando, senza valutare adeguatamente i margini e la redditività, ha deciso di aprire otto nuovi punti vendita in Veneto, sono iniziati i problemi. I nuovi negozi, tutti in perdita, hanno finito per trascinare nel vortice della crisi l'intero gruppo.

Ma in quale momento per l'azienda deve scattare l'allarme? L'esplosione del debito e l'incapacità di generare cassa sono i fattori chiave, i sintomi che meglio di ogni altro possibile parametro determinano la temperatura del malato. L'azienda si avvia a entrare in una fase critica quando avverte la necessità di aumentare il suo debito perché la cassa non garantisce più le entrate necessarie, quando le banche per tutelarsi iniziano a ridurre le linee finanziarie e a chiedere i primi rientri, quando i termini di pagamento dei fornitori cominciano ad allungarsi oltre il normale e l'amministrazione dell'azienda tenta di sfruttare questi ritardi e in certi casi utilizza, come fossero una banca, l'erario, l'INPS o gli stessi fornitori. Sono tutte spie evidenti di un problema che non può essere più nascosto come polvere sotto il tappeto, ma che va affrontato in maniera organica e sistemica.

Tabella 7.1 – Le comunanze di cause per alcune esperienze rilevanti di aziende italiane ed estere entrate in crisi negli ultimi decenni (Fonte: Elaborazione propria).

	Ferruzzi-Montedison	**ENRON**	**Parmalat**	**FIAT pre-Marchionne**	**WeWork**
ANNO	**1993**	**2001**	**2003**	**2003**	**2019**
Defocalizzazione dal core business	√	√	√	√	
Acquisizioni faraoniche	√		√		
Mancanza di sinergie tra le aziende acquisite	√		√		
Celebrare solo i successi	√		√	√	√
Sperpero delle risorse aziendali	√	√	√	√	√
Cattiva gestione e cattivo esempio del management	√	√	√		√

D'altra parte, non c'è niente di anomalo nella crisi aziendale. Qualunque realtà può affrontare nel corso della sua storia una situazione di seria difficoltà: è necessario, però, capire bene il momento in cui entrare in "crisis mode", una fase di riorganizzazione in cui le logiche precedenti e consolidate non valgono più e sono necessari nuovi paradigmi e nuovi riferimenti per tutta la struttura, l'organizzazione e le persone, inclusi gli azionisti. Si entra in un nuovo universo, con nuove regole del gioco, nel quale le professionalità richieste sono diverse rispetto al passato e soprattutto rispetto alla gestione ordinaria.

La metodologia del turnaround: un nuovo approccio

Velocità, operatività, credibilità, focalizzazione, frugalità. Sono queste le parole d'ordine e i punti di riferimento da seguire quando si entra nella logica del turnaround e si cambiano, dunque, le regole del gioco.

La velocità è importante quando si affronta una crisi: bisogna fare in modo di prendere le decisioni e renderle operative in una frazione del tempo che si era abituati a impiegare in precedenza. L'operatività ne è la diretta conseguenza: la linea di comando dev'essere snellita al punto tale da trasformare ogni iniziativa in un'azione immediata e concreta. Tutto questo, unito a un flusso di comunicazione costante e aperto, concorrerà a preservare la credibilità dell'azienda nonostante il momento di difficoltà.

La focalizzazione e la frugalità sono due concetti che, calati nel processo di trasformazione aziendale, meritano qualche parola in più. Focalizzare, in questo contesto, significa saper selezionare e definire le poche priorità da affrontare, sacrificando, magari solo momentaneamente, tutte le altre: identificare quindi soltanto tre o quattro punti, e poi riuscire a centrarli davvero. Solo così si eviterà di disperdere energie e risorse, in un momento in cui nulla deve andare sprecato. E per centrare questo stesso obiettivo è bene perseguire la frugalità. Sono infiniti i casi in cui questo principio viene disatteso. Il proprietario di un'azienda imprenditoriale di medie dimensioni nel settore automotive aveva deciso, fino a qualche tempo fa, di adottare una politica opposta. Già destinatario di uno stipendio di un milione e mezzo di euro l'anno, faceva pagare alla società viaggi e biglietti in prima classe per le vacanze della sua famiglia in mete esotiche e addirittura aveva fatto mettere su, sempre a spese dell'azienda e per andare incontro ai desideri della moglie, un ricovero per animali abbandonati adiacente alla fabbrica. Un esempio talmente nefasto che, una volta sopraggiunta la crisi, non

gli fu possibile fare squadra e mantenere quella coesione e quella credibilità che avrebbero potuto salvare l'azienda.
A gestire questa nuova fase dell'azienda dev'essere dunque il CRO, Chief Restructuring Officer, che ha il compito di mettere in pratica e instillare questi concetti all'interno dell'organizzazione in modo empirico e coinvolgente. L'esperienza del turnaround, del resto, ha il preciso obiettivo di coinvolgere tutti, dall'amministratore delegato, che deve fare professione di umiltà e mettersi a disposizione del CRO, fino agli operai, che in questa fase devono ridurre al massimo l'assenteismo. La trasformazione aziendale è un'esperienza pervasiva, che non può rimanere patrimonio di poche persone che si riuniscono cinque o sei volte all'anno: deve realizzarsi, al contrario, un allineamento generale a un nuovo sistema di coerenze per tutti coloro che popolano l'azienda.
Chiariamo subito che il termine "CRO" non viene inteso nell'accezione americana e anglosassone, per esempio negli eventi e nel processo del Chapter 11 (la legge fallimentare americana), cioè una figura di riferimento per le banche e i creditori che semplicemente annota e riporta quanto viene eseguito dal management aziendale in maniera passiva, senza incidere, ma semplicemente osservando l'evoluzione dell'azienda ed eventualmente riportando con diligenza scostamenti e ritardi rispetto al piano concordato. Il CRO è la figura che esprime la leadership intellettuale del processo di risanamento: è l'attore principale, che si carica sulle spalle tutta l'azienda, rappresentando un punto fondamentale di discontinuità rispetto al management precedente, che evidentemente ha ormai perso credibilità nei confronti del ceto creditizio.
Di conseguenza l'intervento del CRO, per essere veramente efficace, ha bisogno di continuità per poter incidere in profondità nell'azienda, e tale intervento non può fermarsi a un periodo di 6 mesi per dare "una sistemata" ai conti aziendali, ma ha bisogno di un periodo di circa 18 mesi per poter dispiegare compiutamente tutta la sua efficacia, garantendo una ristrutturazione totale e la nascita e l'affermazione di un nuovo modello di funzionamento dell'azienda.
Un caso che può considerarsi paradigmatico è quello di una grande azienda multinazionale nella distribuzione di materiale elettrico che aveva deciso di crescere velocemente in Italia attraverso una serie di acquisizioni regionali eterodirette dalla casa madre, basata in una capitale europea. Furono lasciati al loro posto gli imprenditori delle aziende rilevate, ma in una totale mancanza di coordinamento, senza alcuna sinergia di gruppo, con un grande spreco di costi in un business caratterizzato da marginalità bassa. Appena arrivata la crisi congiunturale, crollò il cash flow e l'azienda entrò in una crisi non solo finanziaria, ma anche di business

e organizzativa. Il CRO selezionato per risolvere il problema non aveva alcuna competenza nel settore. Perché non serviva che ne avesse. Vantava invece un grande bagaglio di esperienza nel turnaround e aveva già gestito con successo situazioni simili. Fece tutti i passi necessari, creò una holding in Italia per centralizzare l'amministrazione, la finanza, i sistemi informativi, la gestione del personale e i servizi generali. Ottenne così sinergie significative e risparmi importanti, ponendo i presupposti per una ripresa rapida e fondata su basi solide.

Chiarito l'approccio del nuovo corso e fissati i punti di riferimento ai quali attenersi, è fondamentale quindi seguire una metodologia strutturata, che identifichi con chiarezza i passi da fare e l'ordine in cui farli: durante il turnaround, e soprattutto nella sua fase iniziale, non si può sbagliare nemmeno un singolo passo. Quando questo succede, si corre il serio rischio di veder crollare l'intera azienda e di dover alzare bandiera bianca su un'attività che in molti casi ha prosperato per anni.

È utile dividere l'approccio al turnaround in tre fasi distinte, dettate dall'urgenza degli interventi: un primo momento dedicato alla stabilizzazione dell'organizzazione, un periodo intermedio con le azioni a breve termine, per poi arrivare al governo della ristrutturazione e al varo di un piano industriale che guardi al futuro.

Fase 1: stabilizzare l'azienda e il suo funzionamento

Anzitutto è fondamentale monitorare a fondo la situazione dell'azienda al momento dell'attivazione del crisis management: un'analisi volta a conoscere l'organizzazione, le persone che ne fanno parte, i clienti, i fornitori, il prodotto, i sistemi informativi e i processi che li governano.

Ma il punto iniziale e imprescindibile è mettere sotto controllo la cassa. Verificare crediti e debiti, mappare immediatamente tutte le uscite previste con un calendario da aggiornare settimana per settimana su un orizzonte temporale di almeno tre mesi. A quel punto sarà possibile ridimensionare le uscite, dando priorità solo ai pagamenti indispensabili, quelli che se non saldati rischierebbero di bloccare l'azienda. Tutti gli altri payables devono essere bloccati e spostati in avanti. Al tempo stesso tutti gli investimenti vanno sospesi e congelati o cancellati del tutto, fatta eccezione per quelli essenziali per la continuità della produzione, che devono essere mantenuti.

L'azione successiva è sul capitale circolante, che dev'essere minimizzato e convertito in cassa: ovviamente si inizia dai magazzini, che vanno svuotati e allegge-

riti, anche a costo di permettere sconti eccezionali per i prodotti ormai obsoleti o per quelli a fine produzione. Bisogna poi introdurre un controllo ferreo sugli incassi: è necessario recuperare tutti gli scaduti, anche a costo di dover scontare alcune fatture a fronte di un incasso immediato. Tutti i clienti vanno gestiti nell'ottica della cassa rispetto al margine, tenendo conto anche del fattore tempo. Per quanto possibile, occorre accorciare i termini di pagamento dei clienti. Sul lato dei fornitori, vanno riviste le logiche di spesa, riducendo i lotti di acquisto e aumentando le frequenze di riordino. Devono essere acquistati solamente i materiali necessari alla produzione immediata, coperta da ordini di vendita e dove si abbia la certezza che il cliente ha già pagato o pagherà immediatamente alla consegna. È quindi necessario procedere immediatamente alla centralizzazione delle deleghe e delle procure. Tutti i poteri di spesa devono essere revocati, anche sugli investimenti, e accentrati su un'unica persona, il Chief Restructuring Officer, che ha la responsabilità del turnaround.
Ma accentramento e coordinamento devono essere i punti cardine a cui deve ispirarsi anche la comunicazione. La crisi non va mai taciuta o minimizzata: non lo si deve fare nei confronti dell'opinione pubblica, anche per non correre il rischio che i rumors, le fughe di notizie o le fake news interessate prevalgano dando una percezione deviante e nefasta della realtà, e tanto meno lo si deve fare nei riguardi dei dipendenti, dei clienti, dei fornitori e delle banche. La crisi va quindi narrata e spiegata, e soprattutto vanno chiarite passo passo le strategie elaborate per affrontarla. Accentrare sul CRO questa responsabilità è necessario per evitare che ciascuno si faccia una rappresentazione più o meno verosimile di ciò che sta accadendo e la condivida con altri generando confusione. Sarà il CRO a stabilire cosa comunicare, a chi, come e con quale frequenza, sarà con lui che dovranno coordinarsi i dirigenti, i membri del board e coloro che normalmente si occupano della comunicazione dell'azienda, concordando il contenuto delle informazioni da fornire. Per evitare contraddizioni o difficoltà di gestione, poi, è bene designare un portavoce unico, una spokesperson di riferimento.
Grande attenzione va posta nella comunicazione interna. È un investimento che tutte le aziende dovrebbero fare ben prima che insorga una crisi, perché è il solo modo di creare coesione, coinvolgimento e senso di appartenenza: tutti valori che in tempi di crisi possono rivelarsi decisivi e impedire di sfaldare l'organizzazione. Nella prima fase del turnaround, però, la comunicazione verso i dipendenti dev'essere ancora più puntuale, costante e dettagliata, perché è in questo passaggio che viene percepita maggiormente l'incertezza sul futuro. Allo stesso tempo devono essere rassicurati, pur senza infingimenti, i clienti, che in un fran-

gente del genere spesso temono che l'azienda possa non essere più in grado di fornire loro il prodotto.

Il CRO deve elaborare e concordare un'agenda precisa della comunicazione. È fondamentale, per esempio, comunicare a cadenza settimanale con i fornitori per evitare situazioni di blocco dell'invio dei materiali e per poter quindi garantire la produzione. E con lo stesso intervallo temporale è necessario comunicare con le banche e gli istituti di credito, stabilendo un rapporto di fiducia, basato sulla trasparenza e sulla chiarezza della rappresentazione della situazione. Ogni settimana le banche devono essere aggiornate sulla situazione del circolante, sulla cassa e sulle performance a breve termine dell'azienda.

Un tipico dilemma di questa fase è come gestire la squadra attuale e cosa farne: in generale, il CRO ha bisogno di massa critica per gestire il momento e deve capire chi è parte integrante e attiva della squadra stessa. Una tentazione forte è spesso quella di smantellare immediatamente il team esistente, ritenendolo responsabile dei disastri del passato oppure, al contrario, contare sui manager correnti, che non scontano la necessità di imparare l'azienda e la sua cultura, e piuttosto concentrarsi su ridefinire le regole del gioco, le deleghe, i processi decisionali, le priorità, i ruoli e i comitati. I due approcci possono coesistere, ma è necessario fare in tempi molto brevi (quattro settimane al massimo) un assessment adeguato delle risorse manageriali e prendere le necessarie decisioni di cambiamento. In ogni caso, ogni risorsa inserita dall'esterno deve avere delle caratteristiche molto spiccate di velocità di apprendimento e di inserimento, una profonda conoscenza delle tematiche da affrontare ed esperienza tale da divenire subito un attore del cambiamento senza affogare nella complessità del contesto aziendale quotidiano.

La prima fase è la più critica: non sono ammessi errori. Ogni singolo passo può fare la differenza tra il fallimento o il successo del turnaround.

Fase 2: condurre azioni a breve termine e preparare il piano di turnaround

Spento il primo grande incendio e tranquillizzati gli stakeholder, ripreso il controllo della situazione e garantita la continuità aziendale e la sopravvivenza almeno per le successive 10-15 settimane, è ora possibile concentrarsi sul modello di funzionamento del turnaround: è necessario definire chiaramente ruoli e responsabilità, chi fa cosa nel management team, come si arriva alle decisioni e i livelli autorizzativi e di delega.

Si deve procedere a una prima riorganizzazione dell'azienda, identificando anzitutto i pochi ruoli chiave nell'organizzazione e le poche persone che devono far parte del team di ristrutturazione, che porteranno avanti poi le singole iniziative di miglioramento a livello delle varie funzioni: operations, commerciale, marketing, amministrazione e servizi generali. Con queste figure selezionate il CRO deve procedere poi a un'approfondita analisi e a una rielaborazione di tutte le situazioni negative che hanno generato la crisi e alle contromisure che dovranno impedire di ricadere negli stessi errori. Il passato non può e non deve essere rimosso: deve essere anzi il metro di paragone per cambiare la cultura e i comportamenti in azienda.

Il passo successivo è identificare le azioni a breve termine che possano aumentare la cassa disponibile in azienda. Secondo la prassi più comune si dovrebbe iniziare attraverso una revisione dei costi aziendali: noi proponiamo invece di partire da una revisione al rialzo del margine attraverso un aumento moderato ma sostanziale dei prezzi di vendita. Si riscontrano di frequente situazioni nelle quali è possibile aumentare i prezzi di due o tre punti percentuali senza avere un impatto significativo sui volumi: la struttura commerciale di solito è terrorizzata da una tale eventualità, ma in situazioni di emergenza può essere assolutamente di beneficio per la cassa, considerando che il prezzo aggiuntivo si traduce interamente in margine, e quindi anche un aumento dello 0,5% può rappresentare un miglioramento del margine di diversi punti.

Un'ulteriore leva da utilizzare nel breve termine è la razionalizzazione dell'offerta prodotto, con l'eliminazione di prodotti a margine negativo e la riduzione delle code di prodotto di classe C, spesso spinte da ragioni puramente commerciali ma che contribuiscono pochissimo al margine e al fatturato, generando costi di complessità e costi nascosti ovunque, dalle vendite al marketing, al controllo di gestione, alla produzione e alla distribuzione.

La fase seguente è concentrarsi sui costi: razionalizzare fortemente gli overheads, azzerare le consulenze inutili, tagliare i lavoratori a termine, ridurre le spese di marketing e tutte le spese generali non necessarie. Solo ciò che è necessario alla produzione e che si trasformerà in incasso può essere giustificato. Devono essere tagliati, inoltre, tutti i prodotti a bassa marginalità, che consumano risorse finanziarie e organizzative senza generare la necessaria redditività. Al tempo stesso, insieme alle azioni di breve termine, è necessario strutturare un nuovo piano annuale e mensile. Deve essere preparato un budget basato sulle nuove assunzioni di costi e di margini, che evidenzi chiaramente tutte le riduzioni di spesa e i miglioramenti di margine. Tale piano, soprattutto all'inizio, deve essere

aggiornato almeno ogni trimestre, meglio ancora se mensilmente, valutando il risultato effettivo del mese con quello previsto.
Questo esercizio è fondamentale, poiché è il primo passo per ricostruire credibilità con i creditori, siano essi banche o fornitori. Se possiamo dimostrare che, mese su mese, stiamo rispettando le nostre previsioni, abbiamo una prova sicura della nostra ritrovata affidabilità, che si trasforma in fiducia e ci permette di "comprare" tempo per ripagare i nostri creditori.
Al tempo stesso, riteniamo sempre molto importante avviare una profonda rivisitazione delle logiche "make or buy": in una situazione in cui è fondamentale minimizzare la percentuale dei costi fissi sul totale del valore aggiunto, procedere al re-insourcing di alcune attività produttive o di supporto può essere un'ottima alternativa al taglio del personale e alla riduzione di organico, nell'ottica di saturare completamente gli asset produttivi anche in termini di impianti, macchinari e investimenti. Questa strategia ha un impatto di breve termine nella riduzione dei costi straordinari di ristrutturazione, eliminando almeno una parte degli incentivi all'esodo dei lavoratori, ma ha anche un impatto di medio termine, in quanto permette di ridurre la complessità della supply chain e di renderla più robusta, controllando una parte maggiore del processo produttivo.
Abbiamo visto oggi come, per esempio nella recente crisi del Covid-19, l'eccessivo ricorso a reti articolate di fornitura e di sub-assemblaggio, frutto di un'epoca di globalizzazione spinta che ha portato a un focus eccessivo sulla riduzione del costo di acquisto del singolo componente piuttosto che nell'efficienza complessiva dell'intero sistema produttivo, logistico e di approvvigionamento, abbia comportato una fragilità intrinseca della supply chain, che può andare facilmente in crisi nel momento in cui, priva di ogni elemento di ridondanza della rete di fornitura, uno degli elementi della catena non riesce più a fornire il servizio richiesto.
Al tempo stesso è opportuno segnalare che la rivisitazione delle logiche di make or buy non è mai semplice e non necessariamente può avvenire in tempi relativamente brevi: ci sono infatti situazioni in cui, per esempio, può essere facilmente portato a termine in poche settimane il reinsourcing di pezzi stampati su proprio disegno, qualora ci sia la disponibilità di presse di stampaggio all'interno dell'azienda e si disponga della proprietà degli stampi, mentre se parliamo di riappropriarsi interamente di sottosistemi complessi (per esempio, di componenti meccatronici), magari sviluppati in co-design con il fornitore, sui quali probabilmente l'azienda non padroneggia completamente le conoscenze tecniche, è evidente che i tempi di trasferimento possono anche superare i 18 mesi complessivi per il completamento.

È opportuno segnalare l'importanza della comunicazione con l'azionista durante queste prime due fasi: il CRO deve essere in grado di tenere sempre allineati tutti gli shareholder su base continuativa, sia rispetto alle azioni che vengono portate avanti, sia rispetto agli obiettivi di breve termine e ai risultati attesi. Questo è essenziale per evitare pericolose derive e divergenze di vedute, che altrimenti emergerebbero in ritardo solo nella fase successiva, generando quindi una perdita di credibilità per il CRO e per la preparazione del conseguente piano industriale.

Fase 3: governare la ristrutturazione e preparare il nuovo piano industriale

A questo punto è finita la fase emergenziale: l'azienda ha ristabilito un equilibrio della cassa e dovrebbe riuscire a gestire le proprie attività, certamente ridimensionate, a un livello sostenibile e in continuità. È quindi fondamentale, in questa fase, stabilizzare e far diventare permanente la struttura organizzativa ridefinita nell'emergenza. La modalità di lavoro appena ritrovata deve diventare norma e regola, parte del DNA della nuova azienda ristrutturata: si possono ulteriormente rivedere ruoli e pratiche, allargando il potere decisionale e le deleghe, ma mantenendo sempre una struttura snella, rapida ed efficiente. Inoltre, sulla base del ridimensionamento aziendale effettuato, è possibile preparare un nuovo posizionamento strategico, più coerente e sostenibile con la nuova realtà, che preveda una fase di sviluppo e di espansione "sana" dell'azienda trasformata.
È necessario sicuramente rivedere l'offerta prodotto, capire i segmenti di mercato da continuare a presidiare e quelli da abbandonare, identificare nuove opportunità di espansione del business, sia geografico sia in termini di adiacenze dell'offerta prodotto. Si può valutare un'espansione e un completamento dell'organizzazione aziendale, si possono approvare nuovi investimenti, ma sempre in una logica di estrema prudenza e non andando a minare il rapporto di fiducia costruito con i creditori. Tutto questo lavoro terminerà con la redazione di un piano industriale a cinque anni, che possa essere presentato ai creditori per la loro approvazione e che rappresenterà la base del rilancio della "nuova" azienda, in continuità con quanto già raggiunto nei mesi di restructuring e senza dimenticare la lezione di prudenza, accortezza e frugalità che la crisi appena terminata ha impartito.
La velocità di esecuzione nei progetti di turnaround è fondamentale. Non solo nei primi 2-3 mesi di avvio, quando ogni minuto è prezioso per evitare di aggra-

vare la situazione, ma più in generale in tutto il processo di ristrutturazione, che di solito dura dai 12 ai 24 mesi complessivi, una certa velocità di execution deve essere mantenuta, insieme a quel senso di urgenza che permette di far "accadere le cose" ed evitare di impantanarsi o ritornare a una situazione stagnante. In qualche modo l'urgenza deve essere sfruttata, accelerando e guadagnando quel "passo" che garantisca il cambiamento in tempi rapidi.
Al tempo stesso, per eseguire con successo questo tipo di progetti è necessario mantenere un alto livello di operatività: tutti i manager devono essere fortemente operativi, e il CRO deve dare l'esempio in questo senso all'intera organizzazione. Non c'è più tempo per la "politica" o i giochi di posizione all'interno dell'azienda: deve essere impiantata una cultura del fare che premi solamente chi si prende i rischi delle iniziative e porti avanti il processo del cambiamento. Questo principio vale per tutte le funzioni aziendali e si mette in pratica attraverso le metodologie di efficienza operativa: nell'industriale con i programmi di lean manufacturing o world class manufacturing, nel commerciale con il ricorso alle metodologie di sales excellence o di commercial excellence, mentre nel dipartimento finanza e controllo con l'utilizzo delle tecniche di "fast closing", per avere a disposizione i risultati del mese con tempestività e precisione.
Sicuramente il controllo di gestione è uno strumento fondamentale per supportare la formulazione dei piani da implementare e per riorientare le azioni del management e creare le premesse per il superamento della crisi. In particolare, le previsioni articolate su base settimanale e poi mensile sono efficaci strumenti di governo del conto economico, della liquidità e di salvaguardia della solvibilità aziendale. La capacità di dotarsi di conti economici e flussi di cassa preventivi consente di condurre scenari di bilancio e di evoluzione della situazione economica e finanziaria, anche attraverso il calcolo degli indici di riferimento usati comunemente, e riferiti a valori programmatici con funzione predittiva capaci di cogliere in anticipo l'andamento e i risultati della nuova gestione.
Anche in questa fase, la gestione della comunicazione da parte del CRO con gli shareholder è fondamentale. In questo caso, però, la comunicazione non può essere solo informativa, ma deve essere di condivisione delle scelte del piano industriale e di buy-in da parte degli azionisti, che devono essere coinvolti attivamente nella preparazione e nella discussione del piano e delle relative scelte strategiche, essendo spesso anche parte attiva nel finanziamento conseguente.

Il ruolo del Chief Restructuring Officer e il suo profilo

Quello del CRO è un ruolo altamente specialistico, vocato esclusivamente a situazioni critiche che investano l'azienda, e non può essere inventato al momento. Il management normalmente presente in un'azienda non può ricoprire questo ruolo, che ha delle logiche peculiari e dei tratti distintivi che rendono questa figura unica.

Una delle caratteristiche fondamentali del ruolo del CRO è la sua credibilità personale, soprattutto nei confronti dei creditori. Molto spesso questa figura ha i tratti di un manager navigato, che in passato ha effettuato numerosi interventi di turnaround ed è quindi conosciuto dai dipartimenti di ristrutturazione del debito delle principali banche. È quindi una persona che ha più facilità a instaurare un rapporto di fiducia, grazie anche a un comprovato track record, che porta la sua personale credibilità all'interno dell'azienda in cui va a operare e la mette in gioco. Soprattutto all'inizio, la sua figura può sbloccare quel gap di credibilità che di solito si crea tra l'azienda e le banche, fornendo una boccata di ossigeno alle finanze aziendali, che nelle prime settimane di turnaround può risultare molto importante.

Il CRO è fondamentale anche perché viene percepito come esterno rispetto al management aziendale. È un elemento di discontinuità, una persona che rappresenta una rottura rispetto alla credibilità ormai persa dei rappresentanti dell'azienda. Può quindi conquistarsi da zero la fiducia dei creditori: deve però avere delle capacità comunicative superiori alla media, una seniority e uno standing inappuntabili, deve far sentire ai creditori il peso della sua esperienza. Al tempo stesso deve anche essere un abile negoziatore, capace di trattare con tutte le parti estraendo il maggior valore possibile, arrivando quasi fino alla rottura della trattativa e chiudendo sempre un millimetro prima. Quindi una persona anche di grande empatia, capace di coinvolgere gli stakeholder e di "vendere" loro il progetto, convincendoli che la strada del risanamento sia davvero percorribile e che sia lui l'uomo in grado di ottenerlo.

In generale esistono due differenti profili di CRO: il CRO finanziario e il CRO industriale. Il primo di solito è più conosciuto in ambito bancario, ha una grande esperienza nella gestione dei flussi di cassa e del working capital ed è un esperto di ristrutturazione e di negoziazione del debito. Il più delle volte ha l'identikit di un CFO molto senior, che magari nell'ultima parte della sua carriera ha ricoperto anche ruoli di direzione generale. È fondamentale, nel caso del CRO finanzia-

rio, che il professionista abbia anche una preparazione specifica sulla legge fallimentare, su tutti i possibili strumenti di salvaguardia dei creditori e sulle diverse procedure utilizzabili, come la rinegoziazione del debito con le banche, il concordato preventivo, il concordato liquidatorio, il fallimento. Questo non perché ogni turnaround debba finire negli articoli della legge fallimentare, ma perché è fondamentale che il professionista abbia sempre in mente quali siano gli scenari alternativi a un risanamento in bonis e sappia quindi valutare pro e contro di ogni possibile soluzione per presentarli correttamente agli azionisti e aiutarli a prendere la decisione migliore sul percorso da adottare.
Il CRO industriale, invece, è un manager più spostato sulla gestione delle operations, tipicamente un COO come provenienza, che focalizza la sua attenzione sulla parte di razionalizzazione di uno stabilimento o di più stabilimenti e delle loro produzioni: solitamente questa figura lavora anche sulla parte di offerta prodotto, cercando di razionalizzare il portafoglio e orientare l'azienda verso i prodotti o le famiglie a più alta redditività. Quando il progetto riguarda la razionalizzazione di un intero footprint industriale, questo tipo di CRO decide quali stabilimenti chiudere, dove spostare le produzioni, come riallocare le logiche di make or buy, come snellire e razionalizzare il portafoglio prodotti, con l'obiettivo di semplificare la supply chain, ridurne la complessità e abbassare i costi industriali. In ogni caso, questa figura ha competenze specifiche sul business dell'azienda in questione, così da non avere bisogno di imparare le logiche peculiari ed essere immediatamente operativo.
È molto importante sottolineare come il CRO, qualunque sia il suo profilo, industriale o finanziario, debba essere un professionista estremamente formato nel project management: la gestione delle scadenze, l'individuazione e la definizione di un piano di miglioramento, il controllo delle risorse necessarie per il cambiamento sono tutte abilità fondamentali per avere successo nel turnaround. Per definizione il CRO è un professionista a progetto, con un chiaro obiettivo e un tempo limitato per ottenerlo: in queste situazioni non c'è spazio per rendite di posizione o calcoli politici, conta solo ed esclusivamente la capacità di portare a casa il risultato nel breve termine.

Ricominciare a crescere

Al termine del processo di trasformazione aziendale troveremo un'azienda diversa: diversa negli uomini, nei processi, nell'offerta dei prodotti, nella cultura e nel modo di lavorare. Sarà finalmente possibile a quel punto ricominciare a crescere, nel solco di quel piano industriale che, approvato dai creditori, deve rappresentare il faro e la guida per tirare fuori definitivamente l'azienda dalle secche della malagestione.

Una delle caratteristiche fondamentali delle aziende che hanno effettuato un turnaround di successo è un rinnovato focus sul controllo di gestione: ora la capacità analitica di controllare e misurare i costi, tenere monitorati i margini del prodotto per singola SKU (Stock Keeping Unit), capire dove spingere il mix di prodotto per aumentare la redditività, è diventata una caratteristica che è parte della cultura aziendale e che contribuisce efficacemente a gestire in maniera redditiva l'azienda. Allo stesso modo, di solito, alla fine di questo processo possiamo trovare nell'azienda tutte le caratteristiche "lean" e di efficienza operativa che abbiamo passato in rassegna e che dovrebbero caratterizzare qualunque azienda moderna: semplicità, riduzione degli stock, gestione a vista dell'inventario, flessibilità nella produzione, mantenimento della qualità in process, attenzione al cliente finale. Una volta realizzato il turnaround, in genere si registra anche una spinta vigorosa alla focalizzazione per aree di business, frutto di un attento lavoro sulle marginalità e sul posizionamento dei prodotti dell'azienda rispetto alla concorrenza. Tutti i rami secchi sono stati tagliati, l'azienda è finalmente concentrata sul suo core business, sulle aree di competenza e di eccellenza in termini di prodotto e mercato che le avevano permesso di crescere prima dello scoppio della crisi. L'azienda è quindi più sana, più centrata e più competitiva, magari più di nicchia, ma di certo non è un conglomerato di attività slegate tra loro.

Anche la governance dell'azienda esce rafforzata da questo tipo di progetto, grazie a una visione più chiara delle deleghe e delle responsabilità, a un accentramento delle decisioni strategiche nel consiglio di amministrazione e a un processo di valutazione più attento e analitico delle nuove iniziative di espansione commerciale o degli investimenti industriali. Nelle aziende familiari e imprenditoriali spesso questo si traduce anche con un più alto livello di managerializzazione dell'azienda, con l'inserimento di figure di alto livello e indipendenti a supporto della proprietà e con la definizione chiara del ruolo del consiglio di amministrazione e dell'assemblea dei soci rispetto ai ruoli operativi dei membri della famiglia all'interno dell'azienda. In casi come questi, parafrasando il pensiero del sociologo Edgar Morin, l'esperienza della crisi vissuta, più che "risk of regression", sarà stata una "chance of progression".

TURNAROUND: LE REGOLE D'ORO PER COSTITUIRE UN WINNING TEAM

di Riccardo Garrè, CEO di Gruppo Ferroli

Per avere successo nel turnaround è assolutamente necessaria una iniziale comprensione della governance aziendale. Perché, indipendentemente dal fatto che la società sia familiare o sia posseduta da un fondo di private equity, capire approfonditamente la governance e i suoi equilibri è di fondamentale importanza. È infatti difficile ottenere il totale cambiamento in una governance conflittuale: il supporto pieno da parte di tutti gli stakeholder è una componente molto rilevante. Dev'esserci un allineamento iniziale di tutti, quindi, verso un obiettivo che sia nell'interesse delle parti.

La costituzione del management team è un altro passaggio importantissimo. È impensabile vincere una partita impegnativa senza poter contare su una squadra di specialisti talentuosi e con la giusta mentalità. La selezione della squadra passa attraverso l'analisi delle risorse interne disponibili, da effettuare con totale pragmatismo e attraverso l'individuazione di chi portare a bordo per completare l'organizzazione esistente. Il team va costituito velocemente ed è essenziale fare in modo che ciascuno capisca bene la strategia, i bisogni, i risultati da conseguire. Ogni manager deve avere degli obiettivi chiari, ben quantificati e misurabili. E le regole del gioco devono essere ben chiare a tutti, perché fare turnaround significa anche spingere al limite ed essere sotto pressione, ogni giorno.

Un tema al quale ho sempre dato molta importanza sono gli strumenti da mettere a disposizione del management affinché il turnaround sia efficace. Per ogni funzione e per ogni attività è necessario sviluppare e implementare dei tool che permettano di avere una visione chiara e tempestiva degli andamenti, delle correlazioni con i risultati da ottenere, in modo che non ci sia difficoltà di comprensione di quanto si sia raggiunto fino a quel momento e di quanta rotta rimanga da fare per arrivare a completare l'opera. Oltre a un approccio molto organizzato e strutturato che permetta di mantenere le posizioni conquistate; perché nel turnaround è facile regredire velocemente e questo genera demotivazione.

Nel turnaround capisci di avercela fatta quando, oltre ai risultati, percepisci dal management team una trasformazione che ha portato a renderlo un winning team, l'espressione di una confidenza di aver ottenuto ciò per il quale, tra enormi difficoltà, tutti si sono spesi al massimo. Ecco, a quel punto puoi dire: "missione compiuta", e l'appagamento che ne deriva è enorme!

ASCOLTO E DISPONIBILITÀ AL CAMBIAMENTO: L'ARRIVO DI UN NUOVO MANAGEMENT TEAM

di Renato Vaghi, CEO di DEMA SPA

Il panorama industriale italiano è dominato da aziende di piccole o medie dimensioni, spesso a gestione familiare, che in molti casi faticano nel loro percorso di crescita, o da aziende che hanno subito un processo di crescita troppo accelerato e che non lo hanno accompagnato a una congruente evoluzione organizzativa. Le dimensioni dell'azienda, il tipo di governance, la durata e l'endemicità della crisi, l'entità dei debiti, la capacità di generare cassa, la disponibilità di prodotti propri, il tipo di mercato con cui ci si misura: sono tanti gli elementi che contribuiscono alla scelta del mix di misure ottimali per traguardare un turnaround di successo.
Il tema di una governance e di un'organizzazione non ottimali è spesso ricorrente. Per questo in una ristrutturazione volta al rilancio di un'azienda che ha perso il passo, una volta fotografata la situazione, decisa la strategia di risanamento e le azioni da mettere in campo nei primi 100 giorni, diventa importante definire le dimensioni del risanamento, partendo da alcuni pilastri che possono variare in intensità e modalità di applicazione a seconda dei casi, ma possono essere sintetizzati in:

- **Compliance**: rafforzare il perimetro di tutto ciò che è aderente a leggi e regolamenti, con particolare riferimento alla sicurezza, intesa nelle sue accezioni di safety e security.
- **Connessione**: rafforzare la connessione tra le unità operative, gli stabilimenti, le funzioni, le persone attraverso una revisione dei processi, dei ruoli e delle responsabilità, degli strumenti operativi, delle deleghe.
- **Performance**: incrementare le prestazioni attraverso l'esecuzione di una serie di progetti a favore dell'efficienza e dell'efficacia, privilegiando in un primo tempo tutto ciò che migliora la gestione del circolante e quindi della cassa.
- **Crescita**: potenziare l'azione attraverso l'acquisizione di nuovi asset produttivi, definire un Production System proprio (qualora mancasse) e vissuto come tale dalle risorse, accompagnato a un processo di digitalizzazione delle attività.
- **Empowerment**: definire un programma di Continuous Learning e Leadership per incrementare il livello di professionalità, responsabilità, motivazione e coinvolgimento di tutte le persone.

Sebbene non ci sia sequenzialità rigida tra questi cinque punti, i primi due sono prodromici al resto e fondamentali per dare una modalità di funzionamento normale all'azienda.

Su questi due punti bisogna iniziare a lavorare da subito, perché tutto ciò che ruota intorno alla compliance presenta temi di carattere legale, con potenziali conseguenze penali per il datore di lavoro e per il board, che non devono dimostrare inerzia nell'affrontarli e risolverli.

Lo stesso vale per il secondo punto: i processi, la loro revisione critica, il coinvolgimento delle risorse, sono fondamentali per regolarizzare la vita dell'azienda, per evitare che tutti inseguano le urgenze, che nessuno sia responsabile, che si viva di tradizioni invece che di numeri, dati e fatti.

La mancanza di strumenti IT a supporto dei processi è spesso il capro espiatorio di molti malfunzionamenti che invece spessissimo risiedono in cattivi costumi: funzioni che non si parlano, figure che comunicano tra loro solo via email, dati che non arrivano o che non vengono nemmeno registrati, persone che escono dalle riunioni e continuano a fare "come-abbiamo-fatto-sempre-tanto-non-cambia-mai-nulla".

È chiaro che le emergenze che attengono ai processi non sono gestibili a lungo termine senza adeguati supporti digitali, ma a breve/medio termine prevale la necessità di un grande coinvolgimento di tutte le risorse, dagli apicali agli impiegati, agli operai, senza alcuna esclusione. Se l'azienda, come spesso accade, proviene da una gestione estremamente verticistica, nella quale il proprietario è al centro di tutti gli snodi chiave, il lavoro sui processi deve essere accompagnato da una paziente opera di motivazione, training, responsabilizzazione, ricucitura, ma anche di identificazione delle risorse chiave all'interno dei diversi team.

Al di là della ricerca di figure chiave forti, il cui inserimento è in alcuni casi inevitabile se alcune competenze non sono adeguatamente coperte e se vogliamo iniziare un processo di "distribuzione delle responsabilità", è fondamentale capire in fretta chi è a bordo e chi non lo è. In maniera abbastanza naturale alcuni degli incumbent decideranno di rimanere e "credere" nel nuovo corso, altri decideranno di cambiare strada. È fondamentale anche capire le forze che resistono al cambiamento e il più possibile neutralizzarle o limitarle. Pur nella difficoltà di gestire un depauperamento di conoscenze della società, un ricambio di risorse importante è la premessa per il salto culturale che inevitabilmente ogni processo di ristrutturazione comporta.

Tutto ciò detto, occorre mettersi in modalità di ascolto. L'arrivo di un nuovo management team, magari alieno alla cultura (non solo organizzativa) locale, è spesso mal percepito e sofferto da chi ha vissuto in azienda per tanti anni, spesso con un legame con la proprietà che travalica la semplice relazione professionale (senso di gratitudine, parentela, amicizia). In questi casi è deleterio bollare come fallimentare tutto ciò che la precedente gestione ha fatto e imporre cambiamenti non digeriti,

perché ciò taglia all'origine ogni possibilità di dialogo, mutua comprensione e identificazione. E questo vale per la base quanto per le organizzazioni sindacali.
Anche durante il più duro degli scontri è fondamentale capire le istanze delle persone, senza scambiare questo per arrendevolezza o bizantinismo o mancanza di decisione. La capacità di fondere le competenze professionali di un nuovo management team con le istanze e la cultura degli "incumbent", la necessità di trovare un "meeting of the mind", è sicuramente la maggiore sfida e una delle maggiori lezioni che si possono trarre da qualsiasi caso in cui due culture si fondono. Non si tratta di negoziare, cedere, arrendersi, ma si tratta di capire, adattare, comunicare, persuadere, condurre, cambiare.
La crescita dimensionale e il rilancio vanno sempre accompagnati da un'adeguata crescita organizzativa e manageriale; questo vale sia in caso di continuità sia nel caso di un drastico cambio di leadership. Se l'azienda imprenditoriale/familiare cresce, l'imprenditore deve avere il coraggio di dotarsi di manager forti, competenti e adeguatamente delegati a gestire una realtà molto diversa da quella epica e romantica che ha caratterizzato gli anni della partenza. Deve avere il coraggio di farsi contaminare dallo stato dell'arte dell'industria, della tecnologia, della scienza organizzativa, del sociale. Deve avere il coraggio di fare evolvere la cultura dell'azienda e lasciarla strutturare. Ma soprattutto, presto o tardi, deve avere il coraggio di chiedere aiuto agli esperti, quando serve.

Capitolo 8

Governance & Shareholder management: come rendere competitivo il board aziendale

Crescere, sviluppare nuovi prodotti e nuove soluzioni per servire meglio i propri clienti, conquistare nuovi mercati, diventare più sostenibili per continuare a esistere e prosperare. Per raggiungere questi obiettivi molte aziende impostano strategie più o meno efficaci, investono, fanno acquisizioni ma trascurano spesso un passaggio indispensabile: dotarsi di un board realmente competitivo. Costruire un sistema di corporate governance efficiente è invece la precondizione essenziale per supportare un processo di crescita dell'azienda e per aprire la struttura dell'azionariato al mercato e a investitori istituzionali. Come cercheremo di argomentare in questo capitolo, il board competitivo può essere anche uno strumento di emancipazione – culturale, strategica, organizzativa e anche operativa – per le aziende ad azionariato famigliare che vogliono crescere rapidamente. Qui ci rivolgeremo soprattutto a imprese di media e medio-piccola dimensione non quotate ma, come vedremo, alcuni suggerimenti possono essere utili anche ad aziende di maggiori dimensioni e quotate.

Il ruolo dei Consigli di Amministrazione

Il punto di partenza è, nel 1994, la prima ricerca mai effettuata in Italia sulla composizione e il ruolo dei consigli di amministrazione delle aziende italiane[1]. Ai 1.500 consiglieri di amministrazione di quelle che erano allora le prime 300 società italiane, quotate e non, fu sottoposto un questionario di 54 domande che mirava innanzitutto a conoscere la composizione e il funzionamento dei board, i criteri di scelta dei consiglieri, il modo in cui le riunioni di consiglio venivano preparate e svolte, i processi e gli strumenti di controllo dell'operato non solo dei manager da parte del board, ma anche del board stesso da parte degli azionisti e delle autorità di vigilanza.

Il quadro che emerse allora è riassunto in una serie di punti, tratti direttamente dalla pubblicazione dei risultati della ricerca:

- I consigli di amministrazione rappresentano quasi esclusivamente gli azionisti di maggioranza. I consiglieri che ne fanno parte sono cooptati – salvo rare eccezioni – direttamente dall'azionista scegliendo, nel 90% dei casi, tra persone già dipendenti dell'azienda o che comunque hanno rapporti professionali con l'azienda.
- Il contributo fondamentale dei consiglieri riguarda il controllo dell'attuazione della strategia. È considerato invece marginale fornire un punto di vista autonomo da quello del management, così come selezionare e valutare il management stesso.
- Il meccanismo della cooptazione di persone fidate da parte dell'azionista di maggioranza fa sì che ruoli e compiti dei consiglieri non vengano formalizzati: solo nel 20% dei casi le aspettative dell'azienda nei confronti del consigliere al momento della sua nomina gli vengono comunicate in modo esauriente. Allo stesso modo il suo contributo è oggetto di valutazione solo nel 35% dei casi.
- I consigli di amministrazione si riuniscono raramente – meno di 5 volte all'anno nel 62% dei casi – e sono preparati in maniera insufficiente (scarso anticipo nel fornire informazioni preparatorie, scarsa qualità dell'informazione).
- La presenza di consiglieri non esecutivi è limitata al 27% delle aziende prese in esame: sono quasi tutti espressione dell'azionista di maggio-

1. Giuseppe Crisci e Guido Tarizzo "Il Governo dell'Impresa. Il ruolo dei Consiglieri di Amministrazione e dei consiglieri non esecutivi nelle Aziende Italiane", 1994.

ranza e la loro influenza è considerata modesta (sia da loro stessi che dal management). Azionisti e management li vedono confinati in un ruolo di rappresentanza e di ratifica di decisioni già prese altrove.

- Misure atte a formalizzare il ruolo e la professione di consigliere di amministrazione, quali, per esempio, porre un limite al numero di incarichi e alla loro durata e valutare la performance dei consiglieri, vengono viste con scetticismo e incontrano forti resistenze. Allo stesso modo, l'uso di strumenti professionali per individuare e inserire nuovi consiglieri nel board (induction training sull'azienda, definizione di un profilo ideale dei candidati da prendere in esame, ricorso a processi e attori professionali per la ricerca e la selezione) sono molto rari: il processo rimane basato sui contatti personali e sul principio della cooptazione diretta".

Questo era il 1994. In Italia non esistevano codici di comportamento e best practice formalizzate e questo lavoro – e i molti altri che seguirono – servì a introdurre norme, regole e comportamenti che hanno molto cambiato, in meglio, il panorama dei consigli di amministrazione delle aziende italiane e il loro modo di operare, soprattutto per le aziende quotate. Da quel momento è stata rivolta un'attenzione costante al tema della composizione e del funzionamento dei consigli di amministrazione, al fine di dotarsi di un board efficace e competitivo. L'approccio più semplice e concreto è innanzitutto utilizzare i punti elencati in precedenza come una sorta di check-list di auto-analisi: quanto ci siamo distaccati da quel modello di board burocratico e inefficiente, vissuto come un male necessario piuttosto che un vantaggio competitivo? Quanto i board delle aziende non quotate e di piccola, medio-piccola, media e medio-grande dimensione (diciamo dai 50 ai 500 milioni di fatturato) ancora somigliano a quel modello? Il board della mia azienda quanto è forte, proattivo, ben strutturato e ben gestito in modo da costituire uno strumento di allineamento e coerenza tra azionisti, management, stakeholder?

Perché serve un board competitivo

Oggi le aziende italiane sono chiamate a perseguire contemporaneamente quattro priorità:

- Crescere in maniera sostenibile in mercati che non crescono o crescono poco, il che comporta sostanzialmente crescere più – e più velocemente – dei propri concorrenti.

- Essere più internazionali, incrementando e migliorando in modo costante e non episodico la propria presenza all'estero a livello industriale e commerciale.
- Ricercare e sfruttare continuamente opportunità di efficienza operativa nei costi, nella qualità dei prodotti e dei servizi offerti, nei processi di innovazione, nell'essere sempre più vicini ai propri clienti.
- Diventare veramente sostenibili, non solo dal punto di vista ambientale ma anche da quello etico, in modo da rappresentare un esempio virtuoso fatto di regole, comportamenti e processi coerenti con il ruolo che l'impresa riveste nella "comunità umana" presente e futura.

Di fronte a queste sfide, il sentire comune di molti azionisti e capi azienda è ancora oggi che il board vi contribuisca in modo marginale. Prevale una visione passivo-reattiva del funzionamento del board che viene visto sostanzialmente come un'entità da informare, tenere al corrente ex-post di quello che azionisti di maggioranza e management hanno deciso di fare, ratificarne le decisioni, al massimo ammonire chi prende le decisioni di tenere in debita considerazione i rischi associati alle decisioni stesse. Facendo così innanzitutto si perde un'occasione: si riuniscono delle persone, si retribuiscono (di solito poco, in modo più simbolico che reale), si dedica del tempo ma alla fine si dà per scontato che il loro contributo sia marginale e che la vera governance sia altrove. Anche il tema della rappresentanza degli azionisti di minoranza, quando esistono, viene trattato in modo burocratico e sostanzialmente solo in sede di approvazione del bilancio. Siamo sicuri che sia questo il modo giusto di valorizzarne le istanze?
Uscire da questo paradigma, nella nostra esperienza, è innanzitutto un tema di coraggio intellettuale da parte dell'azionista di maggioranza. Nessuna norma, regola o best practice riconosciuta farà cambiare idea a un imprenditore che considera il board un male necessario, un adempimento burocratico al quale dedicare meno tempo ed energia possibili. Chi scrive si è spesso sentito dire da imprenditori/azionisti di maggioranza: "Se già devo affrontare i concorrenti, la globalizzazione, le richieste dei clienti sempre più sofisticate, l'evoluzione della tecnologia, le pressioni dell'ambiente, perché devo anche perdere tempo e complicarmi la vita con il consiglio di amministrazione?". Il punto è proprio questo: il board può contribuire in modo determinante – se ben strutturato ed efficiente – ad affrontare questi argomenti in modo da farne un terreno di miglioramento

e gestirli in modo proattivo. Azionisti illuminati ci hanno seguito in questo ragionamento: ho un board, sono obbligato ad averlo, ne devo fare uno strumento di allineamento tra azionisti, strategie, management e stakeholder in modo che diventi un vantaggio competitivo.
Tutto parte dalla presa di coscienza e dalla volontà di cambiare da parte dell'azionista di maggioranza. Nel viaggio per arrivare a creare un board competitivo gli ambiti da affrontare riguardano:

- il perimetro decisionale del board: di quali temi si occupa e quali decisioni sono di sua esclusiva competenza;
- come se ne occupa: quali sono le regole e i processi attraverso i quali il board funziona, le operations del board;
- da chi è composto: coerentemente ai primi due punti, quali sono i profili professionali e le caratteristiche di chi deve farne parte.

Queste tre dimensioni devono essere coerenti: non si può seriamente parlare di strategia se il board si riunisce solo quattro volte all'anno, non si possono affrontare seriamente acquisizioni e joint venture senza un dialogo di dettaglio tra board e management, non ci si può occupare seriamente di come migliorare la gestione operativa se non si conoscono a fondo le tecnologie e i processi produttivi, e via dicendo.
In questo quadro, fanno parte del lavoro del board competitivo decisioni in merito a:

- acquisizioni;
- localizzazione della base produttiva e delle strutture commerciali;
- fonti e modalità di finanziamento;
- lancio di nuovi prodotti e servizi;
- apertura di nuovi mercati.

Si tratta di competenze, quindi, che contemplano la pianificazione della strategia, l'indirizzo e il controllo della sua esecuzione.
Accanto a questo, nuovi temi sono emersi in anni più recenti:

- orientamento dell'organizzazione verso comportamenti socialmente responsabili;
- promozione della trasparenza interna ed esterna;

- sostenibilità ambientale ed etica;
- diversity e gender gap;
- cyber security.

Inoltre, il board discute e prende decisioni in merito a:

- strutture organizzative;
- allineamento tra strategia (il business plan), processi, organizzazione e persone, verificando e promuovendo la coerenza tra questi elementi;
- remunerazione, incentivazione e valutazione del top management;
- talent management e aumento della conoscenza.

Anche qui è utile confrontare questa agenda con quella del proprio board: quanti di questi temi sono oggetto di preparazione, analisi e discussione all'interno del board? Quanto tempo viene loro dedicato? Qual è il peso che il board dà a questi temi rispetto a quelli legati alla compliance (certamente importanti ma non tali da assorbire gran parte del tempo dei consiglieri) o – più semplicemente – alla discussione sul bilancio?

È chiaro che, se questi sono i temi, le persone che fanno parte del board devono avere sufficiente esperienza e competenza, ciascuno nel proprio campo, per aggiungere valore alla discussione e alla presa di decisioni all'interno del board. Spesso abbiamo assistito a riunioni di consiglio di amministrazione in cui, a fronte dell'importanza e del peso degli argomenti da trattare, molti membri del board non avevano alcuna credenziale – e nessuna formazione fornita dall'azienda – per contribuire in modo significativo alle decisioni. Quindi coerenza innanzitutto tra la missione del board, la sua agenda e skill di chi ne fa parte.

Naturalmente il peso e l'intensità dedicati agli argomenti elencati in precedenza variano a seconda della tipologia, della dimensione, delle caratteristiche e dello stadio di sviluppo dell'azienda: il board di una start-up sarà più focalizzato sui temi del financing e dell'organizzazione (leadership, talent management, politiche retributive e di retention), mentre quello di una scale-up dedicherà più tempo alle acquisizioni e a come crescere più rapidamente dei propri concorrenti; il board di un'azienda famigliare che vive un momento di transizione e di passaggio da un modello organizzativo centrato sulla figura dell'imprenditore-fondatore a un modello più manageriale si concentrerà sui temi legati alla leadership e alla successione, ai processi organizzativi e al talent management.

Tuttavia, la capacità da parte del board di affrontare in modo competitivo l'insieme degli argomenti che abbiamo citato ne costituisce la ragion d'essere, il motivo per il quale ha senso dedicare tempo ed energie intellettuali alla costruzione di un board che aggiunga valore all'azienda.
L'elaborazione delle scelte strategiche e delle loro modalità di esecuzione costituisce il terreno di confronto prioritario tra board e management. In molte aziende il punto di partenza era che la strategia era di esclusiva pertinenza dell'amministratore delegato e che il board se ne disinteressava quasi completamente (non potendo contare su informazioni e processi tali da consentirgli di interagire con l'AD su questi temi) così come non aveva nulla da dire in merito a come renderla operativa; cambia l'AD (spesso in un arco di 3-5 anni) e il nuovo AD promuove una strategia diversa (scelte che, per ottenere risultati tangibili, spesso hanno bisogno di tempi più lunghi) e il board passivamente assiste e ratifica decisioni già prese; nel frattempo si sono persi anni e sono stati fatti investimenti che non hanno dato i ritorni auspicati.
Spesso rompere questo circolo vizioso si rivela la leva prioritaria per iniziare a cambiare le cose. Mettere al centro del lavoro del board l'elaborazione del piano strategico, dotarlo degli strumenti giusti e delle persone più adatte, favorire e strutturare il dialogo continuo tra board e management in merito, ribadire continuamente e nei fatti l'ownership del board sulla strategia è il primo sforzo da fare per arrivare a un board competitivo. Nelle aziende di medie dimensioni a capitale chiuso, il ruolo strategico del board assume ancora maggiore rilevanza se si considera che l'imprenditore è spesso privo di un confronto ad alto livello a causa delle scarse competenze dei manager o del loro appiattimento sulle sue posizioni. In questo tipo di aziende, la visione e le scelte strategiche dell'imprenditore possono essere discusse, rielaborate e validate da un board che svolga efficacemente il proprio ruolo strategico, prima che il mercato le valuti in termini di risultati economici, quando ormai è troppo tardi. È anche compito del board fornire al management indicazioni chiare su come le strategie vanno realizzate: che cosa si vuole far succedere, come e in quanto tempo. Non solo: è il board che definisce come misurare l'ottenimento degli obiettivi che l'azienda si è posta: sono stati raggiunti o no? In quanto tempo? Nei modi e nei costi previsti? Il management interagisce con il board in questo processo, fornisce le proprie idee e le proprie proposte, fa "succedere le cose" e risponde al board dell'ottenimento dei risultati.

La composizione del board

Parleremo in chiusura di questo capitolo di come funziona un board competitivo, fornendo alcuni suggerimenti pratici per chi legge. Concentriamoci qui invece sulla composizione ideale del board: quali sono i requisiti fondamentali per entrare a far parte di un board competitivo? Alcune regole di base aiutano a definire le caratteristiche irrinunciabili del board member ideale:

- è una persona dotata di spirito critico unito a intelligenza emotiva e relazionale;
- conferisce al board esperienza internazionale, ha lavorato e conosce bene i Paesi interessanti per l'azienda;
- è portatore di best practice, apprese e sperimentate in contesti diversi.

Nello scegliere i componenti del board uno dei criteri fondamentali è la complementarietà con il management team dell'azienda: l'obiettivo è creare un board che aggiunga capacità, esperienza, skill al management dell'azienda, e che vada oltre la capacità di aggiungere valore presente in azienda.
Per esempio, persone che provengano dal "target client environment" dell'azienda forniscono un contributo rilevante sia alla presa di decisioni sia alla loro strategia di esecuzione. Per un nostro cliente attivo nei servizi di manutenzione e ricambi per il settore construction, l'inserimento nel board di un manager internazionale proveniente dal settore del mining ha fornito un valore aggiunto determinante per la crescita dell'azienda in quel settore.
L'esperienza operativa è un altro criterio fondamentale nella scelta dei board member. La capacità di "far succedere le cose" è oggi un fattore critico di successo per tutte le aziende: troppo spesso strategie e piani a cui l'azienda ha dedicato tempo e risorse naufragano per scarsa capacità di execution. Questa capacità non si improvvisa ed è frutto dell'esperienza: chi siede in un consiglio di amministrazione deve saper portare conoscenza e metodo per mettere in pratica le idee in modo più veloce e più efficiente rispetto ai concorrenti, e il board deve essere il luogo dove si mettono a punto le strategie di execution.
Quali iniziative strategiche specifiche dovrà intraprendere l'azienda nei prossimi tre anni? Dovranno essere aperti nuovi insediamenti industriali? Sono previste acquisizioni? L'azienda sbarcherà in nuovi mercati? Ci sarà il lancio di nuovi prodotti? Un utile criterio nella scelta dei board member può essere quello di reperire figure che abbiano già realizzato iniziative di questo genere e le abbiano concluse con successo.

Un ulteriore criterio di fondamentale importanza nella composizione del board è la diversità. Della diversità di genere si parla da tempo ed è francamente sorprendente che la questione susciti ancora oggi delle perplessità. Chiunque abbia anche un minimo di esperienza, non solo di board ma di azienda in senso lato, sa benissimo che l'equilibrio tra uomini e donne nei ruoli manageriali e nei consigli è un fattore competitivo determinante. Quindi, anche su questo tema, è utile un self-check da parte di azionisti e manager. Ma l'idea di diversità di cui parliamo qui è più composita e riguarda:

- cultura di provenienza;
- education;
- generazione di appartenenza;
- industry.

Un esempio tratto dalla nostra esperienza illustra abbastanza bene cosa intendiamo per diversità: tempo fa un'azienda chimica, proprietà di due famiglie non imparentate tra loro, con un fatturato intorno ai 150 milioni, decise di individuare e inserire nel board un non-executive director che desse un contributo alle strategie di sviluppo internazionale dell'azienda. Il profilo richiesto era piuttosto semplice: ingegnere chimico, esperienze di top management in aziende multinazionali dello stesso settore, non italiano, conoscitore dei mercati dell'Europa orientale, portatore di contatti e door opener in quell'area. Il board nel quale la persona in questione avrebbe dovuto inserirsi si presentava così:

- sette membri più il presidente, tutti laureati in ingegneria (quattro al Politecnico di Milano, tre a quello di Torino, uno a Genova) e tutti italiani;
- cinque di questi, dipendenti o ex-dipendenti dell'azienda;
- età compresa tra i 55 e i 63 anni;
- tutti maschi.

Indipendentemente dal valore (indubbio) delle persone che lo componevano, questo board si caratterizzava per l'assoluta assenza di dibattito critico (serviva solo a ratificare le decisioni prese dai due azionisti e da un gruppo ristretto di manager), la visione dell'azienda e del contesto competitivo era – salvo qualche sfumatura – del tutto uniforme, il board stesso non si riuniva più di quattro volte all'anno, peraltro molto brevemente. Era di fatto un board inutile. Nessuna

persona di valore con le caratteristiche richieste avrebbe accettato con entusiasmo di farne parte. Nessun progetto serio di internazionalizzazione sarebbe stato elaborato in un contesto simile. Se l'intenzione dell'azienda era di aprirsi a contributi esterni, questo avrebbe richiesto un radicale ripensamento della composizione e del funzionamento del board.
L'azienda ha avuto il coraggio di accettare queste considerazioni e di avviare un progetto di board redesign. Sono passati alcuni anni e oggi il board di quell'azienda si presenta così:

- degli otto membri del board precedente ne sono rimasti due, il presidente e un ex dipendente;
- degli altri sei componenti del board attuale, quattro sono donne, tre sono laureati in economia, uno in medicina, quattro su otto sono non italiani di tre nazionalità diverse (le riunioni del board si svolgono in inglese);
- il range di età va dai 40 ai 70 anni;
- il board si riunisce in media 8 volte all'anno.

In cinque anni l'azienda ha più che raddoppiato il fatturato, ha concluso tre acquisizioni all'estero e oggi realizza fuori dall'Italia l'85% del fatturato.
Questo è un esempio nemmeno tanto rivoluzionario in un settore piuttosto old economy. Cosa succede invece in aziende e mercati caratterizzati da cambiamenti molto più veloci, dalla presenza preponderante di millenial tra i dipendenti (e spesso anche tra i clienti), dall'impatto dei social network e della digitalizzazione e da una spinta molto più marcata alla globalizzazione? Alcune best practice (Gucci, Accor Hotels, Stora Enso) vanno seguite con attenzione per aver creato i cosiddetti shadow board, gruppi di talenti molto più giovani della media aziendale (23-26 anni) con cui il top management e il board stesso interagiscono in maniera continua e strutturata. In queste aziende l'obiettivo è spingere al massimo la diversity sia per cogliere in anticipo le tendenze dei mercati, soprattutto emergenti, sia per scoprire e utilizzare al meglio i talenti e le capacità presenti nell'organizzazione. Da queste esperienze si possono trarre utili indicazioni su come arricchire la composizione e il lavoro di board che, per quanto competitivi, sono ancora comunque "tradizionali".
Complementarietà, esperienza operativa, diversità, provenienza da settori diversi ma contigui rispetto a quello in cui opera l'azienda, sono le idee guida nella scelta dei board member, insieme a capacità critiche, esperienza internazionale,

intelligenza emotiva. Accanto a questo, il board deve avere un suo "manifesto" e una sua disciplina di funzionamento: il manifesto è l'esplicitazione della sua missione, la sua ragione di esistere.

La missione di un board burocratico è:

- fare gli interessi degli azionisti;
- approvare il bilancio;
- verificare la compliance con le norme vigenti;
- decidere le politiche retributive del top management;
- definire codici di condotta e vigilare sulla loro applicazione.

Una missione così definita rende il board sostanzialmente irrilevante per la competitività dell'azienda. Occorre una missione diversa, che potremmo definire nel modo seguente:

- fare gli interessi della comunità di cui l'azienda fa parte (azionisti, clienti, fornitori, dipendenti, istituzioni e cittadini dei luoghi in cui l'azienda è presente);
- contribuire alla definizione e alla realizzazione delle strategie di crescita dell'azienda attraverso un dialogo e un confronto continui con il management;
- scegliere e valutare il top management dell'azienda;
- contribuire a rendere l'azienda attrattiva per i dipendenti, i clienti, i fornitori, gli investitori.

Gestire la transizione verso un board competitivo: alcuni suggerimenti pratici

Per rendere davvero competitiva la governance aziendale ed evitare di cadere nel cliché del consiglio di amministrazione che serve solo a solo a ratificare decisioni già prese, è utile seguire una serie di semplici regole d'ingaggio:

1. I membri del board sono scelti attraverso un processo formalizzato e trasparente che parte da una job description, come si farebbe per la ricerca di un executive. In generale, è opportuno evitare board troppo numerosi, con più di 11 componenti.

2. Al momento della scelta, al nuovo board member viene comunicato in modo chiaro quale sarà il suo ruolo e quali sono le aspettative che l'azienda ha nei suoi confronti.
3. I membri del board devono sottoporsi a un percorso di formazione sull'azienda (induction training) che riguardi la sua storia, i prodotti, i clienti, i fornitori, i processi produttivi e gestionali, l'organizzazione, i mercati e i concorrenti, e non solo i processi amministrativi, contabili e regolatori.
4. Il board, sia nella sua totalità sia in gruppi più piccoli, deve avere occasioni di incontro e di scambio con il management anche al di fuori delle riunioni ufficiali. Tali riunioni vanno preparate con congruo anticipo e adeguata documentazione.
5. Alle riunioni del board vanno dedicati tempi appropriati. Tali riunioni sono calendarizzate a inizio anno (mai meno di 6 riunioni all'anno) e sono supportate da adeguata documentazione che rifletta l'agenda dei temi da trattare.
6. Nessun membro del board deve far parte di più di quattro consigli di amministrazione. Nessun membro del board rimane in carica per più di tre mandati triennali consecutivi.
7. Nessun membro del management team fa parte del board, a eccezione dell'amministratore delegato.
8. L'operato e l'efficacia del board – e dei singoli componenti – sono valutati periodicamente attraverso un processo formalizzato.

Se aggiungiamo a queste regole indispensabili le pratiche di funzionamento ormai consolidate anche in Italia (per esempio, l'articolazione del board in comitati) e ci ispiriamo alla mission del board competitivo, abbiamo un quadro abbastanza completo di come un board capace di aggiungere valore debba essere composto e di come debba funzionare.

Il rapporto tra board e azionisti

Abbiamo visto come nel modello di governance arcaico i membri del board siano sostanzialmente espressione degli interessi dell'azionista di maggioranza, vengano scelti tra le sue persone di fiducia, abbiano spesso rapporti professionali con l'azienda e non siano quindi indipendenti, quando non addirittura porta-

tori di conflitti di interesse. In particolar modo nel nostro Paese, caratterizzato da una fortissima presenza di aziende familiari nel sistema economico, "persona di fiducia" e "membro della famiglia" spesso coincidono facendo sì che molti board assomiglino più a delle riunioni di famiglia con qualche ospite piuttosto che a luoghi di confronto tra persone indipendenti e portatrici di esperienze e punti di vista diversi.
La nostra esperienza insegna che questo modello:

- non favorisce la crescita e l'internazionalizzazione;
- non è attrattivo per gli investitori e per il mercato dei capitali;
- è respingente nei confronti dei talenti migliori, sia a livello di top management sia di board member indipendenti;
- è un ostacolo alla realizzazione di un modello di governance che favorisca la successione e l'evoluzione dal modello di azionariato familiare al modello aperto al mercato.

I processi di crescita e le loro accelerazioni comportano per l'azienda un aumento costante della complessità (dimensionale, geografica, tecnologica, organizzativa, gestionale) insieme a momenti in cui avvengono dei veri e propri "salti di qualità" (pensiamo, per esempio, per un'azienda che fattura 300 milioni, all'impatto dell'acquisizione di un concorrente che ne aggiunga altri 100). Oltre una certa soglia dimensionale (sempre più bassa), la complessità non è più gestibile dal solo imprenditore di prima o seconda generazione e dalla cerchia di familiari o di manager fidati che siedono nel board. Allo stesso modo, la necessità di crescere impone un ricorso sempre più frequente al mercato dei capitali, se non l'apertura stessa dell'azionariato a soggetti terzi. Il board fiduciario o familiare spesso non è adeguato a capire, anticipare e gestire questi fenomeni e l'azienda rischia di esserne tagliata fuori o di subirli passivamente.
La creazione di un board secondo i criteri che abbiamo elencato ha, tra i molti vantaggi, anche quello di favorire la transizione verso un modello di funzionamento dell'azienda più strutturato e basato su processi condivisi, piuttosto che dipendente in modo determinante dalla verve dell'imprenditore. In questa prospettiva il board assume anche la valenza di un tutor nei confronti del management, con un ruolo di messa a punto, supporto e controllo della realizzazione di metodi di lavoro che consentano al management di esercitare pienamente la propria funzione.
Questa transizione ha successo solo se l'azionista/imprenditore è capace di staccarsi dalla gestione operativa – nella quale si sovrappone o si alterna al manage-

ment con ruoli che lo vedono spesso impegnato nell'operatività quotidiana – e assume il ruolo di portatore e testimone dei valori fondativi dell'azienda.
In Italia l'azionista/imprenditore è quasi sempre un innovatore tecnico, che ha saputo inventare e ingegnerizzare qualcosa che prima non c'era e offrirlo al mercato in modo innovativo. In questo modo ha saputo conquistare la fiducia dei clienti, il rispetto e spesso l'affetto e l'attaccamento dei dipendenti, così come degli altri stakeholder dell'azienda. Un'esperienza unica e irripetibile che lo ha portato a conoscere in prima persona il prodotto, i clienti e i fornitori, i concorrenti e i mercati, le tecnologie, a rielaborare il tutto con il proprio spirito imprenditoriale e a trasferirlo in azienda attraverso il proprio agire quotidiano.
Quando questa esperienza non è più sufficiente a garantire la crescita e le accelerazioni imposte dal contesto competitivo, contemporaneamente ad avviare la transizione verso un modello di governance più evoluto e di azienda managerializzata, è indispensabile che vengano resi espliciti e comunicati in modo continuo i valori che l'esperienza imprenditoriale ha costruito e reso tangibili. Come i prodotti e i servizi offerti dall'azienda migliorano la vita dei clienti, il rispetto e la cura nei rapporti con i propri dipendenti, la fiducia di clienti e fornitori, la stima da parte della comunità in cui l'azienda è inserita, il lavorare con passione e dedizione: sono questi i valori di cui l'azionista è testimone e che ha il compito di salvaguardare e promuovere nell'agire quotidiano dell'azienda. Assicurare la coerenza tra questi valori, la composizione e il lavoro del board e del management team costituisce il compito primario dell'azionista.
Il rapporto tra board e azionisti comporta alcuni elementi di complessità ulteriore – da non sottovalutare – nel caso in cui l'azionariato dell'azienda comprenda un fondo di private equity o, più in generale, uno o più azionisti finanziari. Spesso in questo tipo di contesti la corporate governance (composizione e funzionamento del board) è il risultato di mediazioni tra interessi divergenti o di veri e propri conflitti tra azionisti che hanno priorità e obiettivi diversi. Questi problemi vanno affrontati al momento stesso dell'entrata di un nuovo soggetto (soprattutto se finanziario) nella struttura dell'azionariato, non dopo. Tenere il board "così com'è" o al massimo inserire un indipendente in rappresentanza del fondo non è la soluzione. Un cambio di shareholdership modifica obiettivi, strategia, processi operativi e in molti casi anche cultura e abitudini dell'azienda e di chi ne fa parte. A maggior ragione se il nuovo azionista ha obiettivi di ritorno finanziario a breve-medio termine, spesso estranei alla cultura e al "passo" di un'azienda che è stata fino a quel momento in mano a un imprenditore e alla sua famiglia. Il board deve riflettere il cambiamento in atto con l'arrivo di un nuovo

socio, e spesso la soluzione più appropriata è quella di riconoscere la fase di transizione che l'azienda attraversa in quel momento, dando vita a un board che si faccia carico di gestire questa transizione.
In questi casi servono dunque più amministratori indipendenti, una "distanza" maggiore e una maggiore alterità tra board member e AD, più regole, più autodisciplina e una maggiore interazione tra board e management attraverso l'istituzione di appositi comitati. Questo non sarà il board del futuro, così come nel volgere di cinque anni probabilmente anche la compagine azionaria non sarà la stessa, ma sarà il board che gestirà la transizione e favorirà la nascita di una nuova governance.

ESSERE AMMINISTRATORE È UNA RESPONSABILITÀ, UNA SFIDA, UNA QUESTIONE DI CULTURA

di Paola Schwizer, Presidente onorario di Nedcommunity, associazione italiana degli amministratori non esecutivi e indipendenti

Ancora troppo spesso si ritiene che essere nominati come componenti del consiglio di amministrazione di una società sia uno status symbol. Ciò accade soprattutto se il contesto è quello di una grande impresa, magari quotata, con esponenti di standing. Solo quando ci si rende conto che fare l'amministratore è quasi un lavoro a tempo pieno, che comporta formazione continua e un grande impegno, anche di tempo, per dare un apporto costruttivo, si comprende che la funzione del board non è quella di creare un network di relazioni, ma di contribuire davvero alla creazione di valore dell'azienda.
Ricordo ancora la mia prima seduta di consiglio di amministrazione, come componente neoeletta, indipendente, unica donna e assolutamente estranea, sul piano delle relazioni personali, agli altri membri. Ho preso la parola per proporre una precisazione su una delibera. La reazione che ho avuto è stata di sguardi confusi, perplessi, stupiti dal fatto che non mi bastasse aver ottenuto il mandato: pretendevo anche il diritto di parola.
Sono passati quasi dieci anni da allora e la cultura della governance è cambiata rapidamente e radicalmente. Ho incontrato in diverse società amministratori e amministratrici attenti e scrupolosi, con i quali "fare squadra" e scambiare opinioni e punti di vista dentro e fuori dal consiglio. Soprattutto nelle società quotate, noi consiglieri indipendenti siamo consapevoli di essere, anche personalmente, oggetto di un attento scrutinio da parte di investitori, mercato e autorità di vigilanza. Nelle relazioni annuali sul governo societario si racconta come abbiamo lavorato, se siamo stati presenti alle riunioni, come abbiamo gestito i princi-

pali processi di governance e quali risultati abbiamo ottenuto. Siamo investiti di crescenti responsabilità e di un ruolo definito di challenge nei confronti degli esecutivi. Interpretarlo non è facile. Mi è capitato in alcuni casi di dover prendere posizioni scomode, a volte supportata da altri amministratori indipendenti, a volte no. E non ho mai avuto paura di non essere rinnovata nell'incarico. Se non fosse stato così, sarebbero venute meno, credo, la mia obiettività e la mia indipendenza di giudizio.

Certo, regole e principi di autodisciplina nelle quotate aiutano ad affermare la buona governance anche nei contesti più rigidi e tradizionalisti. Non vi è dubbio tuttavia che anche le PMI non quotate potrebbero risultare più attrattive se adottassero processi di direzione e controllo più robusti e trasparenti. Esse devono tuttavia avere il coraggio di aprirsi a risorse e professionalità esterne rispetto alla ristretta cerchia dell'imprenditore e dei suoi familiari. Ho dovuto rifiutare alcuni incarichi in società di questo tipo, perché la richiesta era di avere un componente del board che seguisse una determinata area di attività per conto dell'imprenditore. L'indipendente non è tuttavia un altro manager al servizio del capo d'azienda. È qualcuno, invece, in grado di aiutare chi controlla o chi guida la società a prendere decisioni migliori e a guardare al lungo periodo con una prospettiva più ampia, un atteggiamento prudente e l'obiettivo di fare esclusivamente il bene dell'impresa.

Capitolo 9

La managerializzazione: come gestire il cambio generazionale

A partire dagli anni Settanta del '900, una nuova classe imprenditoriale si è imposta in Italia. Una generazione di professionisti e industriali lungimiranti che, grazie alle loro intuizioni, a capacità straordinarie, a una solida competenza tecnica e a una grande abilità nel saper valorizzare e proporre al mercato le proprie idee, ha generato prodotti di eccellenza, ha ottenuto successi internazionali e ha contribuito a una costante crescita del Paese. Si è trattato di un'ascesa ininterrotta, arrivata fino ai primi anni 2000, che è stata trainata anche dai trend della globalizzazione, da lunghi cicli favorevoli e dall'utilizzo più opportuno di tutte le leve messe a disposizione per favorire lo sviluppo.

È stata una stagione irripetibile, che ha dato vita a un modello imprenditoriale, utilizzato di frequente ancora oggi, nel quale è sempre l'imprenditore-fondatore la figura di riferimento per tutta l'organizzazione, dal board a ogni singolo reparto. Una figura che ha saputo costruire la sua fortuna grazie alle proprie competenze tecniche, molto più che finanziarie, gestionali o organizzative, e che nel tempo ha intessuto una rete fatta di collaboratori, consulenti, fornitori nazionali e internazionali e stakeholder ai quali rapportarsi. Si è trattato in molti casi di aziende imprenditoriali che hanno saputo posizionarsi con grande efficienza in nicchie di prodotto/mercato trascurate dai concorrenti maggiori. Competenze specialistiche e grande flessibilità nei confronti delle richieste dei clienti ne hanno decretato il successo.

Ma se questo modello ha dimostrato di funzionare benissimo per decenni, adesso cominciano a evidenziarsi dei limiti, che non sono legati alle capacità o ai meccanismi dell'impresa in sé, ma alla crescente complessità del contesto di mercato e al cambiamento in atto nella società globale. I cicli sono mutati: oggi le crisi sono molto più repentine e non si registrano più le onde lunghe che avevano caratterizzato l'economia mondiale negli scorsi decenni. La pressione sui margini impone efficienze superiori che si possono generare solo attraverso scala e crescita dimensionale: le aziende sono quindi diventate più grandi, hanno dovuto imparare a misurarsi con molti più competitor, si sono adattate a un contesto globale. Chi in passato è cresciuto in Italia e poi in Europa ora deve competere a livello mondiale.

La complessità delle problematiche e dei processi impone costantemente alle aziende un approccio manageriale. Le aziende sono obbligate a essere efficienti e competitive, se non vogliono scomparire. Se si va a competere sui mercati globali si devono garantire la competenza e l'efficienza, e non è dato improvvisare. Per gestire questa complessità occorrono dunque organizzazioni più complesse rispetto al modello di azienda che vede un uomo solo al comando. Questo non vuol dire che tutto il patrimonio culturale dell'organizzazione sarà rimesso in discussione. L'azienda imprenditoriale non dovrà necessariamente snaturare la propria identità, ma dovrà cominciare a strutturarsi e ad aprirsi al nuovo.

Il tema non è tanto la successione familiare dell'azienda, quanto piuttosto la definizione di come si possano creare competenze nuove di fronte a uno scenario nuovo e molto più complesso del precedente. È del tutto naturale che l'imprenditore-fondatore, dopo decenni di lavoro, cominci a pianificare il cambio generazionale: la soluzione migliore è farlo in anticipo, prendendosi il giusto tempo. È un processo naturale, che non dev'essere traumatico né repentino. L'azienda, dal punto di vista del management, ha bisogno comunque di evolvere, di passare da una generazione a un'altra, e non certo replicando un modello sempre uguale a sé stesso, ma adeguando le competenze a un contesto esterno che cambia. Alla complessità esterna è corretto che corrisponda una maggiore complessità interna. Questa transizione non si realizza semplicemente per un passaggio di testimone alla seconda o terza generazione della famiglia. In tanti casi questa discontinuità può anzi essere l'inizio del declino aziendale, trovandosi l'azienda in una condizione di fragilità gestionale e di confusione, tra una nuova gestione, a volte impreparata, portatrice di nuove idee o alla ricerca di una legittimazione al di là del cognome, e un vecchio management resistente al cambiamento, in difesa dello *status quo*. Le nuove generazioni devono essere più che preparate sul piano del management e del business, ma anche capaci di gestire aspetti privati, psicologici e familiari. È molto utile in questi casi predisporre un codice di successione nel quale siano chiariti i requisiti di introduzione e partecipazione della famiglia alla vita aziendale, magari a valle o in coincidenza di un processo propedeutico di managerializzazione o di tutorship.

Il rinnovamento deve necessariamente passare all'interno di meccanismi aziendali, commerciali e a livello di management. E non è un'esigenza legata solo a un certo tipo di imprese. Il cambio generazionale e il processo di managerializzazione, rispetto a imprenditori di medie, piccole e grandi aziende, sono passaggi necessari per realtà che hanno fatturati anche molto diversi, tra i 50 e i 500 milioni. Inoltre, la pressione competitiva e le opportunità di crescita offerte dai mercati globali spesso impongono ad aziende di dimensioni ancora contenute e abituate a una lenta crescita organica dei veri e propri salti dimensionali, e quindi innanzitutto culturali.

A questo proposito vale la pena citare due esempi che forniscono spunti interessanti. Nel primo caso un'azienda imprenditoriale con un fatturato intorno ai 70 milioni acquisisce da una grande multinazionale globale un business – considerato da quest'ultima non strategico – che d'un colpo aggiunge altri 300 milioni di fatturato realizzati in varie parti del mondo. All'improvviso l'azienda, abituata a operare in una dimensione internazionale, ma focalizzata in aree conosciute (Germania e USA, oltre all'Italia), si trova a dover gestire fabbriche, reti commerciali e clienti in paesi come l'India, il Brasile, la Turchia, la Russia: è chiaro quindi che la gestione basata sulla figura dell'imprenditore non basta più, ma soprattutto i modelli culturali, organizzativi e gestionali vanno completamente rivisti e riorientati per poter padroneggiare l'aumentata complessità e trarre tutti i vantaggi che questa offre. Nel secondo caso un'azienda imprenditoriale con un fatturato intorno ai 400 milioni acquisisce un concorrente che ne aggiunge altri 100: complessità dimensionale e geografica ridotta rispetto al primo caso, ma come integrare e valorizzare chi fino a ieri era un acerrimo concorrente?

Dalle persone ai processi

Che si tratti di un imprenditore di prima generazione o di un manager di lunghissimo corso, i quali non si siano occupati della loro successione per tempo, prima della loro uscita, il discorso non cambia. Si tratta di persone la cui esperienza è irripetibile, così come è irripetibile il ruolo che occupano in azienda.

Conoscono tutto e tutti, sono rispettate e non vengono mai messe in discussione. Possono quindi operare con competenza e velocità irraggiungibile per chiunque altro. Non può esistere il manager in grado di fare quello che faceva l'imprenditore come lo faceva lui, o come faceva il predecessore di lungo corso.
Neppure chi è abituato a convivere con il "Titano", che sia questo imprenditore o manager, sarà quasi mai un candidato credibile alla successione. Perché? Perché probabilmente, se è durato, ha speso tutta la vita ad assecondare le azioni del capo, oppure ha competenze e carattere complementari, sarà mite se il capo è aggressivo, sarà paziente se l'altro è impaziente ecc. Neanche questa, quindi, è una soluzione che vediamo avere successo. Si può concludere che è sicuramente possibile trovare delle persone (non sempre saranno dei veri manager) capaci di convivere con il Titano, e di farsi apprezzare per la loro attitudine a eseguire i suoi voleri, capaci di portare valore aggiunto nelle aree che non sono di suo interesse o vocazione (nel commerciale se l'altro è un tecnico o, viceversa, nella finanza se l'altro è una persona di prodotto o mercato), ma si tratta di soluzioni sempre complementari, che funzionano fino a che non si cambia il paradigma. Cioè fino a che il Titano è presente e operativo in azienda, e quindi non sono soluzioni di managerializzazione vera e propria o di successione gestionale.
La soluzione che funziona meglio è quella di spacchettare il problema.
Il primo e fondamentale passo è la formalizzazione della strategia, del business plan, chiaro e leggibile da tutti, preparato da colui che dovrà eseguirlo e sulla base del quale si potrà immaginare la nuova organizzazione e le competenze necessarie per raggiungere gli obiettivi di piano.
È poi essenziale definire una scadenza entro la quale il Titano esce definitivamente di scena, nel senso che non si presenta più in ufficio, se non nei periodici Cda o in altri momenti istituzionali, e, cosa altrettanto importante, ridefinisce la propria agenda di interessi oltre l'azienda, cioè concretamente trova altre cose da fare.
A quel punto è possibile partire con la transizione, che può durare almeno tre anni. Durante questo periodo si scompone e si ricompone l'azienda un segmento alla volta, in modo da renderla gestibile da figure professionali formate secondo criteri manageriali, di cui c'è ampia offerta sul mercato. Solo così l'azienda troverà una sua stabilità. C'è una metafora che illustra chiaramente il concetto: le aziende (ma vale lo stesso per altri ambiti della gestione aziendale) gestite da chi le ha progettate, specie quando si tratta di persone di "prima generazione", sono un po' come le automobili del primo Novecento che si possono vedere al

Museo dell'Auto di Torino. Non ce ne sono due uguali: erano veicoli che potevano essere pilotati dal loro progettista. Inserire un manager che vuole fare il manager (e quindi agire sulle leve dei comandi) in un'azienda gestita dall'imprenditore è come mettere un professionista della guida, diciamo un taxista, in braccio al pilota di un'auto dei primi del '900. Mentre il pilota guida, il taxista inizia a tirare leve a casaccio, spingere pedali, per capire cosa serva a cosa, visto che nulla è configurato in maniera standard, con risultati facili da immaginare. O si schiantano o viene espulso dopo pochi metri di strada. Per permettere a un taxista di guidare quel veicolo, concettualmente, bisognerebbe prendere una funzione alla volta, smontarla, riprogettarla e ricostruirla in modo standard. Al posto dei due volantini, uno per girare a sinistra e uno per girare a destra, uno solo, bello rotondo in mezzo. Al posto di tre leve per staccare e riattaccare motore e trasmissione, un bel pedale sulla sinistra per la frizione. Lo stesso percorso vale per le aziende di impostazione padronale, *ad hoc*, progettate in base alle competenze delle persone che c'erano, che vanno riprogettate per renderle gestibili dalle figure professionali che oggi si trovano sui mercati.

Il vero cambiamento, dunque, si registra con il passaggio progressivo da una "gestione di persone" a una "gestione di processi governati da persone". Le aziende imprenditoriali cresciute sotto l'ala protettrice del fondatore sono inevitabilmente basate sulle individualità sviluppate al loro interno, dal responsabile commerciale al CFO. Se queste figure vengono meno, però, l'azienda rischia di andare in difficoltà. A un modello così congegnato deve succederne un altro che metta al centro una codificazione strutturata del *modus operandi* e una serie di processi allineati con le best practice del mercato. La proceduralizzazione delle funzioni aziendali consente di fare una necessaria spersonalizzazione ed è il prerequisito per passare da una fase all'altra. In molte aziende imprenditoriali un operaio o un contabile che abbia necessità di un sostegno su come fare una cosa prende ancora a riferimento l'imprenditore e solo a lui delega la soluzione del problema. Attraverso la managerializzazione si farà riferimento a processi puntuali e condivisi, in grado di indicare i giusti approcci. Processi strutturati, ripetitivi, codificati e interpretati correttamente che, una volta accettati e messi in pratica, faranno superare il limite di essere legati a singole persone e consentiranno di accogliere nuovi professionisti.

I manager utilizzati per fare questo genere di percorso devono saper traghettare l'azienda in questa direzione, pianificando e gestendo il ricambio e la trasformazione dei processi e dei modelli. Devono sapere fin dall'inizio che non vanno in azienda solo ad agire sulle leve del comando, ma soprattutto a gestire l'imprenditore e a smontare e rimontare l'azienda passo passo, con il suo consenso. Il 70% del loro tempo sarà dedicato a fare "stakeholder management". Il loro ruolo sarà quello di gestire una transizione verso un futuro manager che agirà in un contesto finalmente managerializzato e non dipendente dalla presenza dell'imprenditore/fondatore.

Le regole d'oro per aiutare la transizione

Può essere utile al ragionamento identificare e chiarire alcune importanti regole per la trasformazione e la modernizzazione dell'azienda imprenditoriale (Figura 9.1).

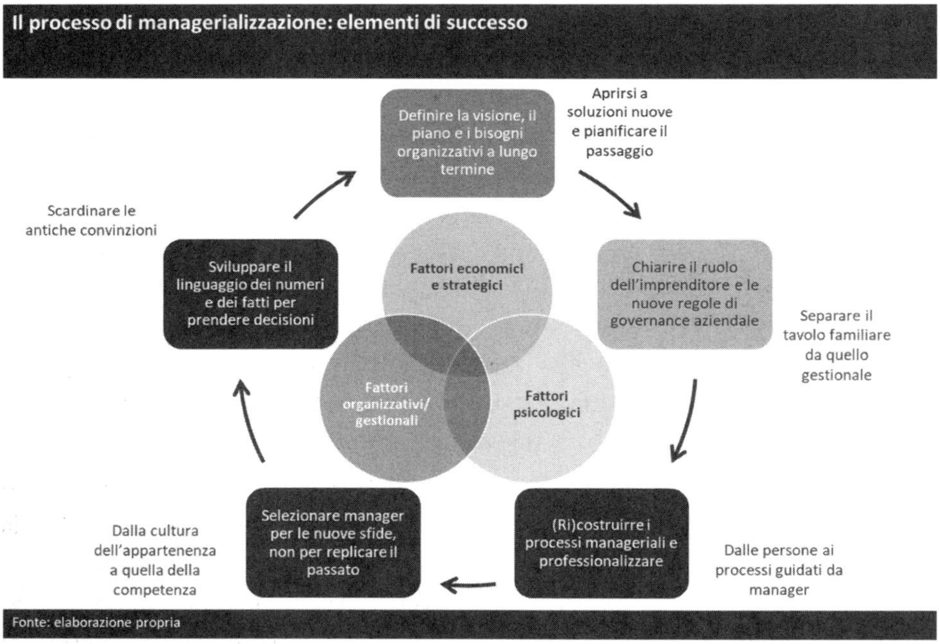

FIGURA 9.1 – Il processo di managerializzazione: elementi di successo.

La capacità di giocare d'anticipo

Le aziende italiane arrivano sempre troppo tardi, quando il tempo sta per scadere. La conseguenza naturale di una gestione personalistica è che in caso di crisi o se succede qualsiasi tipo di imprevisto, la situazione possa degenerare. Saper prevedere quel momento è fondamentale. Non si può agire solo nell'emergenza.

Avere una visione chiara del futuro permette di mantenere un pieno allineamento tra un'azienda e il manager che viene da fuori, consente al manager che arriva da fuori di essere pienamente motivato sul progetto e fa sì che tutti coloro che lavorano in azienda comprendano meglio gli obiettivi e gli scopi del progetto. Ma bisogna saper pianificare. Decidere dove si vuole arrivare nel giro di un certo numero di anni e poi, sulla base di questo obiettivo, stabilire cosa si deve fare per raggiungerlo. Le strategie aziendali possono essere riviste a tre o a cinque anni, ma sono il prerequisito per giocare d'anticipo e non farsi cogliere impreparati. Questa è la base su cui costruire le competenze e il modello organizzativo. Giocare d'anticipo vuol dire poter contare su un business plan strutturato che rappresenti una declinazione puntuale della strategia senza aspettare gli eventi e gli imprevisti e capire ora cosa serve per centrare gli obiettivi prefissati.

La centralità dell'imprenditore e il ruolo della famiglia

Come detto, non può avvenire una vera transizione manageriale senza assegnare un ruolo da protagonista all'imprenditore, che ne condizionerà le sorti sia nel bene che nel male. Ci sono casi possibili solo se il Titano abdica definitivamente al suo ruolo originario, oppure casi in cui il Titano partecipa e guida la transizione stessa in modo corretto, proattivo e illuminato.
Per favorire il processo è bene comunque chiarire le regole del gioco, distinguendo per quanto possibile cosa fa l'imprenditore e cosa fa il management e definendo apertamente gli obiettivi, i campi di intervento e l'accountability. A volte accade che un manager venga chiamato in causa ed entri in azienda per gestire una serie di temi, ma senza che sia definito in anticipo l'esatto perimetro di azione, con la conseguenza di un'inevitabile confusione. In generale è bene che la guida strategica sia in capo all'imprenditore, ma la gestione operativa passi a figure che abbiano un focus manageriale diverso. Anche quando l'imprenditore rimane saldamente al comando, il passaggio a processi codificati gli consentirà di cooperare meglio con i manager e di evitare conflitti. L'interazione tra imprenditore, vertice aziendale e manager avviene a diversi livelli, in un rapporto di dialogo e di reciproca collaborazione sulla strategia, che viene fatta poi discendere e implementare al resto del team e al middle management. Sull'execution l'imprenditore è bene che non intervenga, ma in tutti i passaggi che coinvolgono il vertice dell'azienda e la guida strategica deve ancora farlo. Questo è un tema fondamentale anche per misurare la performance del manager, che dovrà gestire il cambio di ruolo dell'imprenditore, che in genere lascia davvero la gestione

operativa solo quando si rende conto di essere in condizione di guidare l'azienda con una veste diversa.
Un'attenzione particolare deve essere posta alla distinzione tra ruolo manageriale e ruolo familiare. Spesso i membri della famiglia azionista che operano in azienda vi trasferiscono – anche involontariamente – i conflitti familiari, addirittura quelli accumulati nel tempo. Questo è assolutamente deleterio per il bene dell'azienda e va evitato a ogni costo. Un membro della famiglia imprenditoriale deve avere spazio per operare in azienda solo in quanto portatore di competenze e capacità professionali utili e funzionali alla strategia. Nel momento in cui un familiare entra in azienda, può farlo solo perché occupa una posizione in organigramma e non per appartenenza; come tale deve essere valutato per il lavoro che fa e gestito come ogni altro manager, evitando di confondere il ruolo manageriale, che si svolge all'interno di regole e processi gestionali aziendali, da quello di azionista, il cui esercizio avviene in sedi e con modalità diverse.

Costruire i processi, rivedere i modelli, professionalizzare

Costruire i processi, ridisegnare i modelli decisionali, operare un change management in azienda, delegare di più. Tutto questo deve avere un nuovo impulso. Lavorare quindi su una transizione in cui si professionalizzi l'azienda con un meccanismo nuovo che favorisca il processo decisionale e la condivisione delle responsabilità. E con un modello comportamentale, professionale e organizzativo che non privilegi più i rapporti personali, ma i processi. Il sistema codificato di procedure che verrà posto in essere sarà per sempre patrimonio dell'azienda e non dei singoli.

Un manager, non un avatar

Non ha senso provare a individuare un *alter ego*, un individuo che, come per clonazione, restituisca vigore giovanile al padre fondatore dell'azienda: si rimarrà sempre inevitabilmente delusi. Bisogna trovare qualcuno che magari non avrebbe avuto la giusta *forma mentis* per l'azienda così come è stata fino a oggi, ma che vada bene per fare quello che l'azienda si propone di fare nei prossimi cinque anni. Spesso i manager sono stati chiamati con roboanti proclami sull'esigenza di modernizzazione, salvo accorgersi il più delle volte che erano slogan privi di consistenza, che l'imprenditore non aveva intenzioni serie e interveniva continuamente sulla gestione e che quindi non c'era davvero la possibilità di lavorare sui processi, in mancanza di un allineamento strategico o di un vero commitment. Per intraprendere un percorso di managerializzazione non serve creare un effetto avatar e non serve un one man show: occorre un processo di elaborazione intellettuale che segni un'autentica discontinuità rispetto al passato.

Un nuovo linguaggio in azienda

Il manager che arriva ha un linguaggio diverso dall'imprenditore o dai manager che hanno lavorato in azienda per molti anni. Occorre uno sforzo importante da entrambe le parti per trovare un allineamento sulla comunicazione, sul linguaggio e sulla cifra dei messaggi. Il manager che arriva da fuori di solito è abituato a leggere i numeri, senza dare troppo peso ai rapporti personali, anche perché in genere non ha fatto in tempo a costruirli. E questo è un bene. Il suo nuovo linguaggio dev'essere compreso dall'azienda, ma anche il manager deve sforzarsi per entrare in una mentalità e in un vero e proprio gergo che si sono sedimentati nel tempo. Questa duttilità è un punto focale nella definizione dell'interim manager più adatto a una determinata azienda. Deve essere cosciente dei processi, ma anche del lessico aziendale. Non solo il linguaggio verbale, ma anche quello legato ai messaggi che scaturiscono dal comportamento e dall'atteggiamento. In questa fase possono crearsi situazioni di forte disallineamento che il manager dev'essere bravo a gestire. Il manager deve farsi capire e allo stesso tempo sforzarsi di capire. In genere il modello comunicativo dell'imprenditore è il dialogo one to one: se c'è un problema o se si vuole affrontare un tema legato alla produzione o all'organizzazione, è l'imprenditore ad affrontare la situazione confrontandosi direttamente con la figura di riferimento o, più spesso, imponendogli le proprie decisioni. Uno dei cambiamenti fondamentali che il manager deve far passare è insegnare alle varie figure a comunicare fra di loro, alleggerendo il compito dell'imprenditore e consentendo il rispetto di processi già codificati e condivisi.

Una nuova governance

La transizione di cui stiamo parlando deve essere sostenuta da una nuova governance. Con questo termine intendiamo quell'insieme di regole e comportamenti che vanno dalla composizione e funzionamento del Cda alla definizione molto operativa di aspetti quali la composizione di comitati, il calendario delle riunioni con il management, i loro meccanismi di funzionamento, i modelli di remunerazione e incentivazione, i luoghi e i processi decisionali per discutere i problemi e assumere le decisioni.

Le caratteristiche dell'interim manager

Inserire un interim manager per gestire il salto generazionale e la modernizzazione di un'azienda imprenditoriale significa affidarsi a una persona che ha già vissuto questa esperienza e probabilmente lo ha fatto in contesti più grandi, più complessi e più globali. L'interim manager ha il "physique du rôle" per creare un primo distacco dal modello precedente e rendere visibile a tutti dove si vuole andare. Se la transizione è gestita dallo stesso imprenditore o dai suoi consulenti permanenti, è molto probabile che il cambiamento vero non sia in atto. L'interim manager sarà più veloce nelle decisioni da assumere, più indipendente da rapporti personali condizionanti e grazie alla sua esperienza avrà più possibilità successo.

L'errore più frequente che fanno gli imprenditori in queste situazioni è quello di voler sostituire il vecchio direttore industriale con uno nuovo. Il quale magari vanta un curriculum universitario, postuniversitario e professionale del massimo livello e, anche in ragione di questo, si aspetta di arrivare in un'azienda moderna e di guidare una macchina che già funziona perfettamente, grazie a un modello manageriale e professionalizzato. Salvo varcare il portone e non trovare nulla di tutto ciò. Questo tipo di manager non è in grado di gestire la transizione perché è abituato a guidare una Formula 1 e si trova alle prese con una macchina vecchia e ingolfata.

Non è facile, quindi, brindare al nuovo corso reclutando tout court un manager di carriera, anche se preparato e scrupoloso. L'interim manager, invece, sarà in grado di costruire prima il bridge, il modello manageriale che consentirà successivamente di inserire una figura che avrà in mano la gestione operativa dell'azienda. L'idea di fondo è che ci sia bisogno di una fase di transizione e non di un big bang dirompente, ma il più delle volte il manager di carriera non ha modo di portare avanti con successo questo passaggio graduale. Perché nel momento in cui entra in azienda e trova una situazione piena di falle e di intoppi, sarà fagocitato dalle cattive abitudini dell'organizzazione, e avendo in programma di restare lì in futuro, troverà un modo per galleggiare e per sopravvivere. Essendo stato assunto dall'azienda, gli sarà difficile mettersi di traverso e rischiare di inimicarsi tutti. O ci si adegua o si scappa via. Molto meglio, allora, un esterno che non abbia l'ambizione di rimanere a lungo. Un

interim manager che sappia chiaramente qual è il suo obiettivo e che non abbia freni per perseguirlo.
La scelta dell'interim manager più indicato varia da azienda ad azienda ed è estremamente delicata. Alcuni punti certi, però, ci sono. Un identikit del professionista che condurrà l'azienda nell'era della managerializzazione deve avere al suo interno una serie di caratteristiche irrinunciabili (Figura 9.2). È bene che sia sovradimensionato rispetto al ruolo specifico, alla complessità dell'attività e all'azienda stessa. Le sue competenze devono cioè andare oltre al contesto dove opererà, grazie all'esperienza maturata in aziende più grandi, nelle quali ha conosciuto modelli manageriali più efficienti che potrà replicare con successo, e alla gestione di situazioni simili, o anche più complesse, che lo renderanno più sicuro e consapevole di cosa si debba fare e cosa non si debba fare nel momento in cui darà il suo contributo all'azienda. L'interim manager ha il compito di portare una cultura nuova nel contesto in cui si inserisce: deve avere quindi una visione d'insieme, mettendo in opera processi trasversali, ed essere capace di costruire modelli nuovi e non solo di gestire quelli esistenti.

Guida alla scelta del manager della transizione

HARD SKILLS	SOFT SKILLS
✓ SOVRADIMENSIONAMENTO	❑ INTELLIGENZA EMOTIVA
✓ PROVENIENZA DA AZIENDA GIÀ STRUTTURATA / PROFESSIONALIZZATA	❑ ASCOLTO E FLESSIBILITÀ
❑ ESPERIENZA DI GESTIONE AZIENDALE E DI PASSAGGI E TRANSIZIONI ORGANIZZATIVE	❑ LEADERSHIP E PERSUASIONE
❑ VISIONE D'INSIEME	❑ ...
❑ FACT / DATA BASES	
❑ OPERATIVITÀ E MODELLO GUIDA	
❑ ...	

Fonte: elaborazione propria

FIGURA 9.2 – Guida alla scelta del manager della transizione.

Le organizzazioni non cambiano tanto per cambiare e non apprendono nuovi modelli se non lavorando. L'interim manager dev'essere quindi operativo. Perché spesso è un "role model": insegna agli altri facendo. Il modello accademico-professionale così come il modello consulenziale in questi contesti non funziona: il personale non lo capirebbe e lo rifiuterebbe. Un manager che dia l'esempio migliora la sua autorevolezza. La gente si fida, lo vede e lo segue.

Ma il suo atteggiamento deve essere improntato anche al rispetto e all'attenzione nei confronti delle persone alle quali deve indicare una nuova strada. Deve avere elasticità, intelligenza emotiva, capacità di ascolto. E possedere doti di leadership che funzionino non solo con gli operai, ma anche e soprattutto nei confronti dell'imprenditore. L'inserimento di un manager sicuro di sé e con un'esperienza in aziende molto più grandi pesa nella testa dell'imprenditore e accelera i processi.
Infine, deve parlare il linguaggio dei numeri e quello dei processi. Essere in grado, cioè, di esprimere concetti e idee efficaci, oltre che dal punto di vista delle sensazioni e delle reazioni emotive, da quello razionale, grazie a una solida e misurabile dimensione numerica, dimostrando di saper indicare cosa fare e cosa non fare sulla base di dati chiari. Questo è il primo passo per la costruzione di processi in cui le persone si riconoscano e che possano essere accettati e adottati per il futuro.
L'elenco potrebbe continuare perché le variabili, in un'organizzazione complessa che agisce in un contesto complesso, sono moltissime. Ma proprio in questo, in fondo, sta la capacità del buon interim manager: dimostrare duttilità e velocità di pensiero e di azione per poter mettere ogni eventualità all'interno di processi codificati, rendendo prevedibili gli imprevisti e misurabile ogni attività svolta.
Alla fine del percorso di managerializzazione i vantaggi per l'azienda sono molti e facilmente riscontrabili (Figura 9.3). Le aziende managerializzate, in un contesto di mercato globale, attraggono più capitali e più investitori rispetto alle aziende imprenditoriali. Studi accurati dimostrano che gli indici di bilancio delle managerializzate sono migliori, anche in termini di sostenibilità finanziaria. È la managerializzazione il motore per attrarre capitale e il presupposto per attrarre talenti. La qualità dell'imprenditore, d'altra parte, si misura anche nella capacità di usufruire delle migliori capacità manageriali e dei migliori talenti. Deve quindi saper rendere l'azienda attraente ai loro occhi: solo così, dopo averli individuati, riuscirà a trattenerli. E solo così l'azienda avrà la

garanzia di una permanenza nel tempo che trascenderà il dato anagrafico del suo fondatore.

Benefici della managerializzazione

- ✓ MIGLIORI PERFORMANCE ECONOMICHE/FINANZIARIE (CRESCITA, MARGINI, SOSTENIBILITÀ FINANZIARIA...)
- ✓ ATTRAZIONE DI CAPITALI E INVESTITORI
- ✓ DIFFUSIONE COMPETENZE DIREZIONALI, GESTIONALI, TECNICO/SPECIALISTICHE A TUTTI I LIVELLI ORGANIZZATIVI
- ✓ SVILUPPO DI UN AMBIENTE ADATTO ALL'INGRESSO E AL MANTENIMENTO DI TALENTI

Fonte: elaborazione propria

FIGURA 9.3 – Benefici della managerializzazione.

AZIENDE FAMILIARI: L'IMPORTANZA DI SAPERSI AFFIDARE AI MANAGER

Matteo Lunelli, Presidente e CEO di Cantine Ferrari

Le Cantine Ferrari sono state fondate da Giulio Ferrari, che nel 1902 avviò una piccola produzione di bollicine Metodo Classico in Trentino. Non avendo figli, nel 1952 scelse mio nonno Bruno Lunelli come successore per portare avanti il suo sogno. Io faccio parte della terza generazione della mia famiglia attiva in azienda e il nostro obiettivo è innovare nel rispetto della tradizione e dei valori che hanno reso grande Ferrari.

In oltre un secolo di storia l'azienda è cresciuta molto, rimanendo un'impresa familiare ma attraendo manager esterni e facendo crescere un team di talenti che condividono con noi i valori che hanno reso grande il Ferrari. È stato quindi importante disciplinare il rapporto tra famiglia e impresa, in modo tale che la famiglia sia al servizio dell'impresa e non viceversa.

Pur essendo un'azienda che in settori diversi dal vino sarebbe considerata medio-piccola, le Cantine Ferrari hanno la necessità di vendere e comunicare i propri Trento Doc su mercati globali e, posizionandosi come un marchio di alta gamma, devono dimostrare eccellenza non solo nel prodotto ma in tutti gli aspetti del marketing, della comunicazione e, in generale, nei confronti di tutti i propri stakeholder. Il contesto attuale è inoltre particolarmente complesso perché mai come oggi stiamo assistendo a repentine trasformazioni tecnologiche e culturali, oltre che nelle abitudini di consumo.

Si tratta di sfide che possono essere affrontate solo con un team adeguato in termini di skill e conoscenze e attraverso un'organizzazione capace di motivare tutti i collaboratori e di farli giocare come una squadra unita e coesa. È inoltre importante aumentare il livello di delega per permettere ai manager di esprimere le proprie capacità e facilitare il cambiamento.

Nel corso degli ultimi anni è stato inoltre utile coinvolgere manager con esperienze in settori diversi dal vino per stimolare approcci innovativi in tutte le aree. Io credo molto nella contaminazione positiva con altri settori dell'eccellenza del made in Italy e, soprattutto, nella possibilità di ispirarsi a best practice, per esempio del mondo della moda, della cosmetica e del design ma anche di altri segmenti del "beverage" o degli "spirits". Il mondo del vino tende infatti a essere molto tradizionale e talvolta omologato: avere nuove idee e, soprattutto, nuovi approcci per noi è stato un fattore critico di successo negli ultimi anni, pur senza tradire i nostri valori.

Nel complesso crediamo che l'uomo sia al centro dell'impresa e che i progetti possano avere successo solo se voluti, condivisi e portati avanti da un team coeso e appassionato. L'eccellenza non è un atto ma un'abitudine e, nel vino in particolare, è il frutto di tante idee e di tanti piccoli passi e gesti compiuti da un'intera squadra giorno dopo giorno.

La famiglia sarà sempre garante di alcuni valori e sarà sempre coinvolta nelle decisioni strategiche di lungo termine, ma la gestione aziendale deve essere delegata a un team di manager che deve avere un riferimento chiaro con cui interloquire. In taluni casi un azionista, membro della famiglia, può ricoprire una posizione nell'organigramma ma, in tal caso, è fondamentale che distingua sempre il proprio ruolo di manager da quello di socio.

Quando il rapporto tra famiglia e impresa riesce a essere equilibrato ed è regolato e disciplinato adeguatamente, penso che un'azienda familiare sia in grado di attrarre e dare adeguato spazio alla crescita di manager capaci e possa quindi essere un modello di successo.

Nel vino, in particolare, essere un'azienda familiare porta anche un vantaggio competitivo rilevante legato alla capacità di una famiglia di avere obiettivi di lungo termine e di essere per il consumatore il garante della qualità del vino e ambasciatore della marca.

Capitolo 10

Il rapporto tra impresa e private equity

In questo capitolo toccheremo alcuni temi chiave sulla relazione tra i fondi di private equity e le aziende partecipate dai fondi, prima e dopo il deal: le precondizioni per avere successo, gli errori da evitare nella scelta e nella relazione tra manager, fondi e, ove presente, imprenditore. E soprattutto che cosa vuol dire creare valore nel contesto specifico di queste operazioni.
In Italia sono attualmente circa 1.200 le aziende partecipate da fondi di private equity. In questo novero, certo, ci sono imprese in early stage e finanziate da venture capital, e partecipazioni di minoranza, nelle quali i fondi possono acquisire qualche leva di controllo, ma sostanzialmente lasciano l'azienda nelle mani di chi c'era prima. Il nostro focus, e di conseguenza le evidenze empiriche raccolte, è rivolto alle operazioni di maggioranza – o che sono poi arrivate alla maggioranza in un momento successivo al primo investimento – condotte da fondi di media dimensione. Considerazioni in tutto o in parte diverse andrebbero fatte per i mega-deal o per le operazioni di minoranza. Spesso in Italia le operazioni di maggioranza vengono effettuate grazie all'intervento di un manager che, verificato un possibile interesse da parte dell'imprenditore, propone l'azienda al fondo o, al contrario, su iniziativa diretta del fondo, che identifica un manager del quale avvalersi. Si apre uno scenario nuovo per tutti: per l'imprenditore, per il nuovo investitore e anche per lo stesso manager, che dovrà gestire una fase completamente diversa.

Precondizioni per avere successo

Aprire il capitale a un nuovo azionista e in particolare a un fondo di private equity, è per l'imprenditore una decisione difficile, a volte sofferta, e tuttavia una scelta che genera in un grande numero di casi valore significativo, altrimenti non raggiungibile. I fattori trainanti sono identificabili nella crescita della reputazione e nell'apporto di nuove relazioni, di competenze di ottimo livello e, naturalmente, di nuova finanza.

Avere un fondo di private equity tra gli azionisti in un certo qual modo certifica la qualità dell'azienda, perché la decisione di investire in un'azienda ne rimarca il valore, la competitività e gli elementi distintivi che la differenziano nel panorama competitivo. Il fondo di private equity investitore fornisce accesso al proprio patrimonio di relazioni all'azienda, moltiplicando le opportunità di sviluppo e di contratto con nuovi fornitori e clienti. I fondi apportano inoltre competenze di tipo soft, come la capacità gestionale, di guida, di negoziazione, accompagnate spesso da competenze hard, come la conoscenza del settore industriale, la capacità di scouting di opportunità di acquisizione e la capacità di indirizzare l'innovazione. Infine, con il suo investimento, il fondo apporta nuova finanza, aumentando equity e debito, creando le condizioni per effettuare investimenti e acquisizioni e influendo positivamente sulla percezione di rischio da parte degli istituti di credito, con la conseguente riduzione del costo del capitale.

Da un'indagine a campione condotta tra manager attivi in aziende in portafoglio a fondi, emerge che non sempre tutti questi fattori sono rilevanti, ma che, quando lo sono, apportano molto valore. La reputazione del fondo, per esempio, può sembrare un concetto astratto e con un'azione solo indiretta sul valore. In realtà sono frequenti i casi di aziende corteggiate con insistenza da parte di diversi istituti di credito con strumenti di finanziamento a bassissimo costo dopo l'ingresso di un fondo nell'azionariato. Un altro esempio nitido è la strategia Buy and Build, adottata da fondi che apportano capacità di scouting identificando target internazionali, unitamente alla conduzione delle negoziazioni e a nuova finanza.

L'ingresso di un fondo può costituire, insomma, un'opportunità per le PMI che vengono sostenute nella crescita e/o nel turnaround attraverso l'apporto non solo di risorse finanziarie, ma anche di competenze e di know how nuovi, il rafforzamento del management preesistente, che viene affiancato da figure professionali altamente specializzate, nonché la possibilità di effettuare acquisizioni complementari, per crescere, o investimenti straordinari in partnership e joint venture.

Quale che sia la logica di fondo, è tuttavia sempre necessario che l'azienda abbia già condotto o almeno pianificato dei cambiamenti interni, fondamentalmente su tre dimensioni:

- la managerializzazione;
- la governance interna e societaria;
- l'ammodernamento dei processi di gestione e controllo.

Gli investimenti di maggioranza possono prevedere, in alcuni casi, che l'imprenditore permanga in azienda: in questo caso osserviamo maggiori difficoltà e rischio di insuccesso per le operazioni sulle quali non si sia provveduto a spersonalizzare e managerializzare l'azienda prima dell'ingresso del fondo. Abbiamo approfondito questo punto nel capitolo relativo al passaggio generazionale, al quale rimandiamo.
Un altro tema da non sottovalutare è l'allineamento degli obiettivi del fondo e dell'imprenditore, facendo la massima chiarezza sulle aspettative. Un esempio tipico è quello dell'imprenditore che vede nell'ingresso del fondo il punto conclusivo di un lungo percorso che ha portato alla liquidazione di un parente azionista o di un socio divenuto scomodo, mentre per il fondo si tratta del punto di partenza di un percorso a tappe forzate per la creazione di valore. L'asse dei tempi e la governance vanno chiariti *ex ante*. Non farlo costituisce inoltre un rischio per il manager, che rimarrà schiacciato tra fondi e imprenditore.
Questo tema è divenuto più rilevante a causa del profondo cambiamento nel ruolo dei fondi avvenuto negli ultimi anni. Fino alla crisi finanziaria del 2008, esplosa con il crollo di Lehman Brothers, il mondo del private equity era popolato da molti soggetti mossi dal solo spirito finanziario. Persone che pensavano che la creazione di valore si concentrasse nel momento dell'acquisizione, per le quali era sufficiente che l'azienda continuasse a produrre cassa sufficiente a coprire i costi dell'indebitamento da LBO. Negli ultimi anni si è registrato invece un progressivo cambiamento di attitudine. Un numero elevato di fondi incentra la creazione di valore attraverso la leva industriale, con la conquista di nuovi mercati, l'aumento dell'efficienza operativa, l'immissione sul mercato di nuove tecnologie e anche con acquisizioni ispirate da logiche industriali. Numerosi fondi, pertanto, sono progressivamente divenuti "active owner", incidendo più direttamente sulla gestione caratteristica dell'azienda e partecipando a selezionate decisioni strategiche.
Un altro tema da tenere in debita considerazione da parte dei fondi è la costruzione di un accordo chiaro per quanto concerne la governance e gli ambiti di

azione da parte del fondo e dell'imprenditore. Va trovato il giusto equilibrio tra interventismo e rispetto dei ruoli da parte del fondo. La posizione preferibile per il fondo, nella maggior parte dei casi, come detto, è quella di essere un active owner, non un active manager. Arrivare a sostituirsi al management è in genere penalizzante per il fondo, anche se può diventare in frangenti estremi una scelta obbligata in caso di manager autarchici e poco o per nulla trasparenti. Definire bene la governance e i ruoli, allineare le aspettative e, naturalmente, scegliere o "formare" con attenzione i manager chiave sono tutti fattori che contribuiscono al successo dell'operazione.

Il rapporto che si crea tra il fondo e l'azienda su cui il fondo ha investito, insomma, non è facile: gli obiettivi possono anche coincidere, ma i punti di partenza sono molto diversi. È un rapporto che si muove su un orizzonte temporale relativamente limitato, ma che può stravolgere prassi consolidate e alterare equilibri stratificati negli anni.

Un'altra possibile criticità nelle fasi pre-deal è relativa alla revisione del piano del management. Ciò che i fondi in una buona parte dei casi fanno è analizzare i dati finanziari e di business plan, chiedere una valutazione ai propri consulenti, che danno un'indicazione generale dei trend di mercato e conducono un esame del contesto, delle condizioni esterne all'azienda. Ciò che meno frequentemente viene portato a termine è un'analisi di coerenza per accertarsi se i manager attuali, con l'organizzazione e i sistemi attuali, siano in grado di raggiungere gli obiettivi di business plan e soddisfare i requisiti informativi del fondo di private equity e della gestione, in particolare della gestione sotto leva. Un'azienda che produce cassa ha un management focalizzato sui clienti, sui mercati. Con il fondo di private equity un attivo di 2 milioni di cassa può diventare improvvisamente un passivo di 10 milioni. Bisogna pensare a produrre la massima efficienza e ogni mese soddisfare il fabbisogno informativo del fondo di private equity su ogni aspetto, dai flussi di cassa ai giorni di magazzino, dagli investimenti da fare ai rapporti con i clienti. Appare importante esaminare con attenzione la capacità dell'azienda di produrre le informazioni per il monitoraggio dell'investimento che saranno necessarie al fondo, e prevedere investimenti di adeguamento di processi, sistemi e persone.

I fondi di private equity, che a loro volta devono in genere riportare ai loro finanziatori, presentano spesso una strana dissociazione tra la legittima esigenza di avere informative dettagliate e corrette e l'effettiva volontà di predisporre quello che serve in concreto per produrre questi dati in maniera affidabile, strutturale e tempestiva. È emblematico un caso in cui il management, per poter elaborare queste informazioni, abbia chiesto un finanziamento di mezzo milione di euro per implementare un sistema avanzato e dotarsi di un controller. Ma questo mezzo milione non era nel business plan e il fondo non lo ha concesso. La soluzione più frequente per l'azienda è dotarsi di alcuni volenterosi che su Excel o su qualche altro supporto simile preparino le informazioni che il fondo vuole, generando in molte occasioni dati non affidabili e stime variabili. Questo approccio superficiale e il non aver messo nell'analisi iniziale l'elenco delle cose da fare per gestire l'impresa in maniera coerente finiscono per generare disastri in azienda. Meglio allora svolgere un'analisi su tutto quello che servirà dopo e verificare se il manager che c'è sia capace di fare quello che serve in base al business plan. Per evitare errori all'origine che creano disastri poi. Certo, chi fa un investimento con una logica solo finanziaria queste cose non le guarda proprio. Ma sono variabili che inevitabilmente si presentano.

Quali sfide per il manager

Appare necessario definire bene quali siano le sfide che dovrà affrontare un manager chiamato a gestire un'azienda partecipata in forma maggioritaria da un fondo. Considerazioni che valgono *in primis* per il ruolo di amministratore delegato, ma anche per altri ruoli chiave, come quello del CFO o del COO.

La prima sfida per il manager è che questi non deve solo gestire l'azienda, ma focalizzarsi con forza sulla creazione di valore, tenendo conto della tabella di marcia del fondo. Sebbene l'utilizzo della leva finanziaria sia ridotto in termini di frequenza e intensità rispetto ad anni fa, è tutt'altro che in disuso e la missione dei fondi rimane in ogni caso quella di moltiplicare il denaro investito in un arco di tempo per definizione limitato. Una cosa è gestire per la competizione sul mercato, conto economico e bottom line, altra cosa è gestione per la cassa. Gli investimenti aziendali, per esempio, devono avere un ritorno entro il periodo di investimento atteso del fondo.

Per quanto la crescita dell'EBITDA generi più valore per il fondo, spesso ci si focalizza prima di tutto sul deleveraging penalizzando l'EBITDA. Nel calcolo dell'Enterprise Value, l'EBITDA si moltiplica per un multiplo, diciamo da 5 a 10, mentre la posizione finanziaria netta si deduce una volta sola! Spesso notiamo come i fondi, invece, inducano una specie di "paranoia da debito eccessivo" che finisce per paralizzare il management.

Nelle operazioni gestite dai fondi, il controllo della cassa è centrale e il manager deve far ruotare tutto il lavoro in funzione di questo aspetto. Deve avere cioè la capacità di prendere delle decisioni che nel breve termine abbiano un impatto misurabile nella cassa, tenendo al tempo stesso sotto controllo diversi indicatori reddituali e patrimoniali, come il rapporto tra indebitamento e produzione di EBITDA, tipico covenant incluso nei contratti di debito. Il manager che pensa da imprenditore, per avere ritorni sul medio-lungo periodo, non è compatibile con il mondo del private equity.

Il manager che agisce in un'azienda posseduta da un fondo deve avere competenze e attitudini speciali. Cash is king: in questi contesti, vale di più un'azione di compressione del capitale circolante rispetto a un investimento per lo sviluppo. Secondo la logica del "puoi gestire solo ciò che puoi misurare", il manager deve sviluppare sistemi di misura della generazione di cassa e dei driver chiave prodromici alla cassa stessa. Non solo. Deve anche sviluppare sistemi di previsione dei flussi di cassa, tipicamente non presenti e non utilizzati nelle PMI a matrice imprenditoriale, quale il piano a tredici settimane.

Quali manager per le sfide: gli errori da evitare

Esiste un'ampia casistica di decisioni che si sono poi rivelate sbagliate, o addirittura nefaste, nella scelta dei manager. Cerchiamo di trovare i tratti comuni tra i manager che non hanno funzionato.

I tipi di profili che servono ai fondi di private equity che investono in Italia sono per lo più persone in grado di gestire un'azienda di dimensioni medio-piccole dimostrando una completa capacità gestionale. Uno degli errori più ricorrenti commessi dai fondi di private equity è reclutare manager dalle grandi aziende per inserirli in una medio-piccola. Si rivolgono a importanti società di executive search, che lavorano con le più grandi realtà internazionali. Ma queste non selezioneranno certo per loro un numero uno. Un CEO di un colosso globale non esce per diventare amministratore delegato di un'azienda con un fatturato da 40 o 50 milioni. Troveranno delle figure che probabilmente hanno fatto una carriera funzionale e che magari hanno gestito una business unit o sono stati country manager in qualche Paese. Il problema è che persone di questo tipo sono abituate a lavorare all'interno di processi iper-strutturati e il loro ambito decisionale è stato sempre molto stretto, limitato alle specifiche competenze. Nell'azienda comprata da un fondo di private equity, invece, servono manager con visione a trecentosessanta gradi e che siano in grado anche di gestire la cassa, aspetto che i manager provenienti dalle grandi società internazionali tipicamente non hanno affrontato.

I fondi di private equity possono pertanto cadere in errore quando prediligono l'estetica dei curriculum delle persone che inseriscono in azienda. Possiamo parlare di "curriculum impeccabile" quando il manager ha sviluppato la propria carriera esclusivamente in grandi aziende multinazionali, aziende magari leader nel proprio comparto, che producono manager di qualità percepita come garantita. Scelte sicure, difendibilissime di fronte agli investitori, ma che si rivelano poco efficaci.

Le motivazioni sono evidenti. Chi ha svolto il proprio percorso nelle grandi aziende con il malcelato obiettivo di costruirsi un curriculum perfetto spesso ha dedicato una gran parte del tempo alla gestione politica della carriera e magari all'interno di cordate. Ha un costante orientamento al capo e a volte è in competizione con cordate alternative. Una strategia totalmente autoreferenziale che può consentire a questo tipo di manager di emergere nelle grandi aziende, ma che quando ci si trova a essere numero uno in un'azienda partecipata da un fondo di private equity serve a poco.

È sintomatico il caso di un'azienda italiana di media dimensione che produce macchine, ceduta da un fondo che aveva riempito l'organico di manager con curriculum che evidenziavano esperienze in società importanti. Chi la comprò dovette ben presto constatare come questi fossero inadatti a gestire il prodotto e i processi, oltre che carissimi come costo-azienda. E carissimo alla fine gli costò mandarli via. Erano stati scelti per l'estetica del curriculum, solo per quello.

Un caso particolare ma altrettanto emblematico è quello della sostituzione del direttore acquisti di una neo-acquisita azienda alimentare del freschissimo, con un direttore acquisti proveniente da una grande multinazionale food. Il direttore acquisti uscente, pur producendo ottimi risultati, era colpevole di essere poco strutturato e trasparente; appunti presi su fogli di carta volanti, negoziazioni veloci e verbali concluse al cellulare. Il nuovo direttore acquisti ricostruì il sistema strutturato a cui era abituato, che tuttavia si rivelò lento e burocratico, incompatibile con il dinamismo necessario per spuntare le condizioni migliori e peggiorando così drasticamente il primo margine. Un manager sbagliato proveniente dall'azienda sbagliata.

Se c'è qualcuno che va bene per il mondo del private equity tra quelli che hanno fatto esperienza nelle grandi aziende, è chi magari è stato mandato in missione in sedi dove nessuno voleva andare. Persone coraggiose, esposte a tanti problemi, che possibilmente abbiano lavorato anche per aziende di medie dimensioni, e che ovunque abbiano operato siano sempre state motivate dalla sfida, con un forte orientamento all'obiettivo. Abbiamo costruito nel tempo

una community di manager di questo tipo, interessati a vincere la sfida complessa posta loro.
Non basta. Prendiamo il caso di un'azienda che produce su commessa arredi di alta gamma, che presenta una crescita sostenuta dei ricavi da diversi anni, ma sempre con redditività insoddisfacente. Il piano di un fondo small caps è di acquisire una quota di maggioranza dell'azienda e aumentare significativamente l'EBITDA attraverso la riorganizzazione delle operations. A questo punto, le principali alternative per il fondo sono di assumere un CEO con background operations o un CEO significativamente sovradimensionato, in grado di condurre bene entrambi i momenti della vita prossima dell'azienda.
Ma un'alternativa più efficace esiste. Il manager ideale varia a seconda delle priorità chiave dell'azienda. Il profilo dovrà essere diverso se si deve aumentare l'efficienza, avviare l'internazionalizzazione, creare nuovi processi trasversali, introdurre nuove tecnologie o sperimentare nuovi prodotti. Non solo: la persona ideale per gestire la dimensione progettuale dev'essere diversa dalla persona che gestisce una successiva fase consolidamento, di steady state. Molti fondi, tuttavia, pur di poter fare riferimento a un'unica figura, tendono a scegliere persone sotto-qualificate per la dimensione progettuale e sovra-qualificate per la gestione successiva.
Una valida alternativa, che si rivela vincente in simili contesti, prevede l'inserimento di un CEO altamente qualificato che superi le sfide prioritarie nel breve, in grado di apportare un miglioramento strutturale entro un periodo contenuto, per esempio dodici mesi. E quindi di passare le consegne a un manager che sia più buon gestore che trasformatore.

TRATTI IDEALI DEL CEO DI UN'AZIENDA IN PORTAFOGLIO A UN FONDO DI PRIVATE EQUITY

Sebbene il profilo ideale dipenda in modo decisivo dal contesto e dal "tema" chiave da affrontare, spesso ritroviamo alcuni tratti ricorrenti nei migliori amministratori delegati di aziende in portafoglio a un fondo di private equity (qui presentati in ordine non necessariamente di importanza):

- giusto mix di esperienza di grandi e piccole organizzazioni sia multinazionali sia imprenditoriali;
- visione di insieme d'azienda;
- capacità di individuare in tempi brevi le aree di intervento e di implementazione;
- forte orientamento ai risultati e alla creazione di valore;
- attitudine imprenditoriale e di assunzione di responsabilità nelle scelte;

- capacità di guidare un team di collaboratori in modo univoco e sistematico verso l'obiettivo;
- gestione delle risorse e degli obiettivi che gli vengono affidati come fossero soldi propri;
- capacità di gestire il cambiamento;
- comunicazione a 360 gradi con tutti gli stakeholder;
- quantitativo e fact-based;
- capacità di gestire stress e pressione;
- background in area amministrazione, finanza e controllo (i pochi AD con back ground da CFO spesso sono i migliori creatori di valore per i fondi).

Rafforzare o sostituire?

Nel processo di creazione di valore di un'azienda acquisita da un fondo, una delle domande chiave è legata alla eventuale sostituzione dei manager. In genere, i fondi avvicendano i manager già presenti in azienda all'atto dell'acquisizione o perché presentano una performance al più media o perché poco trasparenti (o, come spesso accade, l'insieme delle due cose). La scuola del private equity è di tipo anglosassone: se i manager non vanno bene, si cambiano.
Esiste tuttavia un altro approccio, che ha una valida base razionale, e appare in particolar modo adatto al contesto italiano, dove le aziende target sono di minore dimensione. Un primo passo, comunque necessario, consiste nel verificare i reali motivi della bassa performance e quanto questi siano riconducibili al manager in esame. Si veda, per esempio, il caso presentato nel capitolo sull'efficienza operativa, dove la bassa performance del direttore di produzione era il risultato dei continui cambiamenti di rotta provocati dal direttore commerciale. Un secondo passo consiste nella valutazione della capacità di cambiamento e, più in generale, del potenziale di crescita del manager: se questi sono insufficienti, non varrà la pena investire.
Il terzo passo, decisivo, consiste nel definire un programma di upgrade di metodo, di competenze e di processi con i manager attuali, attraverso un affiancamento con manager esperti per un determinato periodo di tempo, rilevando temporaneamente alcune loro deleghe, per poi restituirle a fine mandato. I manager esperti incominciano a misurare cose che prima non erano mai state misurate, prendono decisioni informate e non di pancia, introducono nuovi processi e modi di lavorare, danno strutturazione agli incontri periodici, spesso trasformandoli da incontri informativi a incontri in cui si decide il lancio di mirate azioni correttive.

Esperti in che cosa? Le competenze tecniche sono necessarie, ma non sufficienti: devono essere accompagnate da competenze particolarmente adatte alla fase di trasformazione in corso. Possiamo schematicamente identificare tre momenti logici sequenziali: una fase di **design** (creare il consenso sul modello futuro), una di **build** (gestire l'intervento di cambiamento accelerato) e una di **run** (gestione ordinaria dopo una fase di stabilizzazione dei risultati ottenuti).
Per le prime due fasi servono capacità diagnostiche, capacità progettuali da "solution architect", competenze di change management, serve empatia, serve capacità di rassicurare. Servono persone che non devono dimostrare di essere "la persona più smart nella stanza". Nella fase di "run" sono più utili "detailed manager" adatti all'ottimizzazione e all'affinamento del loro ambito di gestione, non persone di visione adatte a trasformare lo *status quo*. Si tratta di persone con seniority e costi molto diversi.
Questa classificazione logica ha il suo riflesso nella realtà contabile dell'azienda. Mentre le prime due fasi se viste come interventi straordinari possono essere classificate sotto all'EBITDA, la terza ne fa parte in quanto porzione della struttura fissa.
La logica di fondo è quella del rafforzamento del team, senza inserimenti nuovi. Questo approccio si rivela molto meno oneroso, in termini di costo e tempi, rispetto alla ricerca di un nuovo manager, che richiede diverse settimane, a cui aggiungere i tempi del preavviso. Non solo. Nel contesto delle medie e piccole imprese italiane, dove le attività sono spesso poco codificate e strutturate, dove contano molto le relazioni umane con clienti e fornitori, e dove esistono competenze tecniche uniche e difficili da replicare perché costruite negli anni attraverso metodi informali, manager con performance media possono detenere know-how e, più in generale, un "avviamento" di valore. Il nuovo manager arriverà dopo cinque o sei mesi e, anche se accuratamente selezionato e con elevato potenziale, avrà bisogno di diversi mesi per andare a regime e per colmare altri gap che inevitabilmente possa presentare.
Ci sono innumerevoli casi in cui il direttore amministrativo, magari eccellente in senso assoluto, non ha mai costruito strumenti di gestione della cassa. Un interim manager entra in azienda, costruisce i processi a beneficio dell'organizzazione, li fa diventare routine gestionale e, una volta che questa parte di macchina è rodata, lascia lo spazio a chi rimane. L'interim manager è in grado di operare nel programma dell'efficienza operativa, nel controllo e nella gestione finanziaria, nella Top Line Growth, con un forte orientamento al task, non alla carriera.

Sottolineiamo questa alternativa con una certa enfasi non perché sia la strada da percorrere in tutti i casi, come abbiamo indicato, ma perché troppo spesso i fondi scelgono l'approccio della sostituzione non avendo considerato questa possibilità.
Anche quando lavoriamo su incarico del CEO dell'azienda, troviamo interesse per questo approccio. A volte il CEO è coinvolto direttamente perché ha investito o ha un MBO legato alla creazione di valore in quanto azionista di minoranza, oppure ancora ha una struttura indiretta di incentivi legati a quanto il fondo guadagna. "People respond to incentives": il management di questo tipo di società ha interesse a non sovraccaricare l'azienda di costi fissi che la deprimerebbero. Da una parte ha un fondo molto esigente sulla dimensione informativa, dall'altra deve creare valore in fretta senza troppi costi fissi.
Si può sciogliere il dilemma in questo modo: portando una somma di elementi, fatta di capacità di lavoro e di persone che possono "far succedere" le diverse iniziative, know how, esperienza e competenza; persone che possono affiancare i manager già presenti e costruire insieme a loro soluzioni risolutive.

Stakeholder management

Un'attività chiave del manager in posizione apicale è la gestione delle aspettative del fondo di private equity. Numerosi CEO, invece, tendono a non governare a dovere questa dimensione critica: gli stessi fondi di private equity devono riportare le informazioni a chi investito e devono dare costantemente i numeri dell'incremento di valore. Stakeholder management vuol dire anche entrare in una sorta di rapporto contrattuale in cui per ogni stima e per ogni obiettivo si deve poter disporre di coerenti risorse fisiche, economiche, finanziarie e umane e per ognuno degli obiettivi bisogna negoziare e impegnarsi su cose di cui si è ragionevolmente certi.
Alcuni manager, invece, tendono a voler dare buone notizie appena si manifestano e sono impreparati quando arrivano le cattive. Quando si trovano catapultati in un contesto di private equity, come esterni o anche come promotori di uno spin-off, entrano di fatto in un territorio a loro sconosciuto, un contesto che fino al giorno prima era gestito da un imprenditore. Prima avevano come riferimento procedure chiare, ora tutto l'ambiente è diverso. Un minuto dopo la partenza, il fondo vuole sapere in che giorno e a che ora si arriverà, quanta cassa e quanto fatturato potranno essere generati, che tipo di forza lavoro servirà. Se non riceve risposte, il fondo in genere mostra immediatamente la sua impazienza.

Spesso i manager fanno una stima ottimistica, confidando che i fondi sappiano successivamente valutarne l'affidabilità e riescano a comprendere i motivi di eventuali ritardi dovuti a imprevisti, inciampi e difficoltà sopraggiunte. Una supposizione errata: i fondi, e prima ancora gli investitori nel fondo, non hanno questa duttilità. I manager che si comportano così dovrebbero imparare a gestire meglio le aspettative. Gli imprevisti bisogna metterli in conto prima. Occorre, anzi, prendersi dei margini superiori a quelli immaginabili in condizioni normali. Trovare il modo di abbassare le aspettative al minimo accettabile, almeno finché non si conoscono bene il percorso e gli strumenti a disposizione.

Bisogna anche saper dire di no al fondo che pretende giustamente sempre di più, ma che si aspetta anche che il manager si sia tenuto del margine di miglioramento non dichiarato. In modo particolare i manager chiamati a gestire delle ristrutturazioni devono imparare a dominare questo gioco perché la loro credibilità (e quindi la loro "licenza per operare") dipende da questo. Non dare mai cattive notizie.

Tutte le informazioni o le proposte che in altri contesti si è abituati a condividere devono essere soppesate, perché si è in un ambiente in cui si creano immediate aspettative. Serve quindi cautela nell'esporsi, anche sulle semplici intenzioni future. La comunicazione non può essere in nessun caso troppo amichevole e informale. I fondi di private equity possono essere piuttosto invasivi e il manager deve imparare a gestirli mettendo i panni dell'investor relator.

La gestione a due

È molto utile che il fondo supporti questo processo, ma in questa coabitazione si tende a deresponsabilizzare. Se il fondo dice di fare una cosa, il manager la fa, ma se i risultati non saranno buoni la colpa sarà tutta del manager. Il fondo di private equity può dare risorse e supporto e il manager deve imparare a strutturarsi per collaborare; per quanto sia invasivo deve gestire quella relazione, sapendo che comunque le responsabilità saranno sue. Di fatto, alcuni investment manager dei fondi di private equity si riservano la possibilità di immischiarsi, in ogni momento, in ciò che comunque li riguarda. Non lo fanno sistematicamente, ma le loro antenne sono sempre dritte: il manager che non accetta questo gioco rischia di far saltare ogni equilibrio. In questa coabitazione ravvicinata, le prerogative del fondo e della direzione non smettono mai di entrare in collisione vicendevolmente, ma spesso convergono perché a convergere sono gli interessi.

Per il manager la vicinanza del fondo implica certamente un maggiore controllo, una pressione costante a mantenere gli obiettivi fissati, ma anche una risposta sollecita a tutte le questioni che si pongono. I fondi, certo, possono contestare un orientamento strategico o un approccio troppo diretto a un problema dato, ma quando il manager pone una domanda ottiene quasi subito la risposta. E a volte raccoglie anche risposte a domande che non aveva posto.
I primi passi del manager, appena arrivato in azienda, sono fondamentali. L'approccio della figura prescelta deve essere orientato all'equilibrio. Il manager incisivo, con le idee chiare, che appena arriva mette sul tavolo il suo rigore muovendosi come un elefante in una cristalleria e disprezzando tutti coloro che lavorano nell'organizzazione, rischia di essere espulso dal sistema se posto a confronto con un imprenditore che magari detiene il controllo del prodotto o del mercato. Magari non si rende conto degli equilibri delicati che governano l'azienda o non dà abbastanza peso a conoscenze difficilmente ricostruibili. Il manager decisionista deve temperare le sue scelte con criteri di intelligenza emotiva: se vuole ottenere risultati, deve saper fare squadra e imporsi con autorevolezza e non per autorità. All'opposto, rischiano di fallire nel loro compito anche i manager che sembrano voler essere amici di tutti, che sono adorati dai dipendenti dell'organizzazione, che hanno sempre la risposta giusta e incentivante, ma che dopo un semestre si accorgono di non aver cambiato nulla perché gestiscono gli equilibri in essere senza intaccarli. Bisogna trovare la persona che porti contenuti, ma che sappia creare squadra, processi e visione.
Nello spirito dei fondi, la trasparenza non si limita alla chiarezza del reporting. Il fondo vuole far intendere il suo punto di vista, soprattutto a coloro che non lo andranno mai spontaneamente a consultare. Il manager, a sua volta, deve sapere che lavorare per il fondo di private equity può far diventare ricco l'imprenditore, ma che non è una passeggiata di salute.
Autonomia, motivazione, elasticità: queste sono le qualità che i fondi cercano in un manager.

LA PROSPETTIVA DI CHI INVESTE IN MAGGIORANZA

di Stefano Ghetti, Partner WISE EQUITY SGR SPA

Mi occupo di investimenti di Private Equity da circa vent'anni. Insieme ai miei soci e alla nostra squadra di investimento abbiamo completato più di 30 investimenti diretti su PMI italiane, quasi sempre in maggioranza, a cui si aggiungono più di 60 acquisizioni eseguite con le partecipate, i cosiddetti Add-On.

Uno degli aspetti più rilevanti in un'acquisizione di una PMI da un imprenditore è la scelta del manager che gestirà l'azienda. Abbiamo vissuto un po' tutte le casistiche: l'azienda che aveva già un management team professionale che è stato confermato o solo marginalmente rafforzato, la nomina di un nuovo CEO in sostituzione dell'imprenditore, l'imprenditore CEO che vende l'azienda, co-investe e rimane a gestire l'azienda.

Tutte queste modalità hanno dimostrato di funzionare, a patto che ci sia un forte allineamento tra il fondo e chi gestisce l'azienda su cosa si farà insieme e su quali saranno le regole di governance. Innanzitutto, ci deve essere allineamento su come la società dovrà essere rafforzata nel suo management, in coerenza con gli obiettivi di piano. Sempre più spesso, prima di investire eseguiamo una Due Diligence organizzativa per capire dove sono i gap manageriali e li condividiamo con chi gestirà l'azienda, per trovare un allineamento.

La presenza di un investitore di Private Equity permette di attrarre manager altrimenti non alla portata dell'azienda, e questo spesso fa la differenza.

È inoltre fondamentale che con il CEO ci sia condivisione sull'obiettivo di costruire un'organizzazione in cui ci sia una definizione chiara di ruoli e responsabilità con processi decisionali formalizzati, trasparenti e sistemi di deleghe strutturati. Sembra ovvio, ma le realtà aziendali di piccole e medie dimensioni spesso sono fortemente incentrate sulla figura dell'imprenditore, e non esistono reali meccanismi di delega. È evidente che questo processo è più nelle corde del manager professionista, abituato a concepire l'azienda come un'organizzazione in cui esistono deleghe che vanno rispettate; tuttavia, ci sono imprenditori con forti competenze di management che sono stati capaci di uscire dalla logica della personalizzazione dell'azienda. Questo aspetto deve emergere chiaramente nella fase di Due Diligence e deve essere un processo in atto da diversi anni.

È pericoloso, infatti, investire in aziende con imprenditori disposti, a parole, a fare questo passaggio, ma che nella sostanza vedono ancora una forte presenza della famiglia in diverse cariche manageriali, con una gestione fortemente accentrata nelle mani di un *dominus* che è in definitiva un "padre padrone".

Talvolta per timore di perdere il "goodwill" insito nella figura dell'imprenditore si è tentato di utilizzare soluzioni ibride con la nomina di un nuovo CEO e il mantenimento di un ruolo manageriale per l'imprenditore. Sono percorsi molto complessi e destinati spesso a fallire. Per quanto l'imprenditore si dica disponibile a fare un passo indietro, la sua sola presenza in azienda può generare cortocircuiti nocivi. Non dobbiamo dimenticare che nelle aziende di piccole e medie dimensioni i manager chiave sono stati generalmente assunti dall'imprenditore e pertanto continuano a riconoscere una leadership di fatto all'imprenditore, sebbene le deleghe siano passate al nuovo CEO.

Al primo problema i manager si rivolgeranno all'imprenditore scavalcando il CEO, rendendo la gestione di fatto impossibile. A peggiorare la cosa è la frequente presenza di famigliari nel management team, cosa che può confondere dinamiche di business con dinamiche domestiche, creando situazioni molto complicate da gestire per il CEO. La convivenza in azienda di manager e imprenditore è ipotizzabile solo per tempi limitati e predefiniti, in modo da assicurare un ordinato passaggio di consegne.

Capitolo 11

Quali manager per il business fluido. Quali caratteristiche avranno, quali i percorsi per formarli

Nell'introduzione abbiamo argomentato come il mondo della gestione aziendale sia oggi caratterizzato da cambiamenti sempre più frequenti e imprevedibili. Tecnologie ormai alle porte, come per esempio l'applicazione sempre più pervasiva dell'Intelligenza Artificiale, aprono scenari sempre meno prevedibili e che possiamo immaginare essere di forte discontinuità rispetto al presente.

In queste note conclusive ci sembra giusto aprire una riflessione su quale management sarà più coerente e attrezzato per gestire le aziende in un mondo sempre meno pianificabile, in continua e rapida trasformazione. Un mondo che molti, e noi tra questi, definiscono "fluido".

Possiamo immaginare che diversi orientamenti personali e capacità che già oggi caratterizzano i manager in grado di produrre risultati strutturali e di mantenerli nel tempo, rimarranno invariate anche in futuro: il pensiero critico e la capacità di giudizio, l'etica, l'attitudine sempre crescente alla gestione di tutti gli stakeholder, lo sguardo rivolto al business system e alla gestione della filiera di cui si è parte, e non solo al perimetro strettamente aziendale, l'attenzione alla sostenibilità e alla responsabilità sociale d'impresa, per citarne solo alcuni.

Altri aspetti, al contrario, immaginiamo che potranno cambiare e assumere una rilevanza molto maggiore rispetto a oggi. Sono questi i temi che approfondiremo nelle riflessioni conclusive.
Come abbiamo argomentato in diverse parti del libro, l'opinione di chi scrive è che il primo compito fondamentale del management non sia limitato al gestire al meglio lo *status quo* confinando la propria sfera d'azione all'ottimizzazione più o meno reattiva della realtà esistente in funzione di stimoli esterni, ma sia quello di esercitare la **leadership**, nel senso che definiremo nel seguito.
Il mondo accademico ha già iniziato a interrogarsi sul tema della leadership in contesti fluidi.[1] Di seguito faremo quindi riferimento a schemi concettuali abbastanza consolidati, di cui possiamo riassumere gli elementi salienti prima di affrontare il tema delle caratteristiche e dei percorsi per formare i futuri leader.

Come evolve il concetto di leadership

Negli anni recenti abbiamo assistito a un'evoluzione del concetto di leadership, che passa da una visione fondamentalmente individualistica, che si estrinseca attraverso una serie di eventi discreti e lineari, al concetto di leadership come un processo sociale costruttivo, organico e dinamico
Nel modo statico, si pensi per esempio ai modelli di Porter sulle 5 forze competitive, dove l'assunto di base era che queste potessero essere prima di tutto inventariate, analizzate e che rimanessero fondamentalmente stabili per il tempo sufficiente allo sviluppo e alla realizzazione di una qualsivoglia strategia d'impresa, la Leadership era in effetti prevalentemente individualistica e lineare.
Si estrinsecava quasi invariabilmente attraverso un individuo spesso carismatico che per mezzo del proprio agire, coerente con la propria visione del mondo, la propria etica (l'insieme dei propri valori fondativi) e manifestazioni estetiche (tutto quello che possiamo percepire attraverso i sensi) aveva il compito ed era in grado di dare senso alla realtà e mobilitare gli altri verso l'azione. Un modello nel quale i comportamenti individuali del leader diventano il prototipo di riferimento da copiare e le cose da fare (per esempio, per risolvere un problema) possono essere viste come la manifestazione concreta dello sforzo intellettuale del leader. Il percorso della leadership in questo modello è lineare, nel senso che inizia con lo studio del contesto, l'identificazione dei problemi o dei temi da af-

1. Un riferimento per tutti: L. Crevani, *Is there leadership in a fluid world? Exploring the ongoing producton of direction in organizing.* http.//urn.kb.se/resolve?urn=nbn:se:mdh:diva-30035)

frontare, prosegue con l'analisi e con la definizione delle soluzioni, la comunicazione agli altri del percorso da seguire per la loro realizzazione pratica. Un processo che da lineare può diventare ciclico o circolare, per esempio nel caso del PDCA (Plan Do Check Act) a cui abbiamo fatto riferimento nei capitoli precedenti, ma la sostanza non cambia.

Nel mondo fluido si contrappone al modello tradizionale la visione della leadership come un processo organico di co-creazione, un processo continuo di allacciamento di nessi relazionali, spesso temporanei, che seguono traiettorie intrecciate. In quest'ottica il mondo non è solo fluido, in perpetuo cambiamento, ma sempre più interrelato, dove ogni componente dell'organizzazione (mondo interno) e del business system (mondo esterno) è sempre più connessa a tutti gli altri. La complessità di questo mondo è di vari ordini di grandezza superiore a quella del mondo statico o in lenta progressiva evoluzione. Un mondo dove è sempre meno immaginabile demandare a un individuo, o a un ristretto numero di persone, lo sforzo di costruzione di significato, di produzione del senso di direzione e di coinvolgimento delle persone. Tutti aspetti che rimangono punti fermi nel definire che cosa sia la leadership.

Gli studi effettuati da Alex Pentland del MIT (interessantissimo al riguardo il suo libro *Social Phisics*[2]) dimostrano in maniera empirica come già oggi sia possibile documentare e misurare l'efficacia dei due modelli di leadership descritti sopra. In diversi casi di studio il suo gruppo di ricerca ha dotato di strumenti di rilevazione le persone delle aziende campione ed è stato in grado di correlare i nessi relazionali dei singoli membri dei team con la loro performance.

Nei gruppi di lavoro in cui le relazioni (chi comunica con chi) rimangono fondamentalmente all'interno del team stesso e si sviluppano seguendo per lo più linee gerarchiche, dal team leader ai singoli e dai singoli al team leader, la performance (unità di output per ora lavoro) è risultata costantemente inferiore a quella dei gruppi per i quali le relazioni sono multidirezionali e, in ultima analisi, anche molto più caotiche.

I gruppi di lavoro in cui tutti comunicano con tutti, ci si scambiano informazioni con maggior frequenza e ci si rapporta naturalmente e spesso con entità esterne al gruppo stesso hanno evidenziato performance molto superiori a quelli organizzati in maniera più tradizionale, scientifica (chiara attribuzione di ruoli) e deterministica (si comunica solo se c'è un obiettivo chiaro, un fine da perseguire).

2. A. Pentland, *Social Physics, How Social Networks Can Make Us Smarter*, 2015, Penguin, New York.

La performance nel mondo fluido, nel quale in parte stiamo già vivendo, deriva da processi aperti e mai deterministici, vista la molteplicità e la simultaneità di nessi relazionali che, come detto sopra, evolvono seguendo traiettorie intrecciate. Per competere nel mondo fluido diventa quindi sempre più necessario dotarsi di strutture e di persone flessibili, auto-organizzanti, dove si agisce non in maniera sequenziale secondo linee gerarchico/funzionali, ma in modo massivamente parallelo, e dove tutte le informazioni sono disponibili simultaneamente a tutti. Una sorta di processo di brain storming continuo, dove tutti sono connessi e coinvolti nel processo di leadership, nel dare significato, nell'identificare temi e possibili soluzioni, nell'orientare le azioni.

Il ruolo del manager, di chi era tradizionalmente deputato a esercitare la leadership in modo individualistico, nell'accezione di cui sopra, evolve e diventa quello di "creatore di contesti". Il manager del mondo fluido dovrà essere capace di creare nuovi ambiti organizzativi spazio/temporali non necessariamente permanenti, dove gruppi di lavoro attiveranno in maniera flessibile processi di creazione di significato (come la diagnosi di un problema), di senso di direzione (il piano per affrontare i temi identificati) e di mobilitazione delle persone verso l'azione. Dovrà inoltre saper governare il contesto, dove l'elemento della misurazione rimarrà centrale all'azione del management. In ultimo non dovrà sprecare energie nel reinventare la proverbiale acqua calda: dovrà quindi assicurarsi che le persone del proprio team conoscano lo stato dell'arte dei diversi processi attraverso i quali l'organizzazione soddisfa il proprio scopo.

Oggi i top manager delle aziende hanno, nella stragrande maggioranza dei casi, una formazione tecnica o finanziaria/economica. Moltissimi sono laureati in ingegneria o in economia e commercio. In generale si tratta di facoltà che attrezzano i loro studenti di una forte attitudine quantitativa, necessaria per l'oggettivazione dei fenomeni, di capacità analitica, necessaria per andare a fondo nelle cose, e di un certo rigore metodologico. Tutte competenze e caratteristiche assolutamente coerenti con il modello di leadership individualistica descritto sopra, adatto a un mondo deterministico, ma forse meno al mondo fluido.

Possiamo immaginare che avere questo tipo di competenze rimarrà utilissimo in qualunque gruppo di lavoro, ma non per essere scelti come leader, nel senso della persona il cui compito principale sia di "creare il contesto" entro il quale gli altri agiscono e che dispone delle leve (organizzative, finanziarie) per poterlo fare.

Quali intelligenze per prosperare nel mondo fluido?

Con riferimento ai classici, da Howard Gardner in poi, possiamo ipotizzare il seguente profilo ideale per il leader del futuro capace di prosperare nel mondo fluido e di costruire contesti nei quali gli altri possano parimenti prosperare.

- Indiscussa **intelligenza interpersonale**. Essenziale la capacità di comprendere gli altri, le loro esigenze e competenze, i punti di forza e di debolezza per creare situazioni sociali favorevoli e promuovere momenti organizzativi, modelli collettivi e personali vantaggiosi. Ci sembra la caratteristica di base del costruttore di contesti.
- Spiccata **intelligenza intrapersonale**. La capacità di comprendere la propria individualità, di sapersi immedesimare in ruoli e sentimenti diversi dai propri, di sapersi inserire nel contesto sociale per ottenere risultati migliori per sé e per gli altri.
- Forte **intelligenza linguistica**. Essenziale la capacità di comunicare in modo efficace e di variare il proprio registro in base al contesto. La comunicazione non è solo linguistica, è essenziale anche quella non verbale.
- Eccellente **intelligenza corporeo-cinestesica**. La padronanza del corpo, la capacità di coordinare i propri movimenti, e quindi di gestire la comunicazione non verbale, diventa una precondizione per sapersi gestire, saper leggere le situazioni e adattarsi al contesto.

Quali intelligenze per contribuire alla creazione di significato e di senso di direzione in un mondo fluido?

È essenziale una forte **intelligenza spaziale** combinata con l'**intelligenza esistenziale**: allargando il contesto di riferimento dal mondo fisico a quello virtuale o concettuale e ai processi come sotto-insieme di questi, è il tipo di intelligenza che poniamo alla base della capacità di intuire il senso nella complessità, la capacità di collegare i puntini, di associare informazioni apparentemente non correlate tra loro ma che combinate opportunamente possono rivelare un disegno chiaro. A questo si può associare l'intelligenza esistenziale, la capacità di ricavare da processi intellettuali di astrazione delle categorie concettuali che possano avere validità generale.

In fondo a questo cammino rimane la tanto ricercata **intelligenza logico-matematica**: è l'intelligenza che riguarda il ragionamento deduttivo, la schematizzazione e le catene logiche. Utilissima quando il contesto di riferimento è sufficientemente stabile per poter procedere in maniera lineare dall'analisi alla soluzione. Condizione sempre meno presente nel mondo fluido.

Per prosperare nel mondo dell'incertezza possiamo quindi ipotizzare che serviranno ancora più di oggi competenze e forme di intelligenza che i percorsi accademici che tradizionalmente vengono privilegiati non contribuiscono più di tanto a sviluppare. Per sviluppare la competenza linguistica, bisogna leggere. Leggere i classici, leggere i romanzi. Bisogna poi viaggiare per aprirsi la testa e capire che al di là di ogni lingua c'è anche una diversa cultura. Capire che le parole non solo sono veicoli o contenitori di significato, ma che definiscono categorie di significato a volte assenti nella propria lingua madre.

La componente corporea-cinestesica si sviluppa facendo sport, diversi sport, fin da piccoli. Lo sport, che obbliga allo sviluppo di nuove relazioni in contesti diversi da quello famigliare, che porta fuori dalla comfort zone, che aiuta a trovare e superare i propri limiti, non sviluppa solo la dimensione corporea, ma è fondamentale anche per lo sviluppo dell'intelligenza interpersonale.

La componente spaziale così, come quella esistenziale, si sviluppa moltiplicando le esperienze vissute. Entrando in contatto con ambienti naturali, sociali e lavorativi, culture, modi di essere, modelli culturali del tutto diversi tra loro e diversi dal proprio.

Fare attività di ogni genere, vivere per un periodo all'estero, sperimentare modelli didattici alternativi al proprio, cambiare spesso lavoro nei primi anni della carriera, svolgere attività di volontariato e di servizio alla comunità. Essere affamati di esperienze, mettersi in gioco, essere coraggiosi, uscire dalla propria zona di comfort ci sembrano in conclusione elementi determinanti nella formazione della leadership del futuro.

Note

Note

Note